WebXR로 만드는 AR/VR

Korean edition Copyright © 2021 by 에이콘출판 Co. All rights reserved.

First published in English under the title
AR and VR Using the WebXR API: Learn to Create Immersive Content with WebGL, Three.js, and A-Frame
by Rakesh Baruah, edition: 1
Copyright © 2021 by Rakesh Baruah
This edition has been translated and published under licence
from APress Media, LLC, part of Springer Nature.
APress Media, LLC, part of Springer Nature takes no responsibility
and shall not be made liable for the accuracy of the translation.

이 책은 APress Media, LLC와 에이콘출판㈜가 정식 계약하여 번역한 책이므로
이 책의 일부나 전체 내용을 무단으로 복사, 복제, 전재하는 것은 저작권법에 저촉됩니다.

WebXR로 만드는 AR/VR
WebGL, Three.js, A-Frame을 사용한 실감형 웹 개발

라케쉬 바루아 지음   최재철 · 서창수 옮김

 에이콘출판의 기틀을 마련하신 故 정완재 선생님 (1935-2004)

끝없는 인내, 사랑, 지지를 해준 엄마, 아빠에게

지은이 소개

라케쉬 바루아 Rakesh Baruah

뉴욕에 거주하며 뉴미디어, 영화, TV 분야에서 15년의 경력을 가진 작가이며 제작자다. 콜럼비아 대학교에서 영화 각본과 연출에 관한 순수 예술 석사를 마치고, 인기 있는 황금시간대 방송 드라마의 작가 그룹에 보조로 들어갔다. 그 경험을 통해 TV의 한계와 실감나는 3D 콘텐츠 성공 기회에 눈뜨게 됐다. 2016년에 스타트업, 부트캠프, 마이크로소프트 오피스 등 많은 시간을 컴퓨터 앞에 보내면서 혼합 현실 디자인을 향한 자기 주도적 여정을 시작했다. 가상 현실과 Unity 게임 엔진에 관한 책의 저자이며, 이 책으로 컴퓨터 비전 분야에서 NVIDIA 인증 나노 학위를 받았다. 현재 위스콘신주 밀워키시 소재 고등학교에서 컴퓨터 과학을 가르치고 있다. 수학 삼각법보다 영어 수업을 선호하는 사람을 위해 특별히 고안된 스타일로 설명하고자 한다.

감사의 말

실감나는 웹 워킹 그룹 멤버들의 WebXR API 지원에 깊은 감사를 드린다. 브랜던 존스, 넬, 마니쉬 그리고 트위터를 통해 아는 사람들에게 WebXR API와 그 기능에 대한 문서에 관심을 가져 줘서 감사를 표한다. Three.js를 만들고 관리해 준 두브 씨[Mr. Doob]와 동료들에게 감사드린다. 구글 크롬 랩팀, 웹상에서의 증강 현실 가능성에 대한 전파에 감사드린다. 웹을 보다 포괄적이고 민주적인 공간으로 만드는 데 도움을 주신 모질라와 고용주 모두에게 감사드린다. 모질라 혼합 현실, 모질라 허브, 프레임 팀원들 모두 휴대기기 혼합 현실을 만들 수 있는 도구를 만들고, 지원하고, 관리해 줘서 감사드린다. 나의 프로젝트에 대한 Apress 팀원들의 지칠 줄 모르는 헌신에 정말 특별한 감사를 드린다. 스팬다나 채터지, 책에 대한 지지와 관심에 감사드린다. 제임스 마크햄, 각 장의 친절한 안내에 감사드린다. 요겐드라 샤마, 나의 기술 감수자, 예리한 눈과 날카로운 통찰력으로 나를 바로잡아 줘 감사드린다.

마지막으로 나의 두 번째 책을 작업한 주 편집자 디비야 모디에게 감사드린다. 디비야, 원격으로 협력하는데도 많은 경험으로 만든 매끄러운 설명과 신속한 대응, 조치에 감사드린다.

기술 감수자 소개

요겐드라 샤마 Yogendra Sharma

설계, 디자인, 확장성을 가진 분산 애플리케이션에 대한 개발 경험이 있으며, 마이크로서비스와 데브옵스DevOps에 더욱 관심이 깊은 개발자다. 현재 인도 푸룬에 있는 인텔리자인Intelizign 엔지니어링 서비스에서 사물 인터넷과 클라우드 설계자로 일하고 있다. 또한 AR/VR, CAD CAM, 시뮬레이션, AWS, 사물인터넷, 파이썬, J2SE, J2EE, NodeJS, VueJs, 앵귤러, 몽고DB, 도커에 경험이 있다. 끊임없이 신기한 기술을 연구한다. 개방적이고 새로운 기술과 프레임워크를 배우고 싶어 한다. 팩트출판사와 에이프레스에서 출판한 몇 권의 책과 비디오 강좌를 감수했다.

옮긴이 소개

최재철(cjco7@naver.com)

언제나 새로운 것에 도전하기 좋아하는 개발자로서, 오랫동안 자바와 같은 백엔드 기술부터 HTML5와 CSS, 자바스크립트 같은 프론트엔드 개발에 이르기까지 폭넓은 범위의 기술 개발에 많은 경험이 있다. 그 경험을 바탕으로 현재는 SK R&D 센터 근무 중이며 사내 강사를 겸하고 있다. 최근에는 A-Frame이나 WebXR 기술을 다양한 디바이스에 접목하는 기술을 연구하고 있다. 저서로는 『실무가 훤히 보이는 머신러닝 & 딥러닝』(책만, 2019), 『과학 영재를 만드는 아두이노 교실 2/e』(에이콘, 2018)이 있다.

서창수(s1gun82@gmail.com)

현재 SK C&C에서 AI 플랫폼 솔루션 기획과 개발 업무를 담당하고 있다. 미국 유타 주립대에서 컴퓨터공학을 전공했으며 모바일 커머스 서버 개발, AI 플랫폼 솔루션 기획/개발에 참여했으며, IT 신기술에 관심 갖고 품질 좋은 플랫폼 솔루션을 만들고자 노력하고 있다.

옮긴이의 말

2021년 IT 핫키워드는 단연 메타버스다. 하지만 올해뿐만 아니라 이후 몇 년간 계속 지속될 것이라 예상된다. 이렇게 많은 사람이 관심을 갖는 것은 인터넷이 우리 생활의 패턴을 송두리째 바꿨던 것처럼 메타버스도 그 정도 파급력이 있을 것으로 추측하기 때문이다.

메타버스를 구현할 개발 플랫폼으로 우선 유니티나 언리얼 같은 게임 엔진이 있다. 또 다른 진영으로 웹을 기반으로 둔 WebGL 및 WebXR을 통해서 몰입도 높은 3D 콘텐츠를 웹 브라우저에 직접 만들거나 가상/증강 현실 하드웨어에서 실행할 수 있는 엔진이다. 이 엔진들은 기본적으로 가상/증강/혼합 현실 개발을 위한 기능을 모두 다 제공한다. 실 사례로 최근에 WebXR을 도입한 메타버스 전시회가 있었다. VR 기기 및 웹 접속을 통해 전시장에 들어서면 자동으로 관람객 아바타가 생성되며, 서로 다른 곳에서 접속한 관람자라도 아바타를 통해 함께 전시를 관람하고, 의견을 나누는 기능이 있다고 한다. 초기에 WebGL을 통해 웹 브라우저에 3D 객체를 올려놓는 것에 만족했다면, WebXR을 통해서 많은 사용자를 가상세계로 끌어들이는 효과를 이뤘으며, 최종적으로 A-Frame 같은 WebXR을 기반한 쉬운 프레임워크가 나와서 누구나 쉽게 게임과 같은 화려한 UI를 만들 수 있는 환경이 됐다. 이렇게 많은 사람이 노력해 표준을 만들고, 그 표준을 더 쉽게 쓸 수 있도록 애쓰고 있다. 그러나 아직 초기시장이라 할 일이 무궁무진하다.

이 책은 입문서이기 때문에 실제 프로젝트에 투입되는 기술과는 약간 거리가 있다. 하지만 웹 기반한 가상 현실을 구현하고자 하는 사람이거나 WebGL, WebXR의 기본 개념을 익히고자 하는 사람이나 최신 프레임워크인 A-Frame을 학습하고자 하는 사람들에게 필독서가 될 것이다.

최재철

꽤 오래전부터 가상 현실^{VR}, 증강 현실^{AR}이란 기술이 소개됐고 조금씩 우리 생활 속에서 사용자 서비스 위주로 경험해 볼 수 있었다. 갑자기 찾아온 코로나 사태 이후 온라인에서의 만남과 소통이 늘어 재미있고 서로 교감할 수 있는 온라인 서비스를 찾으면서 AR/VR의 입지가 높아졌다. 불과 1년 반의 시간 동안 우리는 이제 대면보다 비대면에 익숙해졌고, 재택근무를 하는 기업과 화상으로 수업, 회의를 진행하는 일상이 더 이상 낯설지 않다. 일상의 변화로 온라인 입학식, 졸업식, 워크숍, 회의, 수업 등 기존 오프라인에서 이뤄졌던 사회활동이 비대면으로 전환되고, 온라인상의 가상공간에서 사용자를 대신한 아바타를 통해 감정/생각/행동을 표현하는 것이 자연스러워졌다.

이러한 AR/VR 콘텐츠들이 우리의 일상으로 들어오게 된 만큼 AR/VR의 기술에 대한 관심이 높아졌고 이를 실제로 구현해 보고 싶어하는 사람들도 자연스럽게 늘어났다. 그러나 AR/VR을 구현하려면 그 기초인 3D 그래픽에 대한 배경 지식과 이해가 필요하고 이는 많은 노력과 시간이 필요해 쉽게 도전하지 못하고 있다.

이 책에서 소개하는 A-Frame 프레임워크와 WebXR API는 AR/VR에 대한 배경 지식과 기본 개념을 전혀 알고 있지 못하더라도 웹으로 누구나 쉽게 AR/VR을 구현할 수 있도록 해준다. 독자가 웹의 필수 지식인 HTML과 자바스크립트를 모르는 초보자일지라도 웹을 통해 AR/VR을 쉽게 구현할 수 있도록 웹 제작 스킬과 기술을 이 책 한 권에 정리했다. 각 장마다 실습을 바탕으로 쉽고 자세하게 소개해 주고 있으며, 신기술과 구기술의 차이점에 대한 참고 설명을 통해 기존 개발에 필요로 됐던 노력과 시간을 얼마만큼 줄여 줄 수 있는지 보여주고 있다.

이 책은 웹 개발자와 3D 그래픽 개발자의 크로스오버 퍼포먼스를 할 수 있기를 바라면서, 좀 더 많은 사람이 웹을 통해 3D 그래픽을 쉽고 간단히 구현했으면 하는 바람에서 만들어졌다. 다방면의 AR/VR 기술 구현 및 콘텐츠 제작 활용에 도움이 됐으면 좋겠다.

마지막으로, 책 번역 기회를 주신 에이콘출판사 관계자 여러분과 이 책을 선택해 주신 독자 여러분께 감사의 말을 전한다. 번역에 집중할 수 있도록 배려하고 도와준 사랑하는 아내 향기와 아들 정우에게 고마움을 전하고 싶다.

서창수

차례

지은이 소개 6
감사의 말 7
기술 감수자 소개 8
옮긴이 소개 9
옮긴이의 말 10
들어가며 25

1장 시작하기   29

WebGL 31
    브라우저 32
    렌더링 엔진 33
버퍼 35
GPU 35
현재 그리고 미래 36
설치하기 37
코드 편집기 37
    하드웨어 38
    플랫폼 38
로컬 웹 서버 개발 39
    Visual Studio Code 라이브 서버 설정하기 39
    노드 JS http-server 패키지 40
    파이썬 HTTP 서버 모듈 40
    Serverz – 로컬 웹 개발을 위한 초간단 웹 서버 40

	WebXR API와 호환되는 웹 브라우저	41
	XR 장치	42
	WebXR 에뮬레이터	42
	정리	43

2장	**WebGL의 시작과 실행**	**45**
	HTML의 형성과 기능	46
	캔버스	48
	실습 2-1: 첫 번째 WebGL 애플리케이션	48
	캔버스에 대한 참조	48
	WebGL 콘텍스트	52
	WebGL 콘텍스트 그리기	52
	캔버스 크기 조정	53
	셰이더	55
	소스	55
	컴파일링	57
	연결	58
	버퍼	59
	정점 위치 설정	59
	셰이더와 버퍼 연결	60
	그리기	62
	해상도	64
	그리기 모드	65
	정리	68

3장 WebGL의 3차원을 향해 69

XYZ의 기초 70
실습 3-1: 3차원의 그림 그리기 71
- WebGL 파이프라인 71
- 시작하기 73
- 관심사 분리 74
- 여러 가지 가능성 75
- 문자 그대로 해석하기 77
- 포인터 이동 78
- 그리기 모드 호출 79

실습 3-2: 정사각형 제곱 82
- Z 타운 82
- 두 번째 색 85

실습 3-3: 3차원의 3면 90
- 더 많은 모양, 더 많은 정점, 더 많은 좌표 91
- 수학 마술 92

정리 93

4장 WebGL의 행렬, 변환, 관점 95

지도 상자 96
대수학 2에서 놓친 내용 99
- 변환 99
- 확장 101

	회전	102
여러 개에서 하나로		108
트리에 있는 GPU와 행렬		109
실습 4-1: 행렬 혁명		110
	GLMatrix.js 가져오기	110
	셰이더의 유니폼	111
	실패의 순서	113
	행렬의 메모리 만들기	114
	가져오기 순서	115
	나는 누구인가?	116
	행렬로 움직이기	116
	애니메이션	117
	애니메이션 루프	122
	요약	125
정형 및 투시 행렬 투영법		125
	절두체 보기	126
	실습 4-2: 원근감의 변화	128
	실습 4-2 재점검	131
정리		132

5장   Three.js 살펴보기   135

Three.js란?		136
	3D 그래픽을 위한 신디사이저	136

WebGL 보다 더 쉽게	137
실습 5-1: 매트릭스 리믹스	**137**
Three.js 소스 코드 다운로드	138
자바스크립트 모듈 시스템 활용	138
콘텍스트 만들기	141
카메라 만들기	141
장면 만들기	143
지오메트리	143
재질	144
메시	145
애니메이션 렌더링	145
검정색 화면	146
조명	147
완벽한 픽셀	148
요약	150
실습 5-2: 재질, 텍스처	**150**
구 지오메트리	151
Lambert 재질	151
텍스처	153
Three.js의 TextureLoader	155
조명 모델	157
요약	163
실습 5-3: 포그, 배경, 주변 조명, 노멀 맵	**163**
장면 배경	164
포그	164

노멀 맵 적용	166
밉매핑	169
이방성	170
평면의 노멀 매핑	172
주변조명	173
파라메트릭 방정식을 사용한 애니메이션	174
요약	176
정리	176

6장 WebXR을 통한 VR 진입   179

디버그 환경 설정	180
오큘러스 퀘스트에서 WebXR 디버깅	180
실감형 웹에서 데모 실행	184
실감형 VR 화면 준비	184
WebXR 애플리케이션의 생명 주기	185
실습 6-1: WebXR API를 통한 XR 세션 생성	186
1단계: WebXR이 지원되는가?	186
2단계: 사용자에게 XR 기능 알리기	191
3단계: 사용자 활성화 이벤트 사용	192
4단계: XR 세션 요청	193
5단계: 렌더 루프 실행	196
요약	197
실습 6-2: 스코프, 클로저, 모듈, 싱글톤	197
Three.js의 WebXRManager	197

스코프 198
클로저 205
요약 211
실습 6-3: 홈스트레치 212
로컬 개발 서버에서 VR 장치로 포트 포워딩 활성화 214
요약 216
정리 216

7장   Three.js와 WebXR API를 사용해 증강 현실 웹사이트 만들기   219

실습 7-1: 떠 있는 정육면체 220
WebXR의 공간 추적 221
노드와 노드 패키지 관리자로 Three.js 설치 222
애플리케이션의 생명 주기 개요 224
장면 구성 요소 로드 225
초기화 함수의 본문 작성 228
버튼의 이벤트 리스너 본문 작성 230
AR 세션 시작 231
버튼 요소의 상태 변경 232
XR 세션에 참조 저장 233
XR 세션의 XR WebGL 계층 속성을 Three.js 렌더링 콘텍스트로 설정 .. 233
AR을 위한 XR 세션의 참조 공간 설정 234
Three.js XR 매니저의 XR 세션 속성을 현재 XR 세션으로 설정 235
animate() 함수 호출 236
render() 함수 집합을 콜백으로 사용해 Three.js의 SetAnimationLoop() 호출 .. 237

세션 종료에 대한 이벤트 처리 함수 생성	238
애플리케이션 상태를 재설정하는 함수 생성	238
요약	239
실습 7-2: 히트 테스트	240
컨트롤러와 이벤트	240
레티클 생성	243
XR 쿼리 함수 이동	244
WebXR 공간 앵커 모듈	247
장면 실행	249
요약	250
정리	251

8장 A-Frame으로 웹용 VR 구축 　　　　　　　　　　253

복습	253
A-Frame은 무엇인가?	255
실습 8-1: A-Frame의 기본 뼈대	255
설치하기	255
더 나은 제품으로	256
추상화로 인한 손실도 감소해야 한다	256
엔티티 컴포넌트 시스템	257
A-Frame: Three.js를 위한 엔티티 컴포넌트 시스템 기반 프레임워크	258
엔티티	259
컴포넌트	260
기본 요소	261

| 시스템 | 261 |
| 요약 | 263 |

A-Frame에서 Three.js 사용하기 263
실습 8-2: Three.js 및 A-Frame 엔티티 264
윈도우 객체로서 264
A-Frame 안에 있는 Three.js 속성 265
DOM API 접근하기 266
Three.js 그룹과 getObject3D( ) 267
장면 실행 267
요약 268

A-Frame에서 커스텀 컴포넌트 268
실습 8-3: 커스텀 A-Frame 컴포넌트 빌드 268
시작하기 269
registerComponent( ) 269
컴포넌트 내부에서 컴포넌트 데이터 참조 271
엔티티에 커스텀 컴포넌트 추가 272
커스텀 컴포넌트를 통한 Three.js 속성 273
'this.el' 274
장면 실행 275
요약 276

두 마리의 새, 하나의 컴포넌트 276
실습 8-4: 잔디 지면 277
평면 엔티티에 사용자 지정 컴포넌트 추가 277
사용자 지정 컴포넌트 속성 추가 278
조건부 로직을 통한 컴포넌트 다양성 279

	조명 모델이 유지됨	281
	컴포넌트로서의 포그	282
	요약	283
정리		283

9장 A-Frame의 물리 엔진과 UI — 285

게임 엔진은 어디에 있나요?	286
실습 9-1: A-Frame에서 물리 시스템 가져오기	287
A-Frame과 시스템 설치하기	287
A-Frame 개발자 에코시스템	288
A-Frame 물리 시스템	288
장면 엔티티에 시스템 로드	289
엔티티에 물리 속성 추가	289
HTTP vs. HTTPS	290
요약	291
실습 9-2	292
Super Hands	292
터치 컨트롤러 컴포넌트	293
A-Frame Physics Extra 시스템	294
장면 실행	297
요약	297
정리	297

| 10장 | A-Frame 및 깃허브 페이지를 사용해 AR에서 3D 애니메이션 모델 배포 | 299 |

HTTPS 및 XR 테스트 300
    깃허브 300

**실습 10-1: GLTF 모델을 A-Frame에 업로드하고
깃허브 페이지에 퍼블리싱하기** 302
    깃허브 셋업 302
    GLTF 자산 303
    GLTF-Model 엔티티 컴포넌트 305
    장면 실행 306
    요약 306

실습 10-2: A-Frame에서 GLTF 모델 애니메이션 307
    A-Frame 엑스트라 308
    애니메이션 믹서 컴포넌트 308
    상대적 위치 변환 309
    장면 실행 310
    요약 310

정리 311
결론 312

찾아보기 314

들어가며

이 책은 웹을 통해 모바일 혼합 현실을 만드는 도구에 친숙하도록 도움을 주는 자료다. 2020년 7월 24일 월드 와이드 웹 컨소시엄(World Wide Web Consortium)은 WebXR API 규격의 최신 버전을 발표했다. 이 규격은 웹에서 헤드셋과 센서를 포함한 가상 및 증강 현실 장치에 대한 웹 브라우저 구현 방법 지원을 설명한다. WebXR API 규격의 첫 버전은 2017년에 발표됐다. 그러나 2018년 웹에서의 VR 및 AR 사용 사례가 확대되면서 구글, 마이크로소프트, 모질라 등으로 구성된 실감나는 웹 작업 그룹은 혼합 현실의 미래를 준비하고자 설계된 API를 위해 웹 VR를 정비했다. 2020년 6월 기준으로 구글 크롬, 마이크로소프트 에지, 모질라 화이어폭스, 오큘러스 브라우저(Oculus Browser) 등 최소 4개의 주요 웹 브라우저가 WebXR API를 지원한다.

WebXR은 새롭게 나온 웹 규격이기 때문에 참고할 만한 자료가 많이 부족하다. 이 책을 통해 독자들에게 모바일 혼합 현실 개발을 준비하는 데 도움되고자 한다. 책을 다 읽을 무렵 현재 WebXR 개발에 사용되는 가장 일반적인 도구에 익숙해질 것이다. 도구에는 Visual Studio Code, WebGL, Three.js, A-Frame이 포함돼 있다. HTML, CSS, 자바스크립트(JavaScript)에 익숙하지 않아도 이 책의 내용을 활용할 수 있다.

다음은 나머지 부분에 대한 로드맵이다. 1장에서는 WebXR API의 개념과 실감 모바일 애플리케이션 개발을 시작하는 데 필요한 도구를 소개한다. 2장에서는 웹, WebGL의 3D 그래픽 원리를 설명한다. WebGL, HTML, 자바스크립트로 간단한 프로젝트를 만들어서 WebXR API가 브라우저 안에서 어떻게 작동하는지에 대한 기본 개념을 빠르게 배울 것이다. 3장에서는 서버, 클라이언트, GPU를 연결하는 그래픽 렌더링 파이프라인의 안팎을 명확히 설명하기 때문에 WebGL을 계속 사용한다. 4장은 2장과 3장에 바탕을 두고 WebGL을 통한 선형 대수에 대한 설명으로 마무리된다. 4장에서 다루는 간단하지만 중요한 선형 대수의 원칙은 5장에서 3D 자바스크립트 라이브러리인 Three.js를 통해 실감 웹 개발 심층 분석을 위한 기반으로 제공한다. WebGL 파이프라인의 철저한 이해와 Three.js 라이브러리로 생성된 편리함을 통해 로컬 머신에 가상 현실 프로젝트를 생성하고 6장의 WebXR API를 통해 VR 지원 장치에 로드한다. 7장에서는 가상 현실에서 Three.js를 이용한 증강 현실 프로그래밍으로 초점을 이동한다. WebXR API의 증강 현실 모듈 기능을 사용해서 7장에서는 애니메이션 및 사용자 상호 작용을 포함하는 모바일 AR 환경을 만들기 위한 단계를 제공한다. 8장에서는 Three.js를 사용해서 모바일 XR 경험을 만드는 프레임워크 A-Frame의 사용을 소개하고자 가상 현실 주제로 돌아간다. 9장과 10장 모두 A-Frame을 얘기하지만, 9장은 많은 브라우저에 내장된 WebXR API의 Gamepad API 구현을 통해 VR 장면에서 실제 물리학과 사용자 상호 작용을 구현하는 방법을 설명하고 있다. 마지막으로 10장에서는 깃허브^{Github} 페이지를 통해 3D 모델을 A-Frame으로 불러와 애니메이션을 제작하고 증강 현실 속에서 보는 방법을 설명한다.

WebXR API는 XR 및 웹 개발자에게 유용한 도구가 준비가 돼 있다. 모바일과 네이티브, 증강 및 가상 간의 라인이 흐려짐에 따라 2D 기술과 실감형 기술을 사용하는 모든 애플리케이션이 점점 더 보편화될 것이다. 실감형 웹 경험을 설계하는 개발자 커뮤니티에 참여할 수 있도록 돕고자 이 책을 만들었다. 웹 개발 또는 3D 프로그래밍에 대한 사전 지식이 없다고 가정했다. WebXR API는 새로운 기술이기 때문에 숙련된 개발자들도 혜택을 받을 수 있다. 웹 개발의 미래가 3차원으로 이동하고 게임 개발의 원칙이 웹으로 이동됨에 따라 미래를 준비하기 위해 새로운 WebXR 언어를 배워야 할 필요가 있다. 이 책을 통해서 세상을 변화시키는 능력을 갖는 여러분이 되기를 바란다.

예제 코드 다운로드

이 책에 사용된 소스 코드는 에이프레스 깃허브 저장소(https://github.com/Apress/ar-vr-using-webxr-api)와 에이콘출판사의 깃허브 저장소(https://github.com/AcornPublishing/ar-vr-webxrapi)에서 다운로드할 수 있다.

문의

정오표는 에이콘출판사의 도서정보 페이지 http://www.acornpub.co.kr/book/ar-vr-webxrapi에서 찾아볼 수 있으며, 이 책과 관련해 질문이 있다면 이 책의 옮긴이나 에이콘출판사 편집 팀(editor@acornpub.co.kr)으로 문의해 주길 바란다.

1장

시작하기

WebXR은 프로그래밍 언어가 아니고 앱을 만들기 위한 코드 라이브러리도 아니다. WebXR은 웹 표준 프로토콜을 만드는 비영리 단체인 W3C^{World Wide Web Consortium}에서 개발된 규격이다. W3C는 개발자에게 WebXR를 구현할 수 있는 초안 규격을 발표했다.[1] WebXR은 개발자가 XR를 경험할 수 있는 웹 규격이다.[2]

WebXR 규격에 맞게 기능을 제공하는 것이 WebXR API다. WebXR API는 XR 웹 콘텐츠와 실행되는 장치 간의 인터페이스 역할을 한다. 예를 들어 WebXR API는 헤드셋의 방향과 사용자의 포즈에 관한 데이터를 수집한다. WebXR API는 명령어 라이브러리로 개발자에게 사용자 데이터를 제공한다.

그러나 WebXR Device API에는 3D 데이터를 관리하거나 화면에 아무것도 그릴 수 없다는 중요한 제약 사항이 있다. WebXR API는 렌더링^{rendering} 엔진이 아니기 때문에 일

---

1   2019년 2월 5일, W3C의 Immersive Web 워킹그룹은 WebXR Device API의 첫 번째 공개 작업 초안을 게시했다(https://www.w3.org/blog/news/archives/7548). – 옮긴이

2   XR이란 증강 현실(AR), 가상 현실(VR) 및 새로 개발되는 모든 실감형 기술을 통칭하는 용어다. – 옮긴이

명 래스터화^{rasterize}라고 하는 3D 모델을 로드하고 텍스처로 감싸고 픽셀에 색깔을 칠하는 과정을 할 수 없다. 브라우저에서는 3D 콘텐츠를 래스터화하고자 WebXR API는 WebGL이라는 다른 API를 확장해서 쓰고 있다.

앞으로 WebXR API 사용에 필수적인 구성 요소를 소개한 후 자체 XR 애플리케이션을 작성하는 데 필요한 도구를 설명한다. WebXR 애플리케이션을 만드는 데 필요한 도구는 코드 편집기, 로컬 개발 서버, 웹 브라우저, XR 장치다. XR 장치에 대한 액세스 권한이 없는 개발자는 모질라^{Mozilla}와 같은 브라우저 작성자가 제공하는 WebXR 애뮬레이터를 사용할 수 있다. 이 모든 내용은 1장의 뒷부분에 설명하고 있다.

웹 브라우저에 WebXR API의 기본 기능을 써서 어떻게 구축되는지 완벽하게 이해하면 과정의 뒷부분에 나오는 Three.js 자바스크립트^{JavaScript} 라이브러리 및 A-Frame 프레임워크와 같은 과정도 쉽게 이해할 수 있다. WebXR API에 대한 기초적인 이해와 앞으로 사용할 도구가 WebXR 앱 개발에 어떤 역할을 하는지 배우고, WebXR API가 향후에 어떤 식으로 발전할지는 모르겠지만 미리 만반의 준비를 하려고 한다.

1장의 주요 내용은 다음과 같다.

- WebGL의 원리 및 목적 파악
- 웹 브라우저 역사에서 자바스크립트의 역할 간략히 설명
- 브라우저 렌더링 엔진의 목적 파악
- XR 애플리케이션에서 버퍼가 수행하는 역할 파악
- 그래픽 처리 장치^{GPU}가 XR 앱을 만들고 실행하는 데 제공 기능 파악
- WebXR 애플리케이션 생성에 필요한 툴 조사
- 도구 사용에 대한 시스템 요구 사항
- 이 과정에서 사용되는 일련의 기술을 이해

WebGL

WebGL은 지금의 모든 웹 브라우저에서 자바스크립트 API로 사용 가능한 웹 그래픽 라이브러리다. WebGL API도 WebXR API와 마찬가지로 규격이 존재한다. 그러나 WebGL의 규격은 W3C가 아닌 크로노스 그룹$^{Kronos\ Group}$이라고 알려진 다른 컨소시엄으로 유지되고 있다. 이 컨소시엄 그룹은 150개 이상의 선도적인 기술 회사로 구성돼 있다.

크로노스 그룹은 웹 그래픽, 혼합 현실, 머신러닝 애플리케이션에 대한 고급 웹 표준을 촉진한다. 많은 비주얼 컴퓨팅 API 중 하나는 OpenGL 그래픽스 표준이다.

OpenGL 그래픽스 표준은 애플리케이션 및 GPU 드라이버(예: NVIDIA 및 AMD) 간의 통신을 위한 프로토콜이다. OpenGL은 여러 컴퓨터에서 호환되지만 마이크로소프트^{Microsoft}의 DirectX 및 애플^{Apple}의 Metal과 같은 플랫폼별 API도 있다. 그러나 OpenGL 특유의 크로스 플랫폼 적용할 수 있다는 장점 때문에 사촌격인 OpenGL ES는 모바일 장치에 인기 있는 그래픽 API로 자리매김했다. OpenGL ES의 ES는 'Embedded System'을 의미하며, 이는 API가 소형 저전력 장치를 대상으로 한다는 것을 의미한다. 예를 들어 이러한 장치는 데스크톱 게임 컴퓨터에서 찾을 수 있는 대형 GPU를 직접 사용할 수 없기 때문에 특정한 환경 가운데에서 구동 가능한 그래픽 API가 필요하다.

모바일 장치에서 작동하는 OpenGL ES의 기능을 통해 WebGL은 독립 실행형 헤드셋과 스마트폰에서 실행되는 웹 브라우저에서 2D 및 3D 그래픽을 만들 수 있다. WebGL API의 구현을 담당하는 것은 크로노스 그룹의 OpenGL ES 규격이다. 애플리케이션과 GPU 간의 통신에는 여전히 OpenGL의 렌더링 및 그리기 명령 언어인 GLSL의 사용이 필요하지만, WebGL API로 웹 개발자는 GLSL을 훨씬 더 편리한 언어인 자바스크립트와 혼합할 수 있다. 결국 자바스크립트는 웹의 언어이고 웹은 브라우저의 도메인이다.

브라우저

오늘날 알고 있는 웹 브라우저는 1995년 넷스케이프Netscape의 제품인 내비게이터 Navigator의 출시와 함께 성숙한 시대가 됐다. 넷스케이프는 결국 거대한 마이크로소프트의 인터넷 익스플로러에 무너졌지만, 그 유산은 계속해서 웹의 본질을 알려 주고 있다. 내비게이터는 공개적으로 사용한 최초의 웹 브라우저가 아니다. 내비게이터이전 버전에 해당하는 모자이크Mosaic라는 제품이 있었다. 그 모자이크 제품은 내비게이터보다 앞선 1993년부터 사용됐다.

이후 1995년에는 브라우저에 있어서 전쟁과 다름없는 큰 사건이 발생했다. 바로 자바스크립트의 등장이다. 내비게이터를 개발하는 동안, 넷스케이프는 브라우저 내에서 사용할 스크립트 언어를 찾았다. 원래 넷스케이프의 개발자들은 자바의 객체 지향 패러다임OOP, Object-Oriented Paradigm을 수용하는 프로그래밍 언어를 원했다. 그러나 자바Java의 객체 지향 패러다임 특성은 브라우저의 요구에 적합하지 않은 것으로 판명됐다. 넷스케이프는 브라우저용 프로그래밍 언어를 구현하려고 외부 소프트웨어 엔지니어 브렌던 아이크 Brendan Eich 3를 영입했다.

좋든 나쁘든 간에 웹 기반 초경량 언어는 소프트웨어 설계에 대한 자바의 OOP 접근 방식을 선호하는 많은 개발자 집단에 어필되지 못했다. 타협점을 찾으면서 넷스케이프 브래스Brass는 브렌던 아이크에게 자바의 구조와 스키마의 유연성 사이에서 균형을 맞출 것을 요청했다. 믿거나 말거나 브렌던 아이크는 불과 10일 만에 자바스크립트라는 언어를 만든 것으로 알려져 있다.

브렌던 아이크의 자바스크립트 의도는 '페이지를 터치'하는 것이었다. 지금 보면 자바스크립트는 전 세계적으로 가장 인기 있는 프로그래밍 언어 중 하나이기 때문에 그는 성공했다. 웹 개발자들은 사용자 피드백에 점점 더 많이 반응하는 웹 애플리케이션을 만들려

---

3   브렌던 아이크(Brendan Eich)는 1998년 모질라를 설립하고, 2014년 모질라 최고경영자(CEO)가 됐다. – 옮긴이

고 수십 년 동안 자바스크립트와 AJAX와 JQuery와 같은 계열을 사용해 왔다.

시간이 흘러 Node.js가 등장하면서 자바스크립트는 웹 개발의 프론트엔드에서 서버 측 백엔드로 도약했다. 참고로 백엔드 영역은 C 및 C ++와 같은 기존 언어가 독점적으로 지배했던 영역이다. 자바스크립트의 유연성으로 인해 많은 개발자가 사용할 수 있는 언어가 됐다. 그러나 순수 자바스크립트가 브라우저에서 확장 성향이 강한 스트리밍 XR 콘텐츠를 실행하기엔 부족할 수 있다.

브라우저는 인터넷 망에서 웹^{www} 서비스를 이용할 수 있게 해 정보를 검색하는 데 사용하는 프로그램을 말한다. 브라우저는 웹의 콘텐츠를 PC, 태블릿, 핸드폰 같은 디스플레이 장치에 출력함으로써 웹 서비스를 사용할 수 있게 해준다. 웹 브라우저는 키보드로 타이핑하거나 마우스를 클릭함으로써 마치 웹 세상을 서핑하는 것 같은 환상을 만들어 준다. 웹 브라우저 기능의 핵심은 원격 콘텐츠를 화면에 렌더링하는 기능이다. 이 기능이 앞으로 배울 웹 브라우저의 주요 엔진 중 하나다. 좀 더 구체적으로 웹 브라우저의 엔진을 알아보자.

렌더링 엔진

2개의 엔진이 최신 웹 브라우저 애플리케이션을 구성한다. 하나는 자바스크립트 코드 컴파일을 관리하는 크롬의 V8 엔진과 같은 자바스크립트 엔진이고, 다른 하나는 이번 과정에서 가장 중요한 엔진이다. 이 엔진은 서버에서 화면으로 전달되는 콘텐츠를 렌더링하는 엔진이다.

정보가 인터넷에 연결된 장치에 도착하면 검색 창에 나타나기 전에 네트워크상의 많은 프로토콜 계층을 통과한다. 네트워크에서 데이터와 각 노드 간의 통신이 일어나는 과정에 따라 계층을 나눈다. 계층별 프로토콜은 데이터 패킷이 요청된 클라이언트의 시스템

에 도달할 때까지 유지된다.[4]

만일 데이터 패킷의 헤더가 브라우저가 기대하는 것과 일치한다면 브라우저는 데이터가 원본에서 시작됐을 때 화면에 나타나도록 렌더링 작업을 하게 된다. 브라우저는 패킷의 내용을 구문 분석하는 기능을 사용해서 HTML 문서의 구문으로 페이지를 작성한다. 자바스크립트 엔진은 웹사이트의 자바스크립트 모듈들의 요구에 부응하는 반면, 브라우저의 렌더링 엔진은 HTML과 CSS로 기술된 레이아웃과 같은 화면 구성을 담당한다. 렌더링 엔진이 페이지 요소를 배치하고 화면에 나타나는 순서대로 그림을 그릴 때 클라이언트 브라우저의 사용자는 시간이 흘렀다는 것을 거의 눈치채지 못했을 것이다.

하지만 추가로 생각할 것은 브라우저가 화면에서 특정 모양을 그리거나 특정 픽셀을 색칠해야 하는 경우 정확한 위치를 어떻게 알 수 있을까? 물론 디자이너가 HTML과 CSS에 페이지 모양을 위한 파일을 지정했지만, 만약 사용자가 화면을 스크롤하거나 문서 양식에 문자를 입력하거나 아니면 비디오에서 재생을 누르거나 등등 이 모든 브라우저에서 행해지는 사용자의 내용을 메모리에 저장해야 한다.

업데이트 시 서버에서 다시 렌더링할 페이지를 수신한다. 서버도 브라우저로 스트리밍하려고 대기하는 데이터를 대기열에 저장하는 데 메모리가 필요하다. 이 모든 것을 기억하는 저장소가 버퍼buffer다.

---

4 OSI 7 계층은 네트워크에서 통신이 일어나는 과정을 7단계로 나눈다.
　　1계층　물리 계층(physical layer)
　　2계층　데이터 링크 계층(dataLink layer)
　　3계층　네트워크 계층(network layer)
　　4계층　전송 계층(transport layer)
　　5계층　세션 계층(session layer)
　　6계층　표현 계층(presentation layer)
　　7계층　응용 계층(application layer)
　　– 옮긴이

버퍼

웹 페이지가 로드되기를 하염없이 기다렸던 경험이 있다면 버퍼란 개념을 알아야 할 것이다. 버퍼는 하드웨어에 포함된 메모리 슬롯으로 정보를 비트 단위로 저장한다. 버퍼에는 소프트웨어 프로그램의 포인터에 중요한 데이터의 위치를 알려 주는 주소가 포함된다. 프로그램은 처리 장치의 스레드를 통과하기 전에 먼저 버퍼에서 원하는 데이터를 찾아보고 그 이후 작업을 수행한다. 처리해야 할 데이터의 양이 처리할 수 있는 능력보다 큰 스레드이면 프로그램 실행이 지연된다. 만약 데이터가 유튜브^{YouTube} 비디오 같은 큰 스트리밍 데이터라면 로딩되기를 기다리면서 발을 동동 구르게 된다.

버퍼는 메모리 할당을 위한 레지스터다. 프로세서, 하드드라이브, 램, 심지어 브라우저에서도 캐시로 존재한다. 웹용 XR 생성의 대부분은 버퍼에서 데이터를 효율적으로 저장하고 검색하는 데 의존한다. XR은 WebGL 규격의 중요한 부분이다. 데이터를 버퍼 간에 전송하는 데 많은 비용이 소요될 수 있어서 만약 지연을 일으킬 경우 실감형 환경의 신뢰성을 떨어뜨릴 수 있다. 다행히도 데스크톱 및 모바일 GPU의 성능이 증가함에 따라 버퍼에 데이터를 빨리 채우고, 비우는 기능이 크게 향상됐다.

GPU

GPU는 병렬 처리를 전문으로 하는 컴퓨터 칩이다. 중앙 처리 장치인 CPU는 컴퓨팅 장치의 두뇌다. 내장형 논리 게이트와 내부 시계는 디지털 컴퓨팅의 핵심이다. 시간이 지남에 따라 CPU는 더 많은 코어를 포함함으로써 생산성을 향상시켰다. 일반적으로 CPU의 코어는 칩이 동시에 실행될 수 있는 프로세스 수와 일치한다. 코어가 많을수록 스레드가 많아지므로 태스크를 동시에 실행할 수 있는 컴퓨터 용량이 커진다. 코어 수는 프로세서 속도에 대한 벤치마크의 역할을 한다. 고급 CPU는 약 8개의 코어를 가질 수 있는 반면, 소비자용 GPU는 수백 개에서 수천 개의 코어를 가질 수 있다.

오늘날 GPU는 자율 주행 자동차에서 단백질 합성까지 다양한 산업 분야의 AI 애플리케이션에 필요한 많은 집약적 컴퓨팅을 지원한다. 그러나 GPU의 인기는 비디오 게임 디자이너에 의해 획기적으로 커졌다. 웹 브라우저와 마찬가지로 비디오 게임 애플리케이션도 초당 수백 번까지 화면을 페인트칠하고 다시 칠한다. 각 프레임 업데이트에는 문자 위치, 환경, 조명, 카메라, 재료, 질감 등의 계산이 필요하다. 게임 속도가 더 빠르고 세밀할수록 기계의 렌더링 파워에 대한 수요가 더 높아진다. 마이크로소프트의 DirectX와 같은 OpenGL의 사양을 구현하는 애플리케이션은 GPU와 그 수많은 코어의 병렬 처리를 활용해서 복잡한 문자 형상을 이전에는 볼 수 없었던 속도와 볼륨으로 계산하고 렌더링할 수 있는 비디오 게임을 만들었다.

일반적인 가정용 컴퓨터에도 이제는 기본적으로 GPU가 설치됨에 따라 가상 현실 콘텐츠를 실행할 수 있는 환경은 조성됐고 또한 많은 수요도 있다. GPU가 화면의 객체 모양, 색상, 위치, 방향을 계산할 수 있는 엄청난 속도 때문에 3D 그래픽에서 새로운 시대의 서막을 알렸다. 레이싱 게임과 같은 GPU 컴퓨팅을 통해 렌더링하는 현대 기술은 실제와 가상 사이의 경계선이 모호하도록 정교하게 만들었다. 그러나 GPU 기술의 발전은 콘솔 게임과 게임용 PC에만 국한되지 않는다. 엔지니어링과 칩 설계의 발전으로 GPU의 성능이 나노미터 수준으로 떨어졌고, 모바일 및 휴대 가능한 장치에서도 3D의 경이로움을 안겨 주고 있다.

현재 그리고 미래

최신 모바일 VR 헤드셋과 스마트폰의 칩셋은 컴퓨팅을 통해 달성할 수 있었던 한계를 뛰어넘고 있다. GPU와 새로운 시스템 아키텍처의 병렬 실행이 점점 더 많은 소형 장치에 도달함에 따라 XR 콘텐츠를 실시간으로 렌더링해야 하는 시스템에 대한 요구가 줄어들 것이다. WebXR API는 WebGL API를 확장해서(그 자체가 OpenGL ES의 사양에 기반을 두고 있음) XR 콘텐츠 작성자로서 GPU의 힘을 활용해서 수억 명의 사람에게 인터넷을 통해 가상 및 증강된 경험을 제공할 수 있다.

자바스크립트를 디자인할 때 브렌던 아이크는 웹사이트의 페이지를 만질 수 있는 능력을 디자이너들에게 주는 것을 목표로 했을지도 모른다. 25년이 지난 후에도 자바스크립트는 지속되고 있으며, 브라우저의 WebXR API로 현실 자체에 접촉할 수 있는 능력을 디자이너에게 제공한다. 1장의 나머지 부분에서는 WebXR API를 사용해서 XR 콘텐츠를 작성하는 데 필요한 도구를 배우게 된다.

설치하기

지금부터 설명하는 도구는 WebXR 콘텐츠를 개발하는 동안 많은 도움이 될 것이다. 일부는 필수조건처럼 꼭 사용해야 하고, 그렇지 않은 것도 있다. 저자가 직접 사용해 보지 않았다면 주변 사람으로부터 평판이 좋은 것을 선택했다. WebXR과 같은 최첨단 기술로 개발할 때는 항상 그렇듯이 최신 호환성 및 요구 사항은 각 공식 홈페이지의 최신 문서를 참조하길 바란다.

코드 편집기

텍스트 편집기와 마찬가지로 코드 편집기를 사용해서 프로그래밍할 것이다. 코드 편집기에 내장된 기능을 통해 코드 쓰기, 배포, 테스트, 수정에 편리한 환경을 제공한다. 이 책에서는 마이크로소프트의 비주얼 스튜디오 코드[VS Code, Visual Studio Code] 편집기를 사용한다. 그것은 크로스 플랫폼이고, 인기 있고, 강력하며 무료다.

웹용 XR 애플리케이션을 만드는 데 필요한 HTML, 자바스크립트 및 CSS를 작성하는 데 사용할 것이다. VS Code는 또한 편리한 확장 기능과 깃허브[GitHub]와 같은 버전 관리 플랫폼과 연동하는 기능을 포함하고 있어서 개발자 사이에서 널리 인기를 얻고 있다.

마이크로소프트 설명서에서의 VS Code 다운로드 요구 사항은 다음과 같다.

하드웨어

VS Code는 저용량으로 100MB 미만이며 디스크 설치 공간이 200MB이다. VS Code는 가볍고 저사양의 하드웨어에서도 실행할 수 있다.

권장 사항은 다음과 같다.

- 1.6GHz 이상의 프로세서
- 1GB RAM

플랫폼

VS Code가 지원하는 플랫폼은 다음과 같다.

- OS X 요세미티
- 윈도우Windows 7(과 함께 NET Framework 4.5.2), 8.0, 8.1 및 10(32비트 및 64비트)
- 리눅스Linux(데비안Debian): 우분투 데스크톱 14.04, 데비안 7
- 리눅스(레드햇Red Hat): Red Hat Enterprise Linux 7, CentOS 7, Fedora 23

윈도우 추가 요구 사항

마이크로소프트의 VS Code는 NET Framework 4.5.2가 필요하다. 윈도우 7을 사용하는 사용자의 경우 필히 NET Framework 4.5.2가 필요하다.

리눅스 추가 요구 사항

- GLIBCXX 버전 3.4.15 이상

- GLIBC 버전 2.15 이상

최신 요구 사항 목록을 보려면 아래 사이트를 방문하기 바란다.

https://code.visualstudio.com/Docs/supporting/requirements#_platforms.

로컬 웹 서버 개발

코드 편집기에 기록된 웹 애플리케이션을 테스트하고 디버그하려면 개발자가 로컬 웹 서버를 만들어야 한다. 로컬 웹 서버는 웹 페이지와 웹 페이지 리소스를 저장하고 클라이언트 브라우저로 전송하는 원격 서버의 동작을 모방해서 개발자가 로컬 컴퓨터에서 웹 애플리케이션을 시작하고 볼 수 있도록 한다. 이 책의 실습에서는 VS Code Extension Store에서 무료로 제공되는 리트윅 데이$^{Ritwick\ Dey}$에서 만든 라이브 서버$^{Live\ Server}$를 사용한다.

Visual Studio Code 라이브 서버 설정하기

VS Code를 설치한 후 아래의 사이트를 방문해 라이브 서버를 설치하도록 하자.

https://marketplace.visualstudio.com/items?itemName=ritwickdey.LiveServer

로컬 웹 서버를 만드는 다른 옵션으로는 Node.js의 Http-server나 파이썬^{Python}의 Http 모듈을 통해 사용할 수 있다. 노드^{Node}와 파이썬 모두 해당 로컬 서버를 구축하기 전에 해당 언어가 시스템에 설치돼 있어야 한다.

노드 JS http-server 패키지

http://www.npmjs.com/package/http-server를 참조.[5]

파이썬 HTTP 서버 모듈

https://docs.python.org/3/library/http.server.html을 참조.[6]

파이썬의 로컬 웹서버 구축을 위한 http.server 모듈이다. 파이썬에 기본 설치돼 있는 모듈로서 운영 서비스를 위한 것은 아니고, 개발 시에만 간략하게 확인 용도로만 사용할 것을 권한다.

Serverz - 로컬 웹 개발을 위한 초간단 웹 서버

https://greggman.github.io/servez/를 참조.

사용 방법: https://threejsfundamentals.org/threejs/lessons/resources/servez.gif

초간단 웹 서버로 다른 웹 서버와 달리 기능은 부족하지만, 간단하게 소스를 테스트해 볼 수 있는 웹 서버다. 사용 방법은 다음과 같다. 다운받은 Serverz를 실행한다. 소스의 경로를 지정하고 'Start' 버튼을 클릭한 다음에 http://localhost:8080로 이동하면 된다. 서버를 중지하려면 Serverz를 종료하면 된다.

이 책의 실습을 따라 하려면 로컬 웹 서버가 필수다. 선택한 로컬 개발 서버에 상관없이 이 과정에 제시된 소스는 조금 무겁다. 로컬 개발 서버는 코드 편집기에서 작성하는 프로그램과 화면에 렌더링되는 XR 애플리케이션 간의 인터페이스로 작동한다.

---

5 또 다른 옵션으로 노드JS의 대표 웹 프레임워크인 express 설치를 추천한다. - 옮긴이
6 또 다른 옵션으로 파이썬의 대표 웹 프레임워크인 flask 설치를 추천한다. - 옮긴이

WebXR API와 호환되는 웹 브라우저

WebXR API는 새로운 인터페이스이기 때문에 아직 웹 브라우저에서 광범위하게 지원되지는 않는다. 다음 웹 브라우저는 본 문서 작성 시 WebXR API를 지원한다.

- 데스크톱/노트북
    - 마이크로소프트 에지Microsoft Edge
    - 구글 크롬Google Chrome *
    - 모질라 파이어폭스Mozilla Firefox **
- 모바일
    - 안드로이드Android용 크롬
    - 오큘러스 브라우저Oculus Browser
    - 오큘러스 퀘스트Oculus Quest를 위한 Firefox Reality
    - 삼성 인터넷

* WebXR과 호환되는 크롬 버전:

https://developer.mozilla.org/en-US/docs/Web/API/WebXR_Device_API

** See the section "WebXR Emulator."

WebXR API와 호환되는 웹 브라우저의 현재 목록을 보려면 상단 링크의 Mozilla Developer Network 설명서를 참고하기 바란다.

물론 이 과정에서 실습을 하려면 웹 브라우저가 필요하다. 그러나 이런 보편성에도 불구하고 웹 브라우저는 XR 개발의 강력한 도구다. 이 과정에서 웹 브라우저에 WebXR API를 어떻게 통합하는지 배울 뿐만 아니라 브라우저 자체에서 제공하는 디버깅 개발자 도구를 사용할 것이다.

XR 장치

WebXR 콘텐츠를 개발하는 데 XR 장치를 사용할 필요는 없지만 사용할 수 있는 장치를 갖는 것이 테스트에 유용하다. 다음을 활성화하려면 장치 제조업체에서 제공하는 설명서를 참조하기 바란다.

- 개발자 모드
- USB 지원 디버깅

또한 장치 설명서에 명시된 대로 장치 사용에 필요한 모든 애플리케이션을 다운로드한다.

이 책은 브라우저, 코드 편집기, GPU에만 관련된 실습을 진행한다. 책의 초반부에서는 WebXR API의 증강 및 가상 현실 기능의 기본 사항을 다룰 것이다. 기본 사항을 잘 이해한다면 이후 실습에 많은 도움이 될 것이다. 보다 생생한 경험과 이해를 하려면 오큘러스 퀘스트 또는 HTC Vive와 같은 VR 헤드셋과 AR 지원 장치를 사용하기 바란다.

WebXR 에뮬레이터

실제 XR 장치가 없는 개발자는 WebXR 에뮬레이터를 사용해서 애플리케이션을 테스트할 수 있다. 모질라 재단의 혼합 현실mixed reality팀이 만든 WebXR 에뮬레이터는 개발자가 데스크톱 브라우저에서 XR 콘텐츠를 실행 및 테스트할 수 있다. WebXR 에뮬레이터는 다음 브라우저에서 사용할 수 있다.

- 파이어폭스:

  https://addons.mozilla.org/en-US/firefox/addon/webxr-api-emulator/

- 크롬: 구글 크롬 웹 스토어에서 사용 가능
- 기타 에뮬레이터 옵션: 마이크로소프트에서 만든 에지 브라우저는 이 글을 쓰는 시점부터 WebXR 에뮬레이터 확장을 제공하지 않지만 마이크로소프트는 에지 문서에서 자체 에뮬레이터를 볼 수 있다.

https://docs.microsoft.com/en-us/microsoft-edge/devtools-guide-chromium/device-mode/testing-other-browsers

이 책에서 만든 XR 애플리케이션을 테스트하고자 WebXR 에뮬레이터를 사용하는 방법은 다루지 않을 것이다. XR 장치가 없는 개발자들은 한 번 XR 에뮬레이터를 써 보길 바란다.

정리

WebXR API는 Immersive Web Working Group에서 만들고 월드 와이드 웹 컨소시엄에서 관리하는 규격이다. 그리고 크로노스 그룹에서 관리하는 WebGL API를 기반으로 구축됐다. WebXR API는 웹에서 구동되는 WebXR 애플리케이션과 사용하는 XR 장치 간의 인터페이스 역할을 한다. 웹 인터페이스 형태로 구동되며 모든 브라우저에서 작동되는 것은 아니지만, 많은 최신 웹 브라우저에 내장돼 있다. 웹 영역에서 다수의 개발자가 쓰고 있는 웹스크립트 언어인 자바스크립트로 구동된다.

WebGL API의 확장인 WebXR API를 사용하면 개발자는 OpenGL ES에서 지원하는 그래픽 라이브러리를 사용할 수 있으며, 지원하는 언어인 자바스크립트와 GLSL을 통해 애플리케이션을 작성할 수 있다. 따라서 WebXR API는 개발자와 XR 애플리케이션 사용자 간의 단순한 인터페이스 그 이상이다. WebGL과 컴퓨터 및 모바일 장치에 내장된 GPU용 드라이버 사이에 생성되는 연결 통로를 통해 WebXR API는 사용자의 GPU를 통해 처리되는 클라이언트-서버 통신 역할을 담당하게 된다.

WebXR API의 범위는 소프트웨어에서 하드웨어, 주변 컨트롤러에서 GPU에 이르기까지 다양하지만 WebXR 콘텐츠 개발자에게 필요한 도구는 적다. 마이크로소프트의 VS Code와 같은 간단한 코드 편집기는 문서에 HTML, CSS, 자바스크립트, GLSL을 작성하는 데 필요한 모든 기능을 제공한다.

또한 VS Code는 생성한 XR 애플리케이션을 실행하는 데 필요한 많은 기능을 제공한다.

웹 브라우저와 내장된 개발자 도구를 사용하면 애플리케이션을 실행할 수 있을 뿐만 아니라 컴퓨터에 연결된 주변 XR 장치를 통해 애플리케이션을 경험할 수 있다. 또한 WebXR 에뮬레이터라는 브라우저 확장 기능을 사용하면 XR 장치에 사용하지 않고도 개발자가 애플리케이션 문제를 해결하고 가상으로 테스트할 수 있다. 실제 XR 장치가 있다면 당연히 우리가 만든 XR 애플리케이션을 오큘러스 퀘스트 장치 및 안드로이드 스마트폰, 아이폰iPhone으로도 가상 현실, 증강 현실, 혼합 현실을 경험할 수 있다.

앞으로 WebXR API의 기본 주요 기능과 이를 활용하는 데 필요한 도구 및 기술들을 배울 것이다. 요즘 가장 흥미로운 IT 기술 중 하나인 WebXR를 소개할 수 있어서 기쁘다.

2장

WebGL의 시작과 실행

1장에서 WebGL은 웹 브라우저에서 크로노스 그룹 규격으로 OpenGL ES를 구현하는 낮은 수준의 2D와 3D 그래픽 API인 것을 알게 됐다. OpenGL ES에서 'ES'는 설계상 'Embedded System'의 약자이고, WebGL은 핸드폰이나 모바일 헤드셋 같은 기기에 최적화됐다. WebGL은 웹 기반의 그래픽 라이브러리로 개발자는 자바스크립트 프로그래밍 언어를 통해서 사용할 수 있다. GPU와 통신하고 동작시키는 OpenGL 언어인 GLSL을 사용한다.

WebGL API는 WebXR API의 기초에 해당하므로 웹 브라우저를 통해 WebGL이 무엇이고, 어떻게 동작하는지를 이해하는 것이 좋다. WebGL API에 익숙해지면 WebXR API를 더 깊이 이해할 뿐만 아니라 책 후반부에 나오는 Three.js와 A-Frame 같은 WebXR 애플리케이션을 개발할 수 있다. 앞으로 책의 진행 방향이 좀 더 상위 수준의 웹 3D 그래픽 라이브러리와 프레임워크를 다루기 때문에 개념을 정확하게 이해하지 않으면 추상화로 감춰진 기능들 때문에 쉽게 헷갈릴 수도 있다. WebGL를 통해 웹 브라우저와 GPU 간에 어떻게 동작하는지 정확히 이해한다면 나중에 소개되는 기술들은 반복적인 로직처럼 단순해 보일 것이다.

2장에서는 코드 편집기를 사용해 WebGL이 지원되는 웹 페이지를 만들 것이다. 2장의 주요 내용은 다음과 같다.

- HTML 문서의 특성과 요소
- WebGL 콘텍스트 만드는 방법
- WebGL에서 셰이더shader의 역할
- WebGL에서 버퍼와 속성의 역할
- 셰이더로 GPU를 이용해 화면에 이미지를 그리는 방법

HTML의 형성과 기능

HTML 문서는 웹 페이지의 구조를 정의하는 의미 있는 태그의 모음이다. 페이지의 공통 영역을 정의하는 중요한 태그들을 요소element라고 부른다. 태그들은 웹 페이지에서 복잡하고 계층적인 관계의 요소들 사이에 끼워 넣을 수 있다. 브라우저의 렌더링 엔진은 HTML 문서에서 페이지 구성을 나타내는 트리 데이터 구조가 생성될 수 있도록 의미 있는 태그들을 분석한다(그림 2-1).

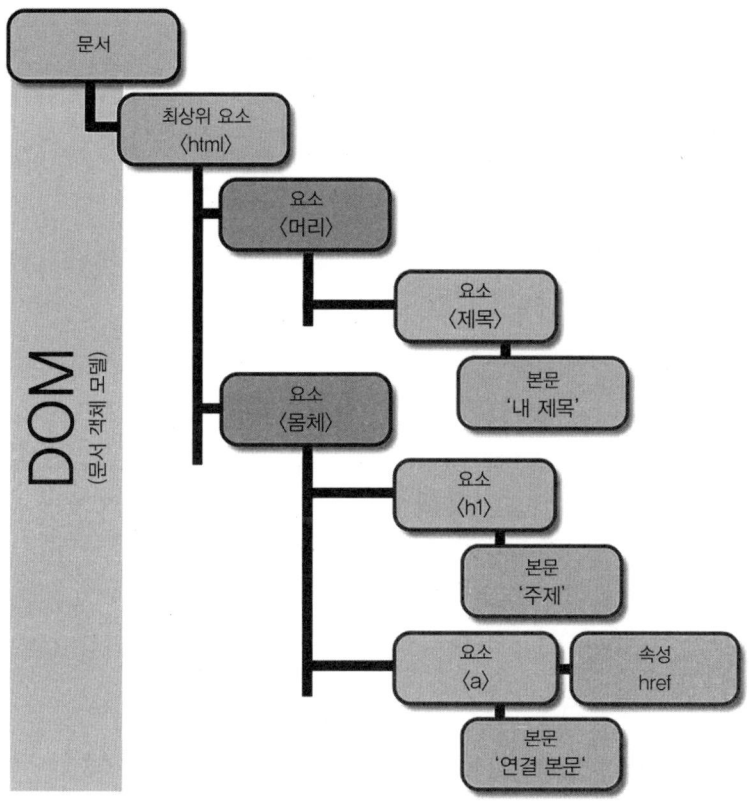

▲ 그림 2-1 문서 객체 모델(Document Object Model)은 HTML 문서의 요소들을 트리 형태로 저장하는 데이터 구조다. (Birger Eriksson 2012 CC BY-SA 3.0 https://en.wikipedia.org/wiki/Document_Object_Model#/media/File:DOM-model.svg)

트리의 데이터 구조는 자바스크립트 프로그램에서 트리의 순회를 통해 요소들을 작업하고 영향 주는 기능을 제공한다. HTML 요소들은 중요한 태그들 외에도 ID들과 클래스들 같은 속성을 추가로 분류할 수 있다. 자바스크립트 프로그램이 액세스할 수 있는 데이터 구조로 HTML 페이지를 구성하면 문서 객체 모델DOM API라는 인터페이스를 구현할 수 있다(그림 2-1). HTML 문서와 자바스크립트 간의 커넥터 역할을 함으로써 DOM은 개발자에게 페이지에서 HTML 요소에 대한 주석 저장, 표현되는 데이터 조작, 웹 페이지에서의 요소 모습을 업데이트할 수 있다.

캔버스

캔버스Canvas 요소는 그래픽을 웹 페이지에 그릴 수 있는 HTML 요소다. 캔버스 요소는 콘텐츠의 컨테이너이기 때문에 자바스크립트를 사용해 그래픽을 그리고 업데이트해야 한다. 개발자는 캔버스 API로 코드를 만들어 캔버스 요소에 그릴 수 있다.

캔버스 API는 브라우저로 개발자가 사용할 수 있는 자바스크립트 라이브러리다. 캔버스 API의 속성과 함수를 사용해 웹 페이지에서 색상과 형태를 그릴 수 있다. 캔버스 API의 일반적인 용도에는 애니메이션 생성, 게임 그래픽, 데이터 시각화, 비디오 처리, 사진 편집이 포함된다. 캔버스 API는 주로 웹 페이지에 2D 그래픽을 렌더링하는 데 사용되지만 3D 그래픽도 만들 수 있다. 브라우저의 WebGL API로 HTML 캔버스 영역에 3D 콘텐츠를 게시할 수 있다.

다음 실습에서는 실제로 캔버스 및 WebGL API를 사용해 GPU에 의해 그려진 정점과 색상을 브라우저 창에 표시하는 WebGL 콘텍스트를 만들어 보자.

실습 2-1: 첫 번째 WebGL 애플리케이션

이 책의 소스 코드는 도서 정보 페이지(www.apress.com/978-1-4842-6317-4)의 깃허브에서 확인할 수 있다.

캔버스에 대한 참조

WebGL을 사용하는 웹 페이지 작성하려면 먼저 브라우저에 WebGL 콘텐츠를 그릴 수 있는 웹 페이지 영역을 제공하도록 지시해야 한다.

먼저 VS Code에서 새 파일을 생성하고 index.html이라는 이름으로 저장한다. 문서 본문에 느낌표를 입력하고 **엔터** 키를 누른다. **! + ENTER** 단축키는 웹 페이지에 대한 HTML

템플릿을 자동으로 생성한다.

```
<!DOCTYPE html>
<html lang="en">
<head>
    <meta charset="UTF-8">
    <meta name="viewport" content="width=device-width, initial-scale=1.0">
    <title>WebGL: Lesson </title>
</head>
<body>

</body>
</html>
```

HTML 문서의 스크립트 태그는 브라우저의 레이아웃 엔진에 페이지 구조를 알려 준다. 화면에 렌더링되는 시각적 콘텐츠는 HTML 문서의 <body> </body> 태그 사이에서 발생한다. VS Code에서 Live Server 확장을 다운로드한 경우 ALT + L, ALT + O를 누르면 로컬 컴퓨터에서 웹 서버가 시작된다. 브라우저의 포트 주소(예: localhost:5500)로 이동하면 화면에 웹 페이지가 열린다.

우선 우리 웹 페이지는 비어 있다. HTML 문서 본문에 요소를 추가해서 페이지에 내용을 만든다.

```
<body>
    <canvas id="canvas"></canvas>
</body>
```

HTML 문서의 <body> 태그 사이에 <canvas> 요소를 추가했지만 여전히 화면에 아무것도 나타나지 않는다. 브라우저의 WebGL API 효과를 더 잘 이해하기 위한 연습으로 WebGL를 사용해서 페이지에 색상을 추가해 보자.

```
</body>
<script type="text/javascript">

</script>
</html>
```

VS Code의 index.html 문서에서 <body> 태그를 닫는 본문 아래에 type 속성이 "text/javascript"로 설정된 <script> 태그를 추가한다. HTML 문서의 요소 태그가 브라우저의 레이아웃 엔진에 사용자 화면에 요소를 그리는 방법을 지시하므로 <script> 태그는 그 사이에 있는 것이 HTML과 구별된다는 것을 브라우저에게 알린다. 이 경우 스크립트 태그 사이에 표시될 텍스트는 '자바스크립트' 유형이라고 브라우저에 알렸다.

```
<script type="text/javascript">
    const canvas = document.querySelector("#c");
</script>
```

자바스크립트는 브라우저의 DOM을 통해 웹 페이지의 모양을 조작할 수 있다.

DOM

DOM(Document Object Model)은 브라우저를 통해 개발자에게 제공되는 또 다른 자바스크립트 API다. 자바스크립트의 문서 객체에 대한 메서드를 호출하면 개발자가 HTML 요소를 조작해서 웹 페이지의 모양을 동적으로 변경할 수 있다. DOM은 트리 모양의 데이터 구조다(그림 2-1). 페이지의 모든 요소는 DOM의 루트, 문서 객체, 리프(노드)에 달려 있다. 웹 페이지의 콘텐츠를 트리 구조로 정리함으로써 브라우저의 DOM API는 개발자가 페이지에서 다양한 요소와 자식 노드를 편리하게 조작할 수 있는 유용한 인터페이스를 만든다.

HTML 요소의 id 속성을 참조하는 인수를 사용해 문서 객체에서 querySelector() 메서드를 호출하면 자바스크립트 프로그램의 페이지에 있는 <canvas> 요소에 대한 참조를 저장할 수 있다.

변수

대부분의 프로그래밍 언어와 마찬가지로 자바스크립트는 개발자가 변수를 통해 접근하는 메모리에 데이터를 저장한다. const 키워드로 변수를 생성하면 프로그램 과정 동안 데이터 유형을 변경하지 않기 때문에 <canvas> 객체를 저장하는 데 필요한 메모리가 그 이상 필요하지 않음을 브라우저에게 알린다. 변수 생성의 다른 키워드에는 var와 let이 있다. 프로그램 사용에 따라 각각 다른 기능을 제공하기 때문에 실습할 때 다루기로 하자.

자바스크립트 프로그램에 저장된 <canvas> 요소를 참조하면 Canvas API를 통해 더 많은 기능에 접근할 수 있다.

```
const canvas = document.querySelector("#c");
const gl = canvas.getContext('webgl');'
```

Canvas 객체에서 호출할 수 있는 함수 중 하나는 getContext() 함수다. 문자열 'webgl' 함수에 인수를 전달해 브라우저에 WebGLRenderingContext를 검색하고 상수 변수 gl에 저장하도록 지시했다(그림 2-2).

```
▼ WebGLRenderingContext 🛈
  ▶ canvas: canvas#canvas
    drawingBufferHeight: 600
    drawingBufferWidth: 1200
  ▶ __proto__: WebGLRenderingContext
```

▲ 그림 2-2 변수 'gl' 값을 브라우저 콘솔에 표시하면 매개 변수 'webgl'를 사용해서 HTML 캔버스 요소의 getContext() 함수 호출이 WebGL API에 내장된 기능인 WebGLRenderingContext를 반환한다.

WebGL 콘텍스트

WebGLRenderingContext는 브라우저가 WebGL 라이브러리의 기능에 접근할 때 사용하는 인터페이스다. 애플리케이션에서 WebGLRenderingContext에 접근할 수 있게 되면 콘텐츠를 렌더링할 수 있다.

```
const gl = canvas.getContext('webgl');
if (!gl) {
   console.log('WebGL unavailable');
} else {
   console.log('WebGL is good to go');
}
```

물론 장치나 브라우저가 WebGL의 필수 사항을 처리할 수 없다면 페이지의 콘텐츠를 불러올 수 없다. 사용자나 에이전트가 브라우저에서 WebGL 콘텐츠를 불러올 수 있는지 여부를 확인하고자 자바스크립트 코드에 if/then 조건 구문을 작성한다. 브라우저가 WebGLRenderingContext를 반환하지 못하면 gl 변수의 값은 null이 되고 브라우저는 오류 메시지를 콘솔에 기록한다. 브라우저가 WebGL 콘텍스트를 gl 변수로 반환하면 브라우저 콘솔은 성공 메시지를 표시한다.

WebGL 콘텍스트 그리기

WebGLRenderingContext가 웹 페이지에서 제공되므로 WebGL API를 사용해 캔버스에 그릴 수 있다. 오류 검사를 위해 if/then 조건문 아래에 다음을 입력한다.

```
...
gl.clearColor(1, 0, 0, 1);
gl.clear(gl.COLOR_BUFFER_BIT);
</script>
```

WebGLRenderingContext 객체 gl에서 clearColor() 함수를 호출하면 캔버스의 기본 색상이 인수 값으로 설정된다.[1] 네 가지 요소 벡터의 형태로 인수와 clearColor() 함수를 제공한다. 전체적으로 인수는 vec4 데이터 유형으로 구성된다. 각 요소는 빨간색, 녹색, 파란색 및 불투명도의 정규화된 값을 나타낸다. 첫 번째 인수로 값이 1이면 빨간색 값이 정의된다. 최종 인수로 1의 값은 불투명도 값을 정의한다. 즉 캔버스가 투명도와 반대로 완전히 불투명해진다. gl.COLOR_BUFFER_BIT 인수가 있는 gl.clear() 함수는 렌더링 콘텍스트에서 clearColor() 함수 호출에 정의된 값으로 캔버스 색상을 재설정하도록 지시한다. clearColor()와 clear() 함수는 WebGL API에 미리 정의돼 있다.

캔버스 크기 조정

실습을 통해 브라우저가 캔버스 요소를 빨간색으로 채운 것을 볼 수 있을 것이다. gl.clearColor() 함수의 값을 0과 1 사이의 값으로 변경하면 브라우저가 캔버스를 다르게 색칠하도록 지시한다. 그러나 <canvas> 요소가 문서 객체의 상당 부분을 차지하고 있음에도 페이지의 작은 모서리만 채운다. 캔버스 요소의 기본 모양을 변경하려면 스타일을 적용해야 한다. 웹 개발자들이 웹 페이지에서 HTML 요소의 모양을 스타일링할 수 있는 도구 중 하나는 CSS$^{Cascading\ Style\ Sheet}$다.

CSS는 웹의 스타일링 언어다. HTML은 웹 페이지의 구조를 정의하는 마크업 언어이고 자바스크립트는 웹 페이지의 동작을 조작하는 스크립팅 언어인 반면, CSS는 웹 페이지의 모양을 대상으로 한다.

```
<title>WebGL: Canvas Context</title>
<style>
    canvas {
```

---

[1] WebGLRenderingContext 객체 API의 자세한 설명은 여기서 찾을 수 있다. https://developer.mozilla.org/en-US/docs/Web/API/WebGLRenderingContext

```
            width: 640px;
            height: 480px;
            display: block;
        }
    </style>
```

웹 페이지에 CSS를 추가할 수 있는 한 가지 방법은 HTML 문서의 <head> 섹션에 있는 HTML <style> 태그 사이에 CSS를 포함시키는 것이다.

스타일링 HTML 요소들

CSS는 셀렉터를 사용해 웹 페이지의 요소 및 콘텐츠에 접근한다. 캔버스와 같은 이름만 입력하면 기본적인 HTML (elements)에 접근할 수 있다. 페이지의 특정 요소는 해시 태그가 있는 ID 속성 또는 클래스 이름 앞에 마침표가 있는 속성을 통해 접근할 수 있다.

<canvas> 스타일 속성을 추가하고 HTML 문서를 VS Code에 저장한 후 웹 페이지를 다시 로딩하면 문서 <head>에 정의된 픽셀 크기로 캔버스가 화면에 그려진다.

```
    <style>
        canvas {
            width: 100vw;
            height: 100vh;
            display: block;
        }
    </style>
```

CSS에서 캔버스 요소의 폭과 높이 속성을 각각 **100vw** 및 **100vh**으로 변경하면 브라우저가 검색 창에서 허용하는 큰 캔버스를 그리도록 한다. 캔버스의 크기가 동적으로 조정돼 보이는 창의 폭과 높이를 채운다.

셰이더

WebGL은 두 가지 작업을 실행하기 위한 리소스를 제공하는 라이브러리다. 그중 하나는 캔버스 콘텍스트가 사용자에게 표시되는 방법에 대한 데이터를 수집하는 것이고, 나머지 하나는 데이터를 화면에 표시하는 것이다. 이러한 단계를 각각 상태 및 동작으로 이해할 수 있다. 상태는 화면상의 점의 위치, 서로 간의 관계, 색상이다. 동작은 GPU가 WebGL 애플리케이션의 상태를 화면에 렌더링하고자 수행한 작업이다.

WebGL에서 셰이더는 프로그램에 캔버스의 모든 픽셀이 수행하도록 지시하는 기능을 말한다. WebGL은 정점 셰이더와 조각 셰이더 두 가지 셰이더가 포함된다. 정점 셰이더는 장면에서 점 또는 정점의 위치를 계산한다. 조각 셰이더는 각 픽셀이 전달해야 하는 색상 값을 계산한다.

소스

정점과 조각 셰이더는 GPU에서 작업 수행만 하기 때문에 각 셰이더가 작업 수행할 데이터를 제공해야 한다. 셰이더에 제공된 데이터를 소스라고 한다.

코드 편집기에서 index.html 문서 `<body>` 부분의 `<canvas>` 요소 아래에 다음 텍스트를 추가한다.

```
...
<script id="vertex-data" type="not-javascript">

</script>

<script id="fragment-data" type="not-javascript">

</script>
</body>
```

앞서 배운 것처럼 <script> 태그 요소는 다음 내용이 HTML이 아님을 웹 브라우저에게 알린다. type 속성은 <script> 대괄호 사이에 발생하는 텍스트 종류를 전달한다. 브라우저에 콘텐츠를 분석하는 방법을 지시한다. 'not-javascript'는 표준 규격이 아니지만, 이번 실습의 명료성을 위해 사용했다.

```
<script id="vertex-source" type="not-javascript">
    attribute vec4 vertex_points;

    void main() {
        gl_Position = vertex_points;
    }
</script>
```

위의 내용을 'vertex-source' 스크립트 본문에 추가하면 브라우저에서 WebGL 렌더링 콘텍스트에 대한 정점 셰이더가 정의된다. vertex-source의 언어는 OpenGL용 C-style 셰이딩 언어인 GLSL이다. 이 예제에서 vertex-source의 내용은 'vertex_points'라는 vec4 데이터 타입 유형을 정의하고 이를 렌더링된 각 정점의 좌표를 보유하는 WebGL에 내장된 변수인 정점 셰이더의 주된 속성인 gl_Position에 전달한다.

```
<script id="fragment-source" type="not-javascript">
    precision mediump float;

    void main() {
        gl_FragColor = vec4(1.0, 0.0, 0.0, 1.0);
    }
</script>
```

마찬가지로 조각 셰이더의 데이터 원본은 float 또는 decimal 값으로 구성된 vec4를 정의하고 WebGL 조각 셰이더 속성 gl_FragColor에 저장된다. 렌더링 3D 그래픽은 전산처리량이 많은 프로세스이므로 가능하면 프로그램에 필요한 메모리 크기를 정의한다. 조각 셰이더 소스의 'precision medium float' 설명은 셰이더 작업에 필요한 메모리 양을 GPU에 알려 준다.

컴파일링

애플리케이션의 셰이더에 대한 데이터를 정의해 셰이더를 만들고 컴파일해 프로그램에 연결한다. WebGL은 파이프라인을 통해 애플리케이션의 데이터를 전달하는 컨테이너다. 그러나 셰이더를 만들려면 HTML 문서 `<body>` 태그 사이의 소스 데이터 접근 권한을 얻어야 한다. Index.html 파일의 자바스크립트 섹션 아래 gl 변수의 오류 검사하는 곳에 아래 코드를 작성한다.

```
// 정점 셰이더 데이터 저장을 위한 변수 생성
const vsSource = document.querySelector("#vertex-data").text;

// 조각 셰이더에서 데이터를 저장할 변수 생성
const fsSource = document.querySelector("#fragment-data").text;
```

HTML의 `<canvas>` 요소와 마찬가지로 DOM의 `querySelector()` 함수를 통해 셰이더 데이터에 자바스크립트 참조를 저장한다. 그러나 이번에는 .text 확장자를 추가해서 요소에서 가져올 콘텐츠를 지정한다. 확장자는 셰이더 소스 태그의 콘텐츠를 가져와 문자별로 인덱싱된 문자 배열을 정의하는 데이터 유형인 Strings 변수에 저장한다(예: ['S','t','r','i','n','g']).

```
// 셰이더를 GSLS로 컴파일
const vertexShader = gl.createShader(gl.VERTEX_SHADER);
gl.shaderSource(vertexShader, vsSource);
gl.compileShader(vertexShader);
const fragmentShader = gl.createShader(gl.FRAGMENT_SHADER);
gl.shaderSource(fragmentShader, fsSource);
gl.compileShader(fragmentShader);
```

이제 자바스크립트에서 vsSource와 fsSource 변수를 통해 셰이더 데이터를 사용할 수 있으므로 셰이더를 생성하고 컴파일하는 WebGL 기능에 입력할 수 있다. 컴파일 compilation은 컴퓨터 프로그래밍에서 사람이 읽을 수 있는 코드 형식에서 기계가 이해하는 형식으로 변환하는 과정을 말한다.

연결

정점 셰이더와 조각 셰이더는 WebGL 애플리케이션에서 협동적으로 작동한다. 이를 위해 하나의 객체를 통해 서로를 연결해야 한다.

```
// 셰이더 기능을 GPU에 전달하는 운반 컨테이너 생성
   const program = gl.createProgram();

// 셰이더 부착
   gl.attachShader(program, vertexShader);
   gl.attachShader(program, fragmentShader);

// 셰이더 연결
   gl.linkProgram(program);
```

프로그램을 컴파일하고 연결하는 과정은 C와 C++로 작성된 프로그램의 일반적인 패턴이다. 예를 들어 윈도우 애플리케이션용 C++ 프로그램을 컴파일하고 연결하면 대부분의 개발자가 윈도우 실행 파일로 인식하는 .exe 파일이 생성된다. 프로그램 내에서 자체 실행 파일로 컴파일되면 셰이더는 그래픽 렌더링 파이프라인의 다음 단계로 이동한다.

코드 편집기를 통해 HTML 문서 내 자바스크립트에서 gl.clearColor()와 gl.clear() 함수 호출을 제거하고, 저장한 후 브라우저를 다시 로드하면 웹 페이지가 비어 있음을 알 수 있다. 데이터, 컴파일된 셰이더, 프로그램을 갖고 있지만 브라우저에서 화면으로 정보를 이동할 수 있는 방법이 아직 없다.

버퍼

버퍼는 컴퓨터에 할당된 메모리를 참조하는 프로그래밍 객체 공간이다. 영화관이나 놀이 공원의 줄처럼 데이터가 들어오고, 기다리고, 밖으로 이동한다. WebGL 애플리케이션에서 버퍼 객체를 사용해 GPU로 전달되는 동안 프로그램의 상태를 저장한다.

정점 위치 설정

먼저 화면에 정점을 그릴 위치를 선정한다. index.html의 자바스크립트 섹션에 있는 WebGLRenderingContext 생성 아래 그리고 셰이더를 생성하고자 추가한 코드 위에 다음을 추가한다.

```
// 화면의 포인트 정의
const coordinates = [
-0.7, 0.7,
-0.7, 0,
 0.7, 0,
];
```

여기서는 6개의 요소를 포함하는 좌표라는 자바스크립트 배열을 만든다. (x, y) 좌표 형태로 작성했지만 배열을 다음과 같이 정의할 수도 있다.

```
const coordinates = [-0.7, 0.7, -0.5, 0.0, 0.7, 0.0];
```

두 가지 형태의 세 쌍의 좌표 데이터는 동일하다. 정점에 대한 데이터를 생성했으니 저장할 위치가 필요하다.

```
// 정점을 저장할 빈 버퍼 객체 생성
const pointsBuffer = gl.createBuffer();
```

하지만 버퍼 객체는 바인딩하기 전까지는 어떤 메모리도 참조하지 않은 단지 계획일 뿐이다.

```
// 빈 버퍼 객체를 GL 콘텍스트에 연결
gl.bindBuffer(gl.ARRAY_BUFFER, pointsBuffer);
```

gl.ARRAY_BUFFER 인수는 생성한 버퍼 객체를 대상으로 사용할 버퍼 유형을 지정하는 WebGL 상수 변수다. gl.ARRAY_BUFFER 상수의 값은 인터넷을 통해 데이터 패킷으로 전송될 서버의 메모리 위치다. 따라서 이것은 브라우저 탭에서 실행 중인 WebGL 콘텍스트와 정점 정보를 보유하는 버퍼 간의 바인딩 지점이다.

```
// 정점을 GL의 연결된 버퍼에 로드
gl.bufferData(gl.ARRAY_BUFFER, new Float32Array(coordinates), gl.STATIC_DRAW);
```

버퍼 바인딩 후 gl.bufferData()를 호출하면 와이어를 통해 클라이언트의 GPU로 전송할 데이터의 크기가 버퍼의 데이터 크기로 설정된다. new Float32Array(coordincates)는 6개 float 요소의 배열을 컴퓨터의 수학적 연산에 최적화된 형식인 32비트 float 값의 배열로 캐스팅한다. 마지막 인수인 STATIC_DRAW는 버퍼의 데이터가 두 번 이상 수정되지 않으며 브라우저 창에 그려져야 한다고 GPU에 알린다. 버퍼 데이터를 메모리에 저장하면 GPU는 데이터가 그대로 유지되므로 향후 렌더링에 소요되는 시간을 절약할 수 있다.

정점에 대한 좌표를 설정하고 네트워크를 통해 보낼 패킷에 넣었지만, 아직 애플리케이션에서 코드 작성이 완료되지 않았다.

셰이더와 버퍼 연결

프로그램에서 정점 셰이더와 조각 셰이더를 함께 연결한 후에는 좌표 배열 내 정의된 화면 정점 좌표를 정점 셰이더의 gl_Position 속성과 동일하게 설정해서 보낼 수 있다.

```
// 프로그램의 정점 셰이더 소스에서 특성 찾기
const pointsAttributeLocation = gl.getAttribLocation(program, "vertex_points");
```

WebGLRenderingContext의 getAttribLocation() 함수는 GPU가 정점 셰이더 소스에 'vertex_points'로 정의한 속성을 저장한 인덱스를 프로그램에 물어 본다.

```
// 속성을 현재 버퍼 객체에 있는 포인트 데이터에 연결한다.
gl.vertexAttribPointer(pointsAttributeLocation, 2, gl.FLOAT, false, 0, 0);
```

GPU가 정점 셰이더의 'vertex_points' 속성을 저장한 인덱스의 값을 갖게 되면 이를 기능 일부로 사용해 GPU에 이전에 셰이더 프로그램과 연결했던 정점 셰이더 실행 파일의 데이터를 분석하는 방법을 지시할 수 있다. gl.vertexAttribPointer() 함수의 정점 속성 인덱스 값 뒤에 오는 인수는 정점당 좌표의 수, 좌표의 데이터 유형, 데이터 정규화 여부, 좌표 배열에서 GPU가 어디에서 도면을 시작해야 하는지 좌표 간에 건너뛰어야 하는 인덱스 개수를 나타낸다. 정확하게 이해하고자 이전 기능을 다음과 같이 다시 작성할 수 있다.

```
let size = 2; // 요소당 반복 횟수 (x, y 포인트 감안)
let type = gl.FLOAT; // 데이터는 32비트 floats
let normalize = false;
let stride = 0; // 쌍 좌표 사이의 인덱스를 건너뛰지 않음
let offset = 0; // 버퍼 처음부터 시작

gl.vertexAttribPointer(positionAttributeLocation, size, type, normalize, stride, offset);
```

GPU에 대한 정점 데이터 세트를 읽는 방법으로 정보가 포함된 배열 버퍼를 활성화하기만 하면 된다.

```
// 포인트 데이터를 GPU에 보낸다
gl.enableVertexAttribArray(pointsAttributeLocation);
```

gl.enableVertexAttribArray()를 호출하면 GPU가 gl.vertexAttribPointer() 함수에 지정된 배열 버퍼에서 값을 읽도록 지시한다. 마지막으로 GPU가 이미지를 화면에 렌더링하도록 지시한다.

그리기

WebGL 캔버스 콘텍스트에 그리기의 처음 두 단계를 검토했다. 여기서 clearColor vec4의 값을 재설정해 캔버스를 투명하고 흰색으로 설정할 수 있다.

```
// 캔버스 지우기
gl.clearColor(0, 0, 0, 0);

// 새 페인트의 색 버퍼 지우기
gl.clear(gl.COLOR_BUFFER_BIT);
```

이미 GPU에 셰이더 정보의 메모리 위치를 제공했으므로 WebGL drawArrays 함수를 호출해서 지시한 대로 데이터를 처리할 수 있다.

```
// 화면에 점 그리기
const mode = gl.TRIANGLES;
const first = 0;
const count = 3;
gl.drawArrays(mode, first, count);
```

mode 변수는 GPU에 3개의 정점을 연결해서 삼각형을 형성하도록 해준다. 첫 번째 변수는 GPU가 메모리 버퍼를 읽기 시작하도록 해준다. 그리고 카운트 변수는 GPU에

vertexAttribPointer 기능에 정의한 대로 속성 버퍼가 크기 2의 쌍 좌표 3개를 보유하도록 한다. 코드 편집기에 index.html을 저장하고 로컬 서버를 활성화한 다음 브라우저에서 페이지로 이동한다.

무엇이 보이는가? 보이지 않는다면 에지와 크롬에서 **CTRL + SHIFT + I**를 눌러 브라우저의 개발자 도구를 연다. 콘솔은 프로그램에서 보낸 모든 오류 또는 알림을 나열한다. 브라우저 콘솔의 내용은 다음과 같다.

WebGL: INVALID_OPERATION: drawArrays: 사용 중인 유효한 셰이더 프로그램이 없다.

코드를 따라한 경우 동일한 메시지를 볼 것이다. 연결한 프로그램을 사용하도록 애플리케이션에 지시하지 않았다. 해결책은 간단하다.

```
// GL 콘텍스트의 프로그램 동작 정의
gl.linkProgram(program);
gl.useProgram(program);
```

WebGL 프로그램을 연결한 index.html의 자바스크립트 섹션 아래에 **WebGLRenderingContext**가 셰이더 데이터를 검색하고자 사용하는 프로그램을 나타내는 코드를 추가한다.

▲ 그림 2-3 그리기 버퍼가 기본값으로 설정된 캔버스 콘텍스트에 투영된 저해상도 삼각형

페이지를 저장하고 로드하면 큰 빨간색 직각삼각형이 표시돼야 한다(그림 2-3). 삼각형의 모서리는 자바스크립트 프로그램의 좌표 배열에 저장한 값과 관련이 있다. WebGL은

CSS의 검색 창 영역과 동일하게 설정한 캔버스 콘텍스트의 클립 공간으로 렌더링한다.

해상도

GPU를 사용해서 웹에서 그래픽을 렌더링하는 목적은 프로세서의 성능을 활용하는 것이다. 그러나 흐릿하고 픽셀이 있는 삼각형은 병렬 처리한 고화질과는 거리가 먼 것처럼 보인다. 삼각형이 흐릿하게 보이는 이유는 GPU와 무관하다. WebGL 콘텍스트의 기본 프레임 버퍼인 드로잉 버퍼^{drawing buffer}라고 하는 캔버스 콘텍스트의 속성과 관련이 있다.

좌표 배열 선언 바로 위에 있는 index.html의 자바스크립트 섹션에 다음을 입력한다.

```
console.log(gl.drawingBufferWidth);
console.log(gl.drawingBufferHeight);
```

페이지를 저장하고 다시 로드하면 브라우저의 콘솔에 있는 드로잉 버퍼의 폭과 높이 값이 표시된다. `WebGLRenderingContext` 드로잉 버퍼의 기본값은 마이크로소프트 에지에서 300×150픽셀이다. 테두리 내에서 픽셀 수를 늘리지 않고 캔버스 크기를 늘리면 해상도가 떨어진다. 캔버스의 해상도를 높이고자 드로잉 버퍼의 영역을 늘릴 수 있다.

```
<canvas id="c" width="1216" height="1334"></canvas>
```

index.html의 HTML `<body>` 태그에서 `<canvas>` 요소의 치수를 재정의한다. CSS에서 캔버스의 치수를 설정하면 캔버스의 크기가 변경되지만, `<canvas>` 태그로 직접 크기를 정의해 캔버스의 드로잉 크기를 늘린다.

▲ 그림 2-4 HTML로 설정된 드로잉 버퍼 영역을 사용해 캔버스 콘텍스트에 그려진 고해상도 삼각형

화면을 저장하고 다시 로드하면 브라우저에 더 선명하게 렌더링된 삼각형이 나타난다(그림 2-4). 오큘러스 퀘스트는 초당 72프레임으로 실행되는 2개의 1600×1440픽셀 OLED 화면에서 헤드셋을 통해 콘텐츠를 제공한다. 기본적으로 퀘스트 앱은 각 눈에 대한 프레임 버퍼인 1216×1334픽셀 눈 텍스처로 렌더링된다. 그러면 하드웨어와 WebGL 간의 통신이 얼마나 효율적으로 이뤄졌는지 알 수 있을 것이다.

그리기 모드

브라우저에서 캔버스에 그리도록 애플리케이션을 설정하는 데 너무 많은 작업을 수행했으므로 2장을 마치기 전에 마지막 작업을 수행하려 한다. 지금까지 GPU는 캔버스에 제공된 3개의 정점을 연결해서 삼각형을 만들었다. 네 번째 정점을 추가하면 어떻게 될까?

```
// 화면에 좌표 정의하기
const coordinates = [
-0.7, 0.7,
-0.7, 0,
 0.7, 0,
 0.7, 0.7
];
```

좌표 배열의 마지막 두 인덱스에 쌍 좌표 (0.7, 0.7)을 추가한다. 페이지를 저장하고 다시 로드한다.

변화가 없다. drawArrays() 호출을 통해 GPU로 보낸 명령어에서 count 변수를 3으로 설정한다. 그러나 좌표 배열에 다른 좌표 쌍을 추가했더니 이제 좌표가 3개가 아닌 4개가 됐다. count의 값을 4로 변경한다.

```
// 화면에 좌표 정의하기
const mode = gl.TRIANGLE_STRIP;
const first = 0;
const count = 4;
gl.drawArrays(mode, first, count);
```

또한 모드 변수의 값을 gl.TRIANGLES에서 gl.TRIANGLE_STRIP로 변경한다. 화면을 저장하고 다시 로드한다.

▲ 그림 2-5 드로잉 모드 변수가 triangle_strip로 설정된 상태에서 캔버스 콘텍스트에 그려진 4개의 정점

도대체 무슨 일일까? WebGL은 브라우저의 캔버스에 그릴 수 있는 여러 가지 모드를 포함하고 있다. gl.TRIANGLE은 3개의 점을 연결해서 삼각형을 만드는 반면, gl.TRIANGLE_STRIP은 각각의 추가점을 2개의 이전 점에 연결해 연결된 삼각형의 스트립을 형성한다(그림 2-5). 모드 변수를 gl.LINE_LOOP로 변경하면 각 정점을 선으로 연결하고 마지막 정점을 첫 번째에 연결해서 직사각형의 윤곽을 형성한다(그림 2-6).

▲ 그림 2-6 드로잉 모드 변수가 line_loop로 설정된 캔버스 콘텍스트에 그려진 4개의 정점

2개의 삼각형으로 단색 상자를 만들고자 GPU가 버퍼에서 정점을 읽는 방법의 순서를 변경할 수 있다.

```
const coordinates = [
-0.7, 0.7,
 0.7, 0.7,
-0.7, 0,
 0.7, 0,
];
```

좌표 배열의 정점을 위치별로 재배치하고 상단 왼쪽부터 시작해서 평면 주위를 시계 방향으로 이동하면 GPU가 정사각형을 그릴 수 있다(그림 2-7). drawArrays 기능의 모드를 gl.TRIANGLE_STRIP으로 재설정하고 페이지를 저장한 후 다시 로드한다.

▲ 그림 2-7 드로잉 모드가 triangle_strip으로 설정된 상태에서 캔버스 콘텍스트에 그려진 4개의 정점과 왼쪽부터 시계 방향으로 순차 정의된 정점

훨씬 좋아졌다.

정리

실습 2를 완료하면 WebGL 애플리케이션의 상태를 만들고, 동작을 정의하고, 브라우저의 캔버스 콘텍스트에 콘텐츠를 그리는 프로세스를 수행할 수 있다. 애플리케이션을 만들고자 수행한 단계는 WebGL 렌더링 프로세스의 핵심을 구성한다. 3장에서는 애플리케이션을 다른 차원으로 끌어올릴 WebGL API의 중요한 구성 요소를 다룰 것이다.

2장에서는 다음과 같은 내용을 다뤘다.

- WebGL 애플리케이션은 WebGLRenderingContext가 필요하다.
- WebGL 콘텍스트는 Canvas API의 기능을 확장한다.
- 정점 셰이더는 GPU가 화면에서 점을 그리고 연결하는 방법을 정의한다.
- 조각 셰이더는 GPU가 화면의 픽셀에 적용하는 색상을 정의한다.
- 속성은 정점 셰이더의 소스에 있는 데이터를 정의한다.
- WebGL은 데이터를 대상에서 소스로 전달하기 전에 버퍼에 데이터를 저장한다.
- 드로우 명령은 화면에 렌더링할 항목과 방법을 GPU에 지시한다.

3장
WebGL의 3차원을 향해

앞에서 웹 브라우저의 윈도우에 빨간색 직사각형을 만들었다. 직사각형을 만드는 과정에서 정점을 설정하고 색상을 칠하는 과정을 배웠다. 또한 정점 내용을 버퍼에 저장하고 WebGL 애플리케이션에서 실행하도록 명령했다. 2D 콘텐츠를 래스터화하는 WebGL 프로그램의 상태와 동작의 경우 모든 WebGL 프로그램은 상태머신 state machine[1]으로 동작한다. 그러면 이미 만든 것을 어떻게 하면 3차원 장면에 추가할 수 있을까?

2장에서 다뤘던 실습을 바탕으로 3장에서는 세 가지 실습을 해볼 것이다. OpenGL과 같은 그래픽은 정점들로 이뤄진 다각형을 렌더링하기 위한 파이프라인 구조를 갖고 있다. 그렇기 때문에 개발자들은 데이터 변환 구조 plumbing를 만들고 좌표 입력만 하면 된다. 예를 들어 정점 배열, 버퍼, 속성 포인터, 셰이더와 같은 파이프라인의 주요 구성 요소를 이미 접했기 때문에 브라우저에서 WebGL을 사용해서 3차원 콘텐츠를 만드는 과정을 할 수 있다. 여기서는 더 많은 정점, 더 많은 좌표, 더 많은 색상을 담고자 파이프라인의 데

---

[1] 상태머신이란 상태를 저장하는 저장소 같은 개념으로, 한 번 지정해 놓은 상태는 다른 값으로 수정할 때까지 지속되는 것이다. 예를 들어 사각형의 색이 노란색인데 다른 색으로 변경하기 전까지 노란색으로 화면에 표시되는 형태다. – 옮긴이

이터 양을 늘리고 확장할 것이다.

3장의 주요 내용은 다음과 같다.

- HTML 파일과 별도로 자바스크립트를 작성하는 방법
- WebGL 콘텍스트에서 여러 도형을 그리는 방법
- 특정 정점에 색상 값을 추가하는 방법
- 셰이더 프로그램에서 varying 한정자의 의미와 적용
- 심도 버퍼depth buffer의 의미와 렌더링에 대한 애플리케이션
- WebGL에서 사용할 수 있는 다양한 그리기 모드

XYZ의 기초

데카르트 좌표 평면은 x와 y로 2차원을 정의한다. 그림 3-1처럼 두 축이 만나는 지점에 z축(수직 또는 직교)을 추가함으로써 3차원을 만들 수 있다.

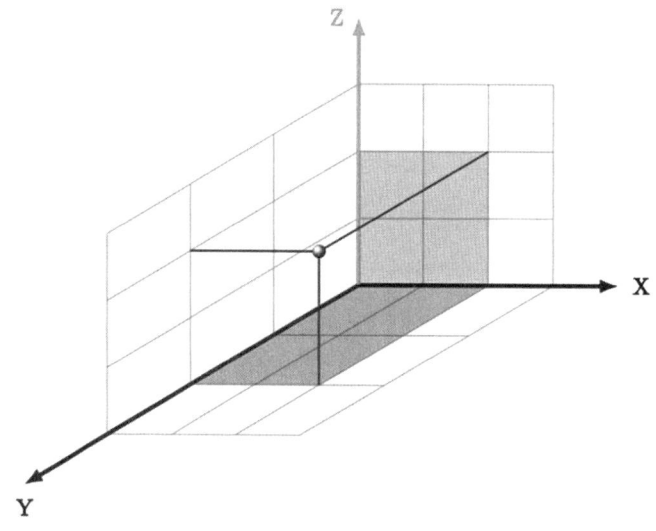

▲ 그림 3-1 데카르트 좌표 평면에 z축을 추가하면 3차원이 생성된다

비록 일반 3D 소프트웨어는 각 축의 방향을 다르게 사용하지만, 이해를 돕고자 x축은 오른쪽으로 값이 증가하고 y축은 앞쪽으로 올 때 값이 상승하고 z축은 하늘을 향해 값이 상승한다고 정의하자. 다음 실습에서 2장의 코드에서 z좌표를 일부 수정해서 3차원으로 렌더링하고자 한다.

실습 3-1: 3차원의 그림 그리기

먼저 이전 장에서 저장한 문서에 작업하거나 깃허브 저장소에서 소스 코드를 다운로드하거나 처음부터 작성할 수 있다. 여기서는 WebGL 파이프라인을 구축하는 단계를 복습 차원에서 다시 처음부터 시작하겠다.

WebGL 파이프라인

WebGL 파이프라인(그림 3-2)은 점의 좌표를 3D 공간(정점이라고 함)에서 수집해서 버퍼라는 데이터 구조에 저장한다. 버퍼는 클라이언트 장치의 GPU에 전달자로 동작하며, 여기서 정점 좌표는 셰이더라고 불리는 수학적 함수를 통과한다. 정점 셰이더는 좌표를 클립 공간으로 옮기는 반면, 조각fragment 또는 픽셀pixel 셰이더는 각 픽셀을 그릴 색상을 계산한다. 그런 다음 WebGL 파이프라인은 각 픽셀의 정점과 색상 값의 좌표를 프레임 버퍼로 전송하며, 프레임버퍼framebuffer는 GPU가 이미지를 클라이언트의 화면으로 렌더링하기 전에 이미지의 내용을 보관한다.

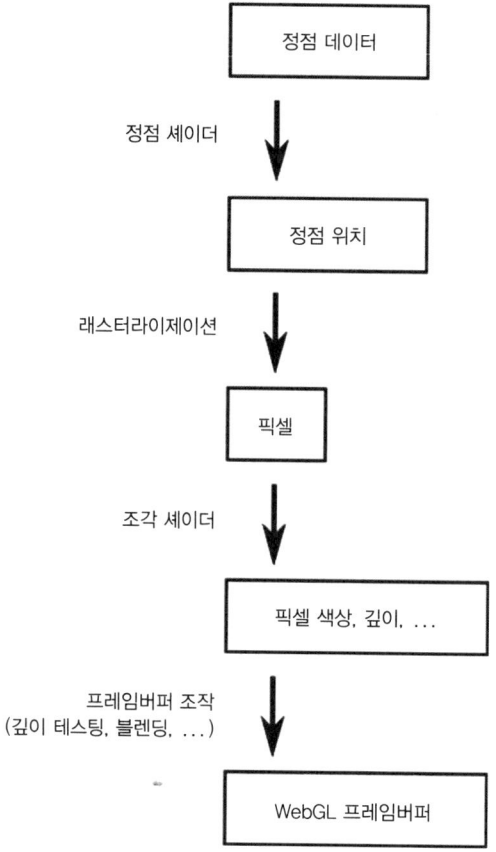

▲ **그림 3-2** WebGL 파이프라인은 정점 좌표를 입력으로 받는다. 이후 셰이더라고 불리는 버퍼와 수학 함수의 컬렉션을 통과한 후 좌표는 프레임 버퍼에 도달해서 화면에 렌더링되기를 기다린다.

실습 3-1에서는 다음을 수행한다.

- 코드에서 WebGL 파이프라인의 단계 개요
- 자바스크립트 파일에서 HTML 구문과 자바스크립트 분리
- WebGL 버퍼에 저장된 정점 수 증가
- 정점에 대한 z 좌표 값 추가
- 자바스크립트 템플릿 리터럴template literal을 사용해서 셰이더 소스 코드 정의

- WebGL Draw 방법의 모드 변경

시작하기

1. VS Code에서 새로운 index.html 문서를 생성한다. 문서 본문에 느낌표를 입력하고 **Enter** 키를 누른다. **! + ENTER** 단축키는 웹 페이지에 대한 HTML 템플릿을 자동으로 생성한다.

```
<!DOCTYPE html>
<html lang="en">
<head>
    <meta charset="UTF-8">
    <meta name="viewport" content="width=device-width, initial-scale=1.0">
    <title>Document</title>
</head>
<body>

</body>
</html>
```

2. `<body>` ~ `</body>` 영역 안에 ID와 CSS 스타일을 적용한 캔버스 요소를 추가한다.

```
<html lang="en">
<head>
    <meta charset="UTF-8">
    <meta name="viewport" content="width=device-width, initial-scale=1.0">
    <title>WebGL Lesson 2: third Dimension</title>
    <style>
      canvas {
        width: 100vw;
        height: 100vh;
      }
    </style>
</head>
```

```
<body>
    <canvas id="c" width=1920 height=1080></canvas>
</body>
</html>
```

3. 새 파일을 생성해서 index.js로 저장한다. index.html의 닫는 HTML 태그 위에 방금 만든 자바스크립트 파일을 가리키는 태그를 추가한다.

```
<body>
  <canvas id="c" width=1920 height=1080></canvas>
</body>
<script src="index.js"></script>
</html>
```

스크립트 태그의 src 속성은 JS 파일의 상대 파일 경로를 가리킨다. 이 실습의 경우 index.html과 JS 파일은 같은 경로에 존재한다. 과정 후반부에서 디렉터리 내 하위 폴더 작성을 설명하겠다.

관심사 분리

1. index.js에서 메인 함수를 정의하고 아래와 같이 머리글을 추가한다. 또는 깃허브 저장소에서 webGLtemplate.js 템플릿 파일을 다운로드할 수 있다.

```
function main() {
    /*====== WebGL 콘텍스트 생성 ========*/
    /*====== 지오메트리 정의 및 저장 ======*/
    /*====== 전면 정점 정의 =============*/
    /*====== 전면 버퍼 정의 =============*/
    /*====== 셰이더 ==================*/
    /*====== 셰이더 소스 정의 ===========*/
    /*====== 셰이더 생성 ==============*/
    /*====== 셰이더 컴파일 =============*/
```

```
    /*====== 셰이더 프로그램 생성 ==========*/
    /*====== 링크 셰이더 프로그램 =========*/
    /*====== 속성을 정점 셰이더와 연결 =====*/
    /*====== 그리기 ====================*/
    /*====== 화면에 포인트 그리기 =========*/
}
```

WebGL 프로그램은 상태머신으로 작동한다. 예를 들어 정점의 위치와 색상을 설명하는 데이터는 시간이 지남에 따라 업데이트된다. 따라서 WebGL 장면의 모양은 이전 프레임의 모양에 따라 달라진다. 이 실습에서는 시간이 지남에 따라 WebGL 콘텍스트의 상태에 영향을 미치도록 셰이더에 대한 입력 데이터를 변경한다.

WebGL 파이프라인에 대한 입력을 변경하기 전에 먼저 약간의 관리 작업을 수행하겠다. 시간이 지남에 따라 애플리케이션은 복잡해지므로 아키텍처를 단순화하고자 자바스크립트 코드를 HTML 문서에서 분리한다. 실행 영역에 따라 프로젝트에서 코드 파일을 구분하는 행위를 관심사 분리^{SoC, Separation of Concern}라고 한다. HTML은 주로 페이지의 모양을 담당하는 마크업 언어이기 때문에 관심사 분리의 철학은 다른 파일에서 페이지의 동작을 관리하는 코드를 작성하도록 권장한다.

여러 가지 가능성

HTML 문서의 표현 구문에서 분리된 자바스크립트 로직을 사용해 실습을 계속할 수 있다.

1. 이전과 같이 WebGL 콘텍스트를 생성한다.

```
/*========== WebGL 콘텍스트 생성 ==========*/
const canvas = document.querySelector("#c");
const gl = canvas.getContext('webgl');
if (!gl) {
    console.log('WebGL unavailable');
```

```
    } else {
        console.log('WebGL is good to go');
    }
```

2. 이전 실습에서 2차원 평면에서 4개의 정점을 정의해서 정사각형을 만들었지만, 이 실습에서는 삼각형 2개로 정사각형을 만들고자 총 6개의 정점을 정의한다. 각 정점에 세 번째 좌표를 주어 z축을 따라 위치를 정의할 것이다.

```
/*========== 지오메트리 정의 및 저장 ==========*/
const firstSquare = [
    // 정면
    -0.3, -0.3, -0.3,
     0.3, -0.3, -0.3,
     0.3,  0.3, -0.3,

    -0.3, -0.3, -0.3,
    -0.3,  0.3, -0.3,
     0.3,  0.3, -0.3,
];
```

WebGLRenderingContext는 −1과 1 사이의 캔버스 좌표를 해석하기 때문에 −1과 1 사이의 값을 사용해 정점의 위치를 정의한다.[2] 이러한 좌표는 월드 공간과는 반대로 클립 공간에 있으며, 이 개념은 뷰 매트릭스에 대한 4장에서 자세히 설명하겠다.

3. 버퍼를 생성하고, 바인딩하고, 데이터를 삽입하는 과정이다. 위에서 정의한 firstSquare 포인트 배열은 WebGL이 렌더링하는 장면의 새로운 상태가 된다.

---

2 클립 공간 좌표는 −1과 1 사이의 x 및 y축 배율을 정규화한다. 그러나 z축은 0에서 시작하는 카메라에서 음으로 확장된다. 반면 정규화된 장치 좌표(NDC, Normalized Device Coordinate)는 세 축을 모두 −1과 1 사이로 제한된다. WebGL 파이프라인은 화면 좌표를 정규화해 모든 화면 차원에서 경험을 표준화한다.

gl.STATIC_DRAW 속성은 한 번만 설정하면 정점 배열의 이름을 변경하더라도 동일하게 유지된다.

```
// 버퍼
const origBuffer = gl.createBuffer();
gl.bindBuffer(gl.ARRAY_BUFFER, origBuffer);
gl.bufferData(gl.ARRAY_BUFFER, new Float32Array
(firstSquare), gl.STATIC_DRAW);
```

HTML과는 별도의 파일에 JS 및 GLSL 코드를 작성했기 때문에 이전과 다르게 셰이더 소스를 정의할 것이다.

문자 그대로 해석하기

index.js 파일은 자바스크립트 파일이기 때문에 웹 브라우저는 내용을 JS로 해석한다. 여기에서 '자바 스크립트가 아닌not-javascript' 텍스트를 나타내는 type 속성은 작동하지 않는다. 그러나 WebGL 정점 및 조각 셰이더가 문자열을 입력으로 받아들이는 것을 알고 있으므로 템플릿 리터럴을 사용해 스크립트에서 GLSL 셰이더 소스 코드를 바인딩할 수 있다. JS에서 백틱backtick(`) 문자로 표시되는 템플릿 리터럴은 여러 줄 문자열과 포함된 표현식을 허용한다.

1. 대부분의 키보드에서 숫자 1의 왼쪽에 있는 백틱 문자를 사용해 셰이더 소스 코드를 대상 변수에 저장한다.

```
const vsSource = `
    attribute vec4 aPosition;

    void main() {
        gl_Position = aPosition;
    }
`;
```

```
    const fsSource = `
        void main() {
            gl_FragColor = vec4(1, 0, 0, 1);
        }
    `;
```

2. 정점과 조각 셰이더를 만들고 컴파일하고 새로운 프로그램에 연결하는 코드는 이전 실습과 같이 남아 있다.

```
// 셰이더 생성
const vertexShader = gl.createShader(gl.VERTEX_SHADER);
const fragmentShader = gl.createShader(gl.FRAGMENT_SHADER);
gl.shaderSource(vertexShader, vsSource);
gl.shaderSource(fragmentShader, fsSource);

// 셰이더 컴파일
gl.compileShader(vertexShader);
gl.compileShader(fragmentShader);

// 셰이더 프로그램 생성
const program = gl.createProgram();
gl.attachShader(program, vertexShader);
gl.attachShader(program, fragmentShader);

// 링크 셰이더 프로그램
gl.linkProgram(program);
gl.useProgram(program);
```

포인터 이동

프로그램의 속성을 파이프라인과 연결하려면 2장의 코드에서 하나의 변수만 변경하면 된다.

1. firstSquare 좌표 배열에 z 좌표를 추가했으므로 매개 변수를 2에서 3으로 변경한다.

```
/*========== 속성을 정점 셰이더와 연결 ==========*/
const posAttribLocation = gl.getAttribLocation(program, "aPosition");
gl.bindBuffer(gl.ARRAY_BUFFER, origBuffer);
gl.vertexAttribPointer(posAttribLocation, 3, gl.FLOAT, false, 0, 0);
gl.enableVertexAttribArray(posAttribLocation);
```

gl.vertexAttribPointer() 함수의 두 번째 인수는 각 정점에 대해 계산할 좌표 수를 의미한다. x, y, z 좌표이므로 3이다.

그리기 모드 호출

이름에서 알 수 있듯이 draw 메서드는 파이프라인에서 클라이언트 화면으로 프레임버퍼를 플러시flush한다. 그러나 이미지를 보내기 전에 메서드의 인수를 변경해 보겠다.

1. 메인 함수에 대한 그리기 호출을 작성하기 전에 WebGL 콘텍스트의 색상을 불투명한 흰색으로 재설정한다. 이 실습에서는 gl.drawArrays() 메서드의 그리기 모드를 gl.TRIANGLES로 재설정한다.

```
/*========== 그리기 ========== */
gl.clearColor(1, 1, 1, 1);
gl.clear(gl.COLOR_BUFFER_BIT);
// 화면에 포인트 그리기
const mode = gl.TRIANGLES;
const first = 0;
const count = 6;

gl.drawArrays(mode, first, count);
} // 메인 함수를 닫는다.
```

정점의 개수에 해당하는 count 변수를 4에서 6으로 변경한다.

2. index.js 파일의 맨 위에서 기본 함수 선언 전에 다음을 입력해 기본 함수를 호출한다. [3]

```
main();
function main() {...
```

웹 브라우저는 서버에서 받은 JS 코드를 컴파일한다. 선언 전후에 main() 함수를 호출해도 차이가 없다. 브라우저가 스크립트를 실행하기 전에 함수의 참조를 이미 저장했기 때문이다. 과정의 뒷부분에서 다른 종류의 기능을 제공하는 자바스크립트의 ES 모듈을 설명하겠다.

3. index.html 및 index.js 파일을 VS Code에 저장하고, 로컬 웹 서버를 시작한 다음 HTML 페이지를 로드한다. 브라우저의 캔버스 중앙에 그림 3-3처럼 빨간색 사각형이 표시돼야 한다(브라우저 크기에 따라 다르다).

▲ 그림 3-3 WebGL에서 TRIANGLES 모드를 사용해 GPU가 그린 빨간색 사각형

index.js의 모드 변수를 gl에서 gl.LINE_LOOP로 변경한다. 그림 3-4은 TRIANGLES 모드에서 2개의 삼각형으로 정사각형을 형성하는 방법을 보여 준다.

---

3   대안은 main() 함수를 즉시 실행 함수(IIFE, Immediately-invoked function Expression)로 호출하는 것이다. 이와 같은 패턴은 자바스크립트 모듈에 대한 이후의 장에서 논의할 것이다.

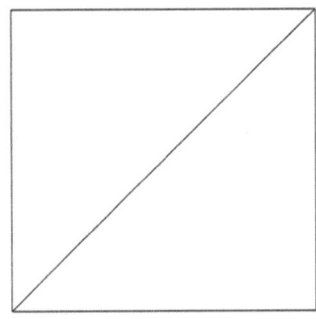

▲ 그림 3-4 WebGL 그리기 모드를 LINE_LOOP로 설정해 GPU에서 렌더링한 사각형

컴퓨터 그래픽스는 최소한의 메모리 사용을 위한 탐색이므로 GPU에 2개의 외부 정점을 연결해 정사각형을 만들도록 요청하는 것은 일반적인 관행은 아니다. 그러나 이 실습을 위해서는 WebGL이 개별 정점보다 여러 도형을 렌더링하는 순서를 이해하는 것이 더 중요하다.

정사각형의 좌표 위치를 정의한 배열에 세 번째 좌표를 추가했지만 이미지는 여전히 2차원으로만 표시된다. 실습 3-2에서는 정점의 z 좌표 값이 다른 두 번째 정사각형을 추가한다. 아마도 WebGL의 3D 기능을 더 잘 보여 줄 것이다. 계속하기 전에 배운 내용을 살펴보겠다.

학습한 내용은 다음과 같다.

- HTML 구문에서 분리된 자바스크립트 코드
- 각 정점에 대한 z 좌표를 포함하도록 정사각형면의 정점 배열을 확장
- 배열의 추가 좌표를 수용할 수 있도록 버퍼 객체의 크기 확장
- 배열에 추가된 z 좌표를 포함하도록 WebGL 속성 포인터의 보폭을 증가
- 템플릿 리터럴을 사용해 자바스크립트에 포함된 GLSL 코드
- WebGL 그리기 명령의 모드 변경

실습 3-2: 정사각형 제곱

실습 3-2에서는 WebGL 장면에서 3차원 깊이에 대한 표현을 더욱 효과적으로 만드는 방법을 살펴보겠다. 브라우저에 두 번째 정사각형을 그려서 실습 3-1에서 만든 것을 기반으로 할 것이다. 또한 WebGL 파이프라인의 조각 셰이더로 전달된 값을 조작해서 도형의 색상이 겹치는 본체의 모양에 어떤 영향을 미치는지 확인할 것이다.

다루는 내용은 다음과 같다.

- 실습 3-1의 정점 배열에 두 번째 정사각형의 정점 좌표 추가
- 도형의 Z좌표를 변경해 도형에 의해 공유되는 평면을 상쇄
- 2개의 사각형을 그리도록 WebGL 그리기 명령을 수정
- 벡터에 저장된 색상 데이터를 유지하고자 정점 셰이더에 속성 추가
- 색상 속성의 데이터를 보관할 다른 버퍼 객체를 생성
- 두 번째 바인딩 지점을 통해 WebGL 셰이더 프로그램에 색상 버퍼를 연결
- 정점과 조각 셰이더 소스 모두에서 WebGL varying 한정자를 사용해 렌더링된 정점 사이의 색상 그라이언트를 작성

Z 타운

이미 만들어진 사각형을 갖고 실습 3-2 WebGL 파이프라인을 시작하겠다. 실습 3-1의 첫 번째 사각형의 위치 좌표를 살펴보자.

```
const firstSquare = [
    // 정면
    -0.3, -0.3, -0.3,
     0.3, -0.3, -0.3,
     0.3,  0.3, -0.3,
    -0.3, -0.3, -0.3,
```

```
     -0.3,  0.3, -0.3,
      0.3,  0.3, -0.3,
];
```

z 좌표의 값 −0.3은 정사각형을 원래보다 더 가깝게 배치돼 있다. 아직 기준 틀이 없어서 이 사각형은 깊이가 전혀 없는 것처럼 보인다. 첫 번째 장면 뒤에 두 번째 사각형을 추가해서 이 문제를 해결하겠다.

1. 실습 3-1의 동일한 index.js 파일에서 firstSquare 배열의 좌표를 다음 값으로 수정한다.

```
/*========== 지오메트리 정의 및 저장 ==========*/
const squares = [
    // 정면
    -0.3, -0.3, -0.3,
     0.3, -0.3, -0.3,
     0.3,  0.3, -0.3,

    -0.3, -0.3, -0.3,
    -0.3,  0.3, -0.3,
     0.3,  0.3, -0.3,

    // 후면
    -0.2, -0.2, 0.3,
     0.4, -0.2, 0.3,
     0.4,  0.4, 0.3,

    -0.2, -0.2, 0.3,
    -0.2,  0.4, 0.3,
     0.4,  0.4, 0.3,
];
```

x 및 y 좌표를 0.1만큼 오프셋하는 것 외에도 z 좌표도 −0.3에서 0.3으로 변경했다. 값이 증가함에 따라 z축이 시점에서 멀어지기 때문에 양의 z값은 기준 프레임

에서 음의 값을 가진 좌표 뒤에 좌표를 배치한다.

2. 버퍼 객체를 생성한 동일한 코드 블록에서 좌표 배열의 대상 변수를 firstSquare에서 squares로 변경한다. gl.bufferData 메서드의 값도 firstSquare에서 squares로 바꾼다.

```
gl.bufferData(gl.ARRAY_BUFFER, new Float32Array(squares), gl.STATIC_DRAW);
```

마지막으로 버퍼 데이터에 6개의 정점을 더 추가했기 때문에 GPU에 6개가 아닌 12개의 정점 또는 4개의 삼각형을 그리도록 지시해야 한다.

3. count 변수를 6에서 12로 변경한다.

```
const mode = gl.TRIANGLES;
const first = 0;
const count = 12;
gl.drawArrays(mode, first, count);
```

index.js 파일을 저장하고 브라우저에서 웹 페이지를 다시 로드한다.

그림 3-5에서와 같이 2개의 빨간색 사각형이 표시돼야 한다. 사각형이 같은 색을 공유하기 때문에 어떤 사각형이 다른 사각형 앞에 있는지 구분하기가 어렵다. 이 문제를 해결하고자 WebGL 프로그램에 양의 z 좌표가 있는 사각형에 파란색을 적용하도록 하자.

▲ 그림 3-5 화면에 렌더링된 정점의 z 좌표 값이 다른 2개의 빨간색 사각형

두 번째 색

조각 셰이더에 두 번째 색상을 추가하려면 먼저 셰이더 소스 데이터를 수정해야 한다.

```
// 셰이더
const vsSource = `
    attribute vec4 aPosition;
    attribute vec4 aVertexColor;

    varying lowp vec4 vColor;

    void main() {
        gl_Position = aPosition;
        vColor = aVertexColor;
    }
`;

const fsSource = `
    varying lowp vec4 vColor;

    void main() {
        gl_FragColor = vColor;
    }
`;
```

1. 정점 셰이더 소스 코드에 두 번째 속성을 추가한다. aVertexColor라는 이름의 Vector4로 정의한다. 그런 다음 lowp vec4 유형의 정점 셰이더 소스 코드에 **varying** 한정자를 추가하고 이름을 vColor로 지정한다. 조각 셰이더에 동일한 한정자를 추가하고 대상 변수 gl_FragColor를 vColor로 설정한다.

   여기에 vec4는 컴파일러에게 각각 r, g, b, 알파 또는 불투명도의 값을 나타내는 4개의 인덱스를 가진 벡터임을 알려 준다. lowp 키워드는 컴파일러에게 낮은 부동 값을 처리하려면 충분한 메모리가 필요함을 알려 준다. 속성 한정자는 정점 셰이더에 고유한 데이터를 정의하지만 varying 한정자는 조각 셰이더에도 적용된다.

varying 한정자에 이름이 있는 이유는 이 실습이 끝나면 이해할 수 있을 것이다.

2. 첫 번째 실습과 다르게 정점 셰이더에 aVertexColor 속성을 추가했기 때문에 서버에서 클라이언트로 전달할 데이터를 보관할 다른 버퍼를 만들어야 한다. index.js의 Shaders 제목 위에 다음 코드를 추가하자.

```
const colorBuffer = gl.createBuffer();
gl.bindBuffer(gl.ARRAY_BUFFER, colorBuffer);
gl.bufferData(gl.ARRAY_BUFFER, new Float32Array(squareColors), gl.STATIC_DRAW);
```

정점의 좌표를 고정하는 버퍼 객체와 마찬가지로 **gl.ARRAY_BUFFER** 바인딩 포인트를 통해 프로그램의 색상 정보를 보유하는 버퍼를 WebGL 콘텍스트에 바인딩한다.

gl.bufferData 메서드 호출 다음에 괄호 안에 새 **Float32Array**로 캐스팅된 매개변수의 값을 확인한다. squareColors라는 변수이지만 프로그램에서 squareColors라는 객체는 아직 정의하지 않았다. 앞으로 정의하기로 하고 일단 색상 데이터를 보유하는 버퍼는 좌표 데이터를 보유하는 버퍼와 동일한 유형이며, 이와 유사하게 구조화된 배열로 정보를 패키징할 수 있다.

3. 두 버퍼 origBuffer 및 colorBuffer의 사이에 squareColors라는 배열을 추가한다. 새로운 배열 안에 다음 값으로 채운다.

```
const squareColors = [
    0.0, 0.0, 1.0, 1.0,
    0.0, 0.0, 1.0, 1.0,
    0.0, 0.0, 1.0, 1.0,
    0.0, 0.0, 1.0, 1.0,
    0.0, 0.0, 1.0, 1.0,
    0.0, 0.0, 1.0, 1.0,

    1.0, 0.0, 0.0, 1.0,
    1.0, 0.0, 0.0, 1.0,
```

```
        1.0, 0.0, 0.0, 1.0,
        1.0, 0.0, 0.0, 1.0,
        1.0, 0.0, 0.0, 1.0,
        1.0, 0.0, 0.0, 1.0,
];
```

정점 셰이더 내부에 정의된 aVertexColor는 정점의 색깔을 저장하는 변수다. main() 메서드에서 aVertexColor 속성이 보유하고 있는 값을 vColor로 저장했다.

```
vColor = aVertexColor;
```

이 속성은 WebGL 파이프라인의 정점 셰이더의 내부에만 쓰이는 속성으로 외부로 나갈 수 없다. 그렇기 때문에 vColor를 통해 조각 셰이더로 전달하는 역할을 한다. 정점 셰이더에서 색상 속성을 정의하고 이를 varying 한정자로 조각 셰이더에 전달하면 각 rgba vector4 색상 값은 squares 배열의 정점과 연결된다. squareColors 배열의 각 행은 정점의 색상 값을 정의하므로 조각 셰이더는 각 정점의 색에 따라 부드러운 그러데이션gradation이 적용된 색으로 변경된다.

그러나 먼저 WebGL 콘텍스트에 연결된 프로그램이 장면의 색상 데이터를 저장한 메모리의 주소를 지정해야 한다.

4. 정점 데이터를 보유하는 버퍼를 활성화하는 코드 아래에 aVertexColor 속성 주소에 대한 대상 변수를 만든다. 그런 다음 버퍼를 gl 프로그램에 바인딩하고 실행한다.

```
/*========== 속성을 정점 셰이더와 연결 ==========*/
const posAttribLocation = gl.getAttribLocation
(program, "aPosition");
gl.vertexAttribPointer(posAttribLocation, 3, gl.FLOAT,false, 0, 0);
gl.enableVertexAttribArray(posAttribLocation);

const colorAttribLocation =
```

```
gl.getAttribLocation(program, "aVertexColor");
gl.bindBuffer(gl.ARRAY_BUFFER, colorBuffer);
gl.vertexAttribPointer(colorAttribLocation, 4, gl.FLOAT, false, 0, 0);
gl.enableVertexAttribArray(colorAttribLocation);
```

두 `gl.vertexAttribPointer` 메서드의 매개 변수 간의 차이에 유의하자. aPosition 속성에서 squares 배열의 메모리 위치에 대한 포인터를 만드는 메서드는 3으로 정의한다. 이 인수는 GPU에 프로그램의 각 정점에 3개의 좌표가 있음을 알린다. 반면에 4개의 값이 squareColors 배열의 각 정점의 색상을 정의하기 때문에 aVertexColor 속성에 대한 포인터를 생성하는 함수의 크기는 4로 정의한다.

5. 애플리케이션에 더 많은 데이터를 도입함에 따라 복잡해졌다. 프로그램을 컴파일하는 동안 발생할 수 있는 오류를 처리하고자 셰이더 컴파일을 담당하는 메서드에 오류 처리를 추가하겠다.

```
// 셰이더 컴파일
gl.compileShader(vertexShader);
if (!gl.getShaderParameter(vertexShader, gl.COMPILE_STATUS)) {
    alert('An error occurred compiling the shaders: '+
    gl.getShaderInfoLog(vertexShader));
    gl.deleteShader(vertexShader);
    return null;
  }
gl.compileShader(fragmentShader);
if (!gl.getShaderParameter(fragmentShader, gl.COMPILE_STATUS)) {
    alert('An error occurred compiling the shaders: '+
    gl.getShaderInfoLog(fragmentShader));
    gl.deleteShader(fragmentShader);
    return null;
  }
```

셰이더를 컴파일하는 동안의 오류 처리 코드 및 세부 사항에 진정으로 관심이 있다면 OpenGL ES를 참조하길 바란다. 모질라 개발자 네트워크 웹 사이트의 WebGL API에 대한 사양 또는 문서를 보면 된다. 프로그램에서 오류가 발생하면 문제에 대한 세부 정보를 확인할 수 있다.

6. 마지막으로 상태 및 동작에 대한 변경 사항을 반영하도록 Draw 호출을 수정하겠다. 프로그램 `gl.clearColor()` 메서드 호출 아래에 다음 세 가지 메서드를 추가한다.

```
gl.enable(gl.DEPTH_TEST);
gl.depthFunc(gl.LEQUAL);
gl.clear(gl.COLOR_BUFFER_BIT | gl.DEPTH_BUFFER_BIT);
```

gl 콘텍스트에서 DEPTH_TEST를 활성화하면 GPU가 z축을 따라 장면의 정점 순서를 평가할 수 있다. `gl.clear()` 메서드 매개 변수에 `gl.DEPTH_BUFFER_BIT`를 추가하면 장면을 그리기 전에 GPU가 색상 및 깊이 데이터를 기본값으로 재설정하도록 지시한다.

7. index.js 파일을 저장하고 웹 브라우저에서 웹 페이지를 다시 로드하자.

브라우저 창의 크기에 따라 그림 3-6에서와 같이 2개의 정사각형 또는 2개의 직사각형(하나는 파란색, 다른 하나는 빨간색)이 표시된다. 파란색의 `squareColors` 배열의 처음 6개 행에 대해 음의 z 좌표를 사용해서 정사각형이 빨간색 정사각형 앞에 나타나게 된다.

▲ 그림 3-6 z 좌표 값에 따른 그리기 호출 실행 순서를 보여 준다.

그림 3-7은 squareColors 배열의 RGBA 값 중 일부를 변경하면 조각 셰이더가 정점 간에 캔버스의 색상을 어떻게 변화시키는지 보여 준다.

▲ 그림 3-7 정점 셰이더의 varying 한정자는 조각 셰이더가 정점 사이의 색상 값을 그래디언트로 보이도록 지시한다.

아직까지는 제대로 된 3차원 장면을 만들어 내지 못했다. 이를 보완하고자 실습 3-3에서는 전경foreground을 뒤로 연결하는 다리를 만드는 세 번째 평면을 장면에 추가할 것이다. 아마도 3면 정육면체를 만들고자 '상단top'을 추가하면 장면의 깊이를 더 잘 전달할 수 있을 것이다.

실습 3-3: 3차원의 3면

이전 두 실습을 통해 WebGL 애플리케이션은 상태머신이라는 것을 알게 됐다. 프로그램의 셰이더에 입력을 제공하고 장면의 모양과 상태를 브라우저 화면에 렌더링한다. 아직 프로그램에 시간 요소를 도입하지 않았기 때문에 현재 상태는 정적이다. 그러나 상태머신이 제공하는 가치는 입력에 관계없이 일정한 파이프라인이다. 힘든 작업은 거의 다했다. 조금만 더 나아가 보자.

더 많은 모양, 더 많은 정점, 더 많은 좌표

장면에 세 번째 정사각형을 추가하려면 코드의 버퍼에 정점과 색상을 추가하기만 하면 된다.

1. squares 배열 끝에 다음 6개의 정점을 추가한다.

    ```
    // 상단면
    -0.3, 0.3, -0.3,
     0.3, 0.3, -0.3,
    -0.2, 0.4,  0.3,

     0.4, 0.4,  0.3,
     0.3, 0.3, -0.3,
    -0.2, 0.4,  0.3,
    ];
    ```

2. 다음 6개 행의 vec4 값을 squareColors 배열의 맨 아래에 추가한다.

    ```
    ...
    0.0, 1.0, 0.0, 1.0,
    0.0, 1.0, 0.0, 1.0,
    0.0, 1.0, 0.0, 1.0,
    0.0, 1.0, 0.0, 1.0,
    0.0, 1.0, 0.0, 1.0,
    0.0, 1.0, 0.0, 1.0,
    ];
    ```

3. 마지막으로 정사각형 배열에 6개의 정점을 더 추가했으므로 gl.drawArrays() 메서드의 count 변수 값을 12에서 18로 업데이트한다.

    ```
    ...
    const mode = gl.TRIANGLES;
    const first = 0;
    ```

```
const count = 18;
gl.drawArrays(mode, first, count);
```

4. JS 파일을 저장하고 브라우저에서 HTML 페이지를 다시 로드한다.

그림 3-8처럼 3면이 있는 정육면체가 표시돼야 한다. 하나는 파란색, 하나는 녹색, 하나는 빨간색이다. 정육면체는 3D이지만 z축을 따라 값이 다르기 때문에 깊이에 대한 느낌이 다를 수 있다. 여기에서 상황에 따라 WebGL의 기능이나 버그가 발생할 수 있다. 다른 3D 라이브러리와 달리 WebGL은 깊이 있는 장면을 볼 수 있는 기본 도구를 제공하지 않는다. 다른 3D 라이브러리는 가상 카메라를 통해 심도 인식 기능을 제공한다. 이 기능은 원근을 생성할 수 있으며, 멀리 있는 소실점을 향해 수렴하는 것처럼 보이는 평행선 현상이다.

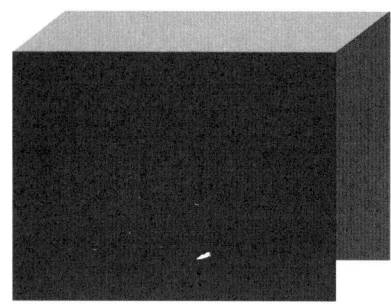

▲ 그림 3-8 정점 선언을 통해 렌더링된 3면 정육면체

수학 마술

그러나 원근감의 환상은 단지 환상이다. 평행선을 왜곡하는 가상 카메라는 본질적으로 없다. 사실 그것은 선형 대수학의 산출물에 불과하다. 정점에 기초적인 행렬 수학을 적용함으로써 장면에 원근법의 효과를 재현할 수 있다. 4장에서는 3D 컴퓨터 그래픽에서 행렬 곱셈이 수행하는 역할을 소개하며 WebGL 소개를 마칠 것이다.

정리

3장에서는 WebGL 콘텍스트에 렌더링된 이미지를 편집하는 방법을 살펴봤다. 정점 배열에 x와 y 좌표를 추가하고 버퍼 크기를 확장하면 장면에서 도형의 수와 복잡성을 증가시킬 수 있다는 것을 배웠다. WebGL 파이프라인의 메커니즘은 속성 포인터 배열에서 각 정점 사이의 인덱스 값을 증가시키면 확실히 알 수 있다. 결국 WebGL 파이프라인은 단순히 상태머신으로 동작한다. 정점과 벡터를 입력으로 받아들이는 프로그램으로서 GPU에게 그리도록 요청한다. WebGL 파이프라인으로 전송된 데이터를 변경하면 장면의 모양을 변경할 수 있다.

더 많은 정점 외에도 파이프라인을 통해 두 가지 새로운 타입의 정보를 보냈다 첫 번째는 새로운 차원 정보다. 정점 배열, 버퍼, 셰이더에서 z 좌표 값을 설정해서 모양의 순서를 GPU에게 제공한다. 두 번째는 'varying' 한정자는 정점 및 조각 셰이더에 포함된 색상 값 벡터다. WebGL 파이프라인은 데이터만 본다는 것이다. 위치, 방향, 크기, 색상은 프로그램에 입력되는 숫자일 뿐이다. WebGL에 있는 장면의 정보 하나하나를 배열하는 것이 파이프라인이고, 상태머신으로 이것을 만들어 낸다.

3장에서는 다음과 같은 내용을 다뤘다.

- 별도의 파일에서 HTML 문서에 자바스크립트를 포함하는 방법
- 배열에 정점을 추가해 캔버스에 여러 모양을 그리는 방법
- 정점 셰이더에서 속성을 사용해 특정 정점에 색상 값을 적용하는 방법
- 조각 셰이더가 varying 한정자를 사용해 정점 사이의 색상을 채우는 방법
- z 좌표가 다른 정점 그리기 순서를 지정하는 방법
- WebGL의 다양한 그리기 모드를 통해 정점의 모양에 영향을 미치는 방법

4장

WebGL의 행렬, 변환, 관점

지금까지 WebGL 파이프라인을 배우는 동안 선형 대수학liner algebra을 말하는 것을 피했다. 이 주제는 저자에게 긴장감을 주긴 했지만 시간이 지남에 따라 3D 그래픽 프로그래밍이 선형 대수학을 이해하는 데 시각적으로 도움을 줬다. 간단히 말해 선형 대수학은 1) xyz 원점을 (0, 0, 0)으로 유지하고 2) 평행선을 평행으로 유지하는 방식으로 좌표 공간을 조작하는 것이다.[1] 물론 신경망 및 양자 물리학과 같은 선형 대수학의 더 복잡한 애플리케이션은 많다. 그러나 3D 컴퓨터 그래픽에서 선형 대수학의 역할은 직관적으로 두 가지 기본 기능으로 보인다. 선형 대수학은 원점의 위치를 3차원으로 유지하고 평행선의 병렬 특성을 유지함으로써 XR 개발자들이 의도하지 않은 왜곡 없이 콘텍스트에서 모양의 변환을 계산하도록 돕는다. 선형 대수학을 그래픽 하드웨어를 함께 사용해 현실 3차원을 2차원 스크린 화면에 엄청나게 빠른 속도로 그릴 수 있다.

---

[1] 우아하고 철저한 선형 대수학 소개를 보려면 유튜브 크리에이터 3Blue 1Brown의 '선형 대수학의 본질(Essence of Linear Algebra)' 영상을 참고하기 바란다.

4장의 주요 내용은 다음과 같다.

- WebGL과 같은 API로 행렬 곱셈을 사용해 화면에서 정점을 이동하는 방법
- 단일 변환 행렬을 사용해 정점을 변환, 크기 조정, 회전하는 방법
- 자바스크립트에서 행렬 곱셈을 쉽게 실행하는 방법
- 오일러 각도[2]의 단점과 사원수^{quaternions}[3]가 제공하는 장점
- GPU가 행렬 수학으로 우수한 성능을 발휘하는 이유
- 자바스크립트를 사용해 WebGL 프로그램에서 객체의 회전을 애니메이션하는 방법
- 행렬을 사용해 2D 평면에서 3D 원근법을 재현하는 방법

지도 상자

먼저 비유로 시작하겠다.

내가 독자에게 치즈버거를 먹고 싶다고 말했다면? 밀크셰이크도 원한다면? 비디오 게임, 스웨터, 나초 한 접시도? 첫째, 독자는 나를 잘 모른다고 할 것이다. 물론 그렇지만 이 예제를 위해 어느 정도 안다고 하고 넘어가자.

내가 필요한 물건들을 써 놓은 목록이 있는데 단 내가 원하는 상점에서만 구입해야 한다는 조건이 있다. 독자는 나를 잘 모르니 나는 친절히 나의 집에서 목적지까지의 운전 경로를 요약한 목록을 준다고 하자. 독자는 용지 한 무더기를 받을 것이다(그림 4-1). 첫 번째 페이지에는 나의 집에서 치즈버거 파는 곳에 가는 방법이 설명돼 있다. 두 번째 페이

---

2 강체가 놓인 방향을 삼차원 공간 위에 표시하고자 오일러가 도입한 세 가지 각도. 이 각도를 이용해서 삼차원 공간 위에 놓인 강체를 세 번의 회전을 통해 얻을 수 있다. - 옮긴이
3 W. R. 해밀턴이 도입한 사원수에 관한 수학 - 옮긴이

지는 나의 집에서 마을 건너편에 있는 밀크셰이크 가게로 가는 방법이 설명돼 있다. 세 번째 페이지에는 나의 집에서 비디오 게임 파는 가게로 가는 길 등이 설명돼 있다.

▲ 그림 4-1 4장 초반에 얘기했던 심부름에 도움이 되는 지도

만약 독자가 실제로 나의 요구를 받아 줬다면 독자는 햄버거 가게에서 밀크셰이크 지점까지 갈 방법이 없다는 것을 치즈버거를 집어 들고 나서야 깨닫게 될 것이다. 내가 알려 준 방향은 그 장소들 사이를 이동하는 방법을 설명하지 않고 나의 집에서 특정한 건물까지 설명돼 있다. 내가 준 종이는 그렇게 도움이 되지 않는다.

더 좋은 생각이 떠올랐다. 여기 내가 순서대로 방문하기를 원하는 장소들과 그 위치 간의 운전 경로가 있는 페이지가 있다(그림 4-2). 이 목록은 나의 집에서 햄버거 가게로 가는 길부터 시작해 햄버거 가게에서 밀크셰이크 지점까지, 전자제품 매장까지 어떻게 가는지 알려 준다.

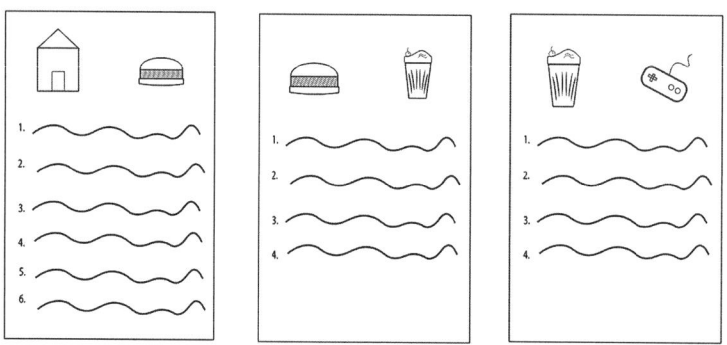

▲ 그림 4-2 저자가 할당한 심부름을 탐색하는 데 도움이 되는 지도 그림

그런데 도중에 다시 돌아왔다. 이번에는 무슨 일인가?

내가 알려 준 햄버거 가게에서 밀크셰이크 지점까지 가는 경로에 공사를 하고 있다. 우회 없이 치즈버거만 갖고 돌아올 수밖에 없을 것이다. 하지만 나는 밀크셰이크 없이는 치즈버거를 먹지 않는다. 독자가 다시 밖으로 나가 방법을 찾지 않으면 나는 굶을 것이다.

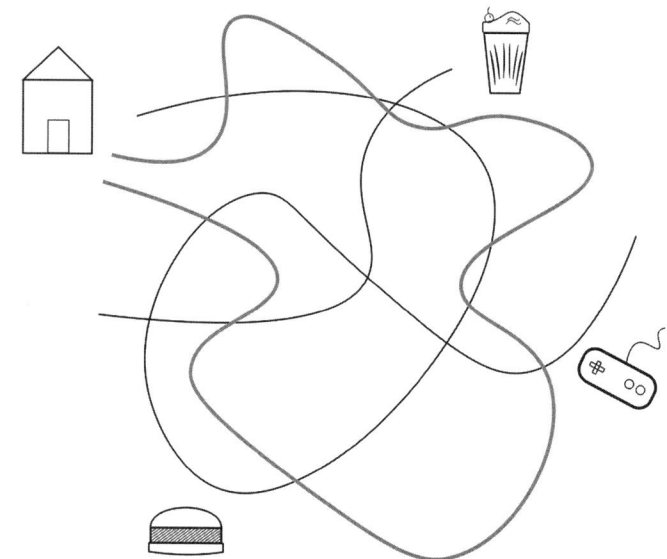

▲ 그림 4-3 할당된 심부름을 완료하는 데 도움이 되는 전체 지도의 그림. 연결된 변환 행렬은 3D 장면에서 정점의 지도 역할을 한다.

이동 중에 도움이 되도록 각 지점 사이의 경로를 강조해 표시한 지도다(그림 4-3). 만약 더 많은 도로가 막혔다면 지도를 사용해서 독자만의 길을 만들어야 한다.

행렬은 3D 그래픽의 지도처럼 동작한다. 행과 열 구조는 WebGL API로 작성된 것과 같은 3D 그래픽 프로그램 내부의 정보를 전달하기 위한 편리하고 표준화된 모델을 제공한다. 행렬이 프로그램에서 보유하고 제공할 수 있는 정보의 예는 움직임이다. 어떻게 보면 행렬은 화면에서 정점이 따라가는 일종의 지도다.

대수학 2에서 놓친 내용

3D 그래픽과 변환의 맥락에서 행렬은 정점에서 움직임을 설명하는 정보를 보유하는 데이터 구조다. 행렬은 모양의 위치, 크기, 방향을 문자 그대로 변환할 수 있다(그림 4-4).

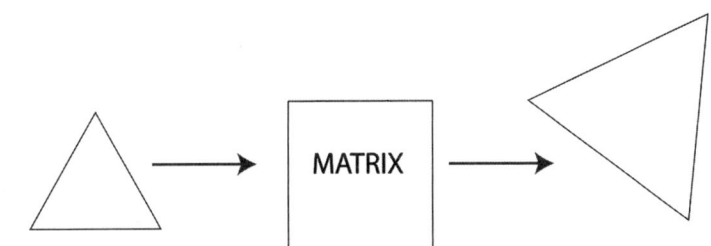

▲ 그림 4-4 행렬은 좌표 평면에서 정점 집합의 위치, 크기, 방향을 변환하는 메서드로 동작한다.

변환

정점의 변환은 방향을 변경 없이 이동하는 것을 말한다. 화면에서 삼각형을 오른쪽으로 몇 픽셀 이동한다고 가정해 보자. 변환 좌표의 위치를 정의하고자 새로운 정점 배열을 만드는 대신 원래 좌표의 값을 삼각형이 이동할 거리만큼 추가할 수 있다.

삼각형이 이동한 후에도 모양과 치수를 유지하면 각 정점의 좌표를 동일하게 이동 거리만큼 추가한다. 예를 들어 각 x값과 y값에 동일한 숫자를 더한다. Δx와 Δy가 모두 양수인 경우 x값은 오른쪽으로, y값은 위로 변환된 삼각형의 복사본이 만들어진다(그림 4-5).

변환 행렬을 만들고 화면의 각 정점 x, y, z 좌표의 벡터를 곱해 삼각형이 이동하고자 하는 거리와 방향을 코드화할 수 있다(그림 4-6).

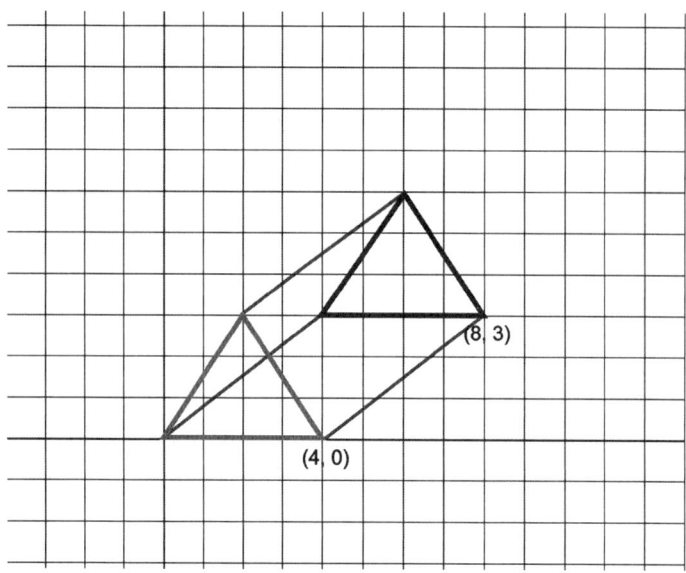

▲ 그림 4-5 삼각형의 정점 x와 y 좌표를 변환하면 삼각형의 원래 모양을 조정하거나 재배치하지 않고 삼각형이 이동한다.

$$\begin{bmatrix} p_x & p_y & p_z \end{bmatrix} \cdot \begin{bmatrix} 1 & 0 & v_x \\ 0 & 1 & v_y \\ 0 & 0 & v_z \end{bmatrix} = \begin{bmatrix} p_x + v_x \\ p_y + v_y \\ p_z + v_z \end{bmatrix} = \begin{bmatrix} x_2 \\ y_2 \\ z_2 \end{bmatrix}$$

▲ 그림 4-6 Vx, Vy, Vz 변수는 행렬 형식으로 변환 값을 나타낸다. 좌표 벡터에 변환 행렬을 곱하면 변환 후 벡터 좌표가 반환된다.

벡터를 사용한 행렬 곱셈은 간단한 규칙을 따른다. 벡터 행의 각 원소와 행렬의 해당 열의 각 원소를 곱한 다음 결과를 추가한다(그림 4-7). 결과는 이동 후 각 원래 정점의 대상을 나타내는 x, y, z 좌표의 새로운 벡터가 된다.

$$\begin{bmatrix} x & y & z \end{bmatrix} \cdot \begin{bmatrix} 1 & 2 & 3 \\ 4 & 5 & 6 \\ 7 & 8 & 9 \end{bmatrix} =$$

$$x_2 = x(1) + y(4) + z(7)$$

$$y_2 = x(2) + y(5) + z(8)$$

$$z_2 = x(3) + y(6) + z(9)$$

▲ 그림 4-7 벡터 행렬 곱셈의 역학을 보여 주는 그림

확장

정점 집합을 변환하는 것 외에도 좌표 벡터에 행렬을 곱하면 2D 또는 3D 공간에서 물체를 확장할 수 있다.

변환 연산은 움직임의 크기를 벡터의 원래 좌표에 추가하는 반면, 확장 연산은 움직임의 크기를 벡터의 원래 좌표로 곱한다(그림 4-8). 행렬의 데이터 순서를 조정하고 행렬-벡터 곱셈 규칙을 따르면 정점의 다른 변환을 만들 수 있다(그림 4-9).

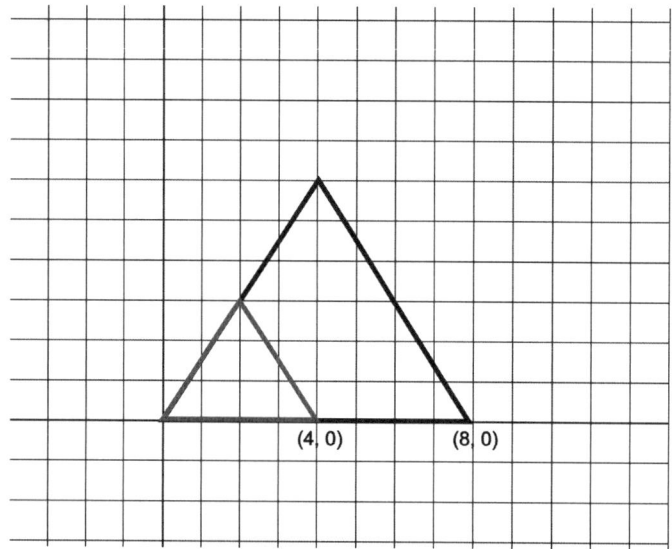

▲ 그림 4-8 삼각형의 정점에 확장 행렬을 곱하면 더 크거나 작은 유사한 삼각형이 된다.

$$\begin{bmatrix} p_x & p_y & p_z \end{bmatrix} \cdot \begin{bmatrix} v_x & 0 & 0 \\ 0 & v_y & 0 \\ 0 & 0 & v_z \end{bmatrix} = \begin{bmatrix} p_x.v_x \\ p_y.v_y \\ p_z.v_z \end{bmatrix}$$

▲ 그림 4-9 좌표 벡터를 곱한 행렬에서 Vx, Vy, Vz의 위치를 변경하면 다른 종류의 변환이 되며 이 경우 변환 대신 확장된다.

회전

회전도 행렬이 행과 열로 묶일 수 있는 정점의 변형이다. 그러나 변환 및 확장과 달리 2차원과 3차원에서 모양을 회전하려면 산술뿐만 아니라 삼각법도 적용해야 한다.

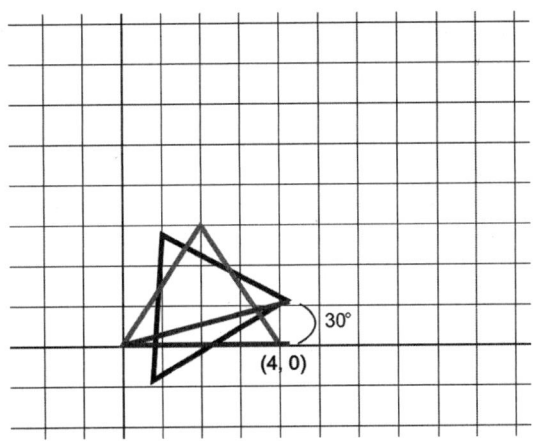

▲ 그림 4-10 z축을 중심으로 한 삼각형의 30도 회전한 그림

첫째, 모양의 회전축은 회전하는 축이다. 둘째, 한 형태가 축을 중심으로 회전하는 양은 일반적으로 그리스 문자 세타theta로 나타내며 라디안radian 또는 각도 단위로 측정된다(그림 4-10).

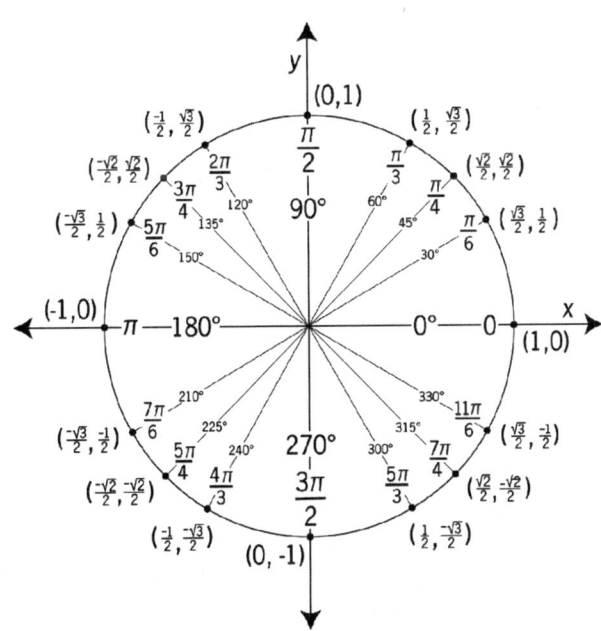

▲ 그림 4-11 각도 측정을 라디안으로 변환하는 단위 원의 그림

라디안 및 각도

원의 둘레는 둘레의 측도다. 여기서 r은 원의 반지름인 2πr 공식은 원의 둘레 측정값을 계산한다. 알다시피 360도는 원을 중심으로 한 회전을 측정한다. 따라서 2πr은 360도의 라디안 식이며, 반지름이 1이라고 가정하면 2π가 된다. 반원은 180도는 π, 90도는 π/2, 0도는 다시 2πr이다(그림 4-11).

원과 각도 사이의 관계를 통해 원의 고정된 특성을 활용해 축을 따라 모양의 회전을 계산할 수 있다. 직관적으로 x y 평면의 한 점을 원 중심을 기준으로 시계 반대 방향으로 움직이는 원의 반경을 측정하는 선을 상상해 본다. 이제 원의 가장자리에 있는 반지름 끝에서 x축까지 선을 그린다고 상상해 본다(그림 4-12). 이 선을 O라고 하자. 반지름에 의해 형성된 모양, 원의 가장자리에서 떨어진 선 O, 그리고 X축은 반지름이 빗변이 되는 직각삼각형을 형성한다. 원 주위를 이동할 때 O가 반지름 끝에 고정된 상태로 있으면 O는 원의 둘레를 그리며, 그 길이는 삼각형 밑면 A의 길이에 비례해서 변한다.

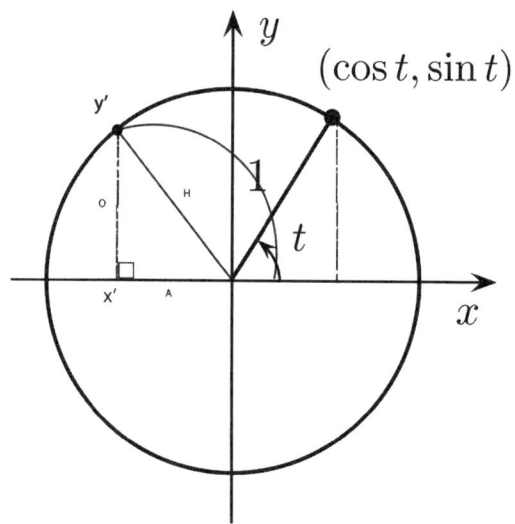

▲ 그림 4-12 빗변이 원의 반지름인 직각삼각형의 그림. 고정 반지름은 삼각형의 변 O와 A가 서로 비례해 변하고 t로 표현되는 각도를 일반적으로 세타라고 한다.

사인, 코사인, 탄젠트

삼각형의 치수는 제한적이다. 반지름의 고정된 길이 또는 빗변에 의해 제한된다. 선분 O와 A 사이의 각도는 90도를 유지해야 하므로 삼각형이 모양을 유지할 수 있는 유일한 방법은 O와 A의 길이를 조정하는 것이다. 결과적으로 O와 A의 길이는 빗변과 x축 사이에 형성된 각도에 따라 변경된다. 이 각도는 Θ로 반지름과 원의 가장자리가 교차하는 지점의 각도 또는 라디안 단위로 발음되는 세타다. O는 Θ의 반대쪽 삼각형 면이고, A는 Θ에 인접한 변이다. 원의 반지름이 직각삼각형의 빗변인 경우 O와 A의 길이는 SOH-CAH-TOA 약자를 사용해서 측정할 수 있다(그림 4-13).

SOH:

Sin Θ = 높이/빗변 또는 O/H

CAH:

Cosine Θ = 밑변/빗변 또는 A/H

TOA:

Tangent Θ = 높이/밑변 또는 O/A

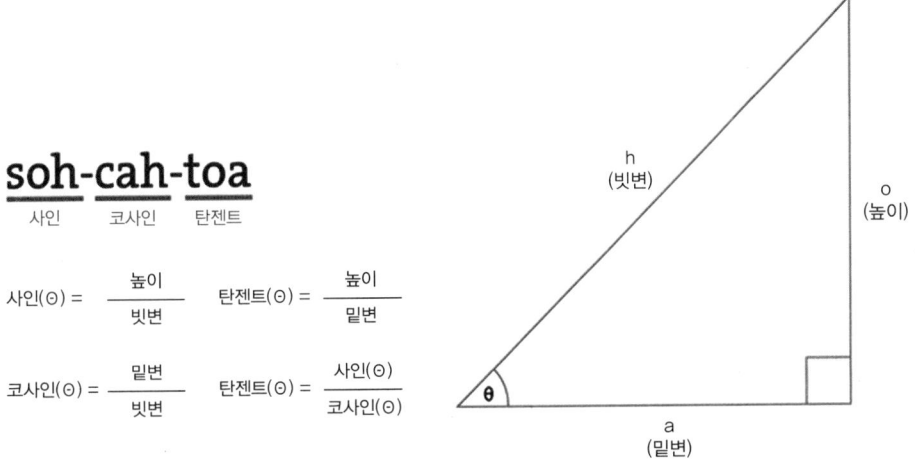

▲ 그림 4-13 soh-cah-toa 약자로 기술된 연산을 통해 측면 h와 a 사이의 각도 세타가 있는 직각삼각형의 상대적인 치수를 계산할 수 있다.

sinΘ는 y 좌표 회전을 측정한 것이다. cosΘ는 x 좌표 회전을 측정한 것이다. 회전 변환 중에 하나의 축이 고정된 상태로 유지되기 때문에 cosΘ과 sinΘ은 이론적으로 좌표 벡터 회전 효과를 계산하고자 프로그램에서 계산해야 하는 유일한 값이다.

x, y, z 요소로만 구성된 회전 행렬이 있는 3D 장면에서 회전을 계산하려고 하면 문제가 발생한다(그림 4-14). 이전 예제에서 원의 반지름이 2차원으로만 이동했다. 다행히 z축을 중심으로 회전하면 cosΘ 및 sinΘ 값은 회전 후 x, y 좌표와 매칭된다. 그러나 y축을 중심으로 회전한다면 값이 어떻게 될까?

$$R_x(\theta) = \begin{bmatrix} 1 & 0 & 0 \\ 0 & \cos\theta & -\sin\theta \\ 0 & \sin\theta & \cos\theta \end{bmatrix}$$

$$R_y(\theta) = \begin{bmatrix} \cos\theta & 0 & \sin\theta \\ 0 & 1 & 0 \\ -\sin\theta & 0 & \cos\theta \end{bmatrix}$$

$$R_z(\theta) = \begin{bmatrix} \cos\theta & -\sin\theta & 0 \\ \sin\theta & \cos\theta & 0 \\ 0 & 0 & 1 \end{bmatrix}$$

▲ 그림 4-14 각 축 xyz 회전 행렬은 각도 세타의 사인과 코사인만 계산하면 된다. 그러나 이러한 행렬만으로 3차원 회전을 정의하면 의도하지 않은 문제가 발생한다.

동종 좌표와 사원수[4]

축을 중심으로 한 회전은 오일러 각도라는 값을 사용해서 설명한 방식으로 계산할 수 있

---

4   사원수란 복소수 형식의 수식으로서 윌리엄 해밀턴(William Hamilton)이 생각해 낸 수로서 일종의 벡터다. 사원수의 사칙 연산은 가능하나 교환법칙은 성립하지 않는다. - 옮긴이

다. 오일러 각도는 x, y, z축의 교차점인 원점을 기준으로 한 선의 각도 또는 라디안 측정이다. 그러나 Θ의 삼각메서드를 사용해 z 이외의 축을 기준으로 회전을 측정하려고 하면 오일러 각도에 문제가 발생한다. 예를 들어 정육면체를 y축을 따라 90도 회전하면 정육면체 방향이 변경된다. 정육면체가 x축 위에 있다고 이해하고 회전 후 오른쪽에서 왼쪽으로 값이 증가하는 축은 좌표 평면의 z축에 맞춰 정렬한다(그림 4-15). Θ의 코사인 값은 y축을 따라 90도 회전 시 x와 z의 값이 같다. 자유도[5] 전체가 상실됐다.

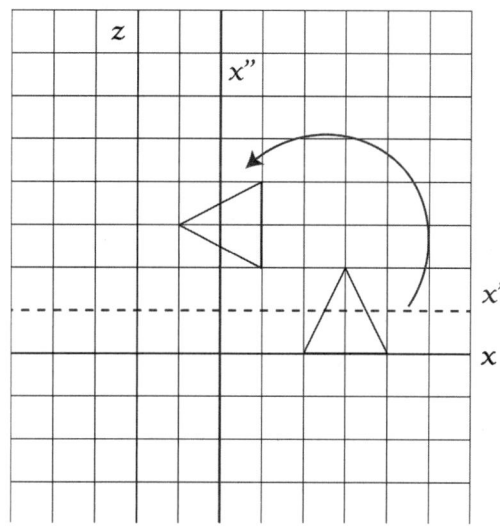

▲ 그림 4-15 y축을 중심으로 회전하는 삼각형의 조감도. 삼각형의 x축과 전역 z축을 정렬하면 짐벌록(gimbal lock)[6]이라는 자유도가 손실된다.

3D 공간에서 회전한 후 축이 평행하게 되면 이동 축이 손실되는 현상이 있는데 이를 짐벌록이라고 한다. 짐벌록은 오일러 각도의 3D 회전에 파생되는 문제점이다. 이를 개선하고 3D 회전을 보다 효율적으로 계산하도록 도입된 것이 쿼터니언quaternion이다. 보는 사람의 기준 프레임에 상대적인 피사체의 방향을 고려하는 4차원 허수를 포함하는 것이다.

---

5 주어진 조건하에서 어떠한 값이나 독립적으로 자유롭게 취할 수 있는 측정치 또는 통계치의 수를 말한다. - 옮긴이
6 짐벌록이란 오일러각을 이용한 회전에서 같은 방향으로 두 회전 축이 겹치는 현상이다. - 옮긴이

쿼터니언이라고 알려진 사원수는 오일러 각도로 인한 짐벌록 문제를 해결함으로써 3D 개발자가 화면에서 회전 변환을 사용할 수 있었다.

여러 개에서 하나로

행렬 곱셈 능력의 최대치는 변환 행렬에서 분명해진다. 좌표 벡터를 변환, 확장 또는 회전 행렬과 곱하면 벡터의 정점 변형이 생겨나므로 행렬은 변형의 기록이다. 각 행렬은 저자의 집에서 특정 위치로 이동하는 방법을 알려 주는 비유에 의해서 나온 지도와 같다. 여행의 각 구간마다 저자의 집에서 다시 시작할 필요 없도록 모든 경로가 표시된 마을 지도를 독자에게 제공했다. 그 지도는 독자의 모든 이동 경로를 기록한 하나의 문서였다. 그 지도가 변환 행렬이었다. 3D 컴퓨터 그래픽에서 변환 행렬은 정점이 한 번의 작업에서 수행할 모든 이동을 코드화한다. 변환, 확장, 회전 행렬을 함께 곱하면 변환 행렬이 생성되는데, 변환 행렬을 정점 집합에 적용할 때 변환, 확장, 회전하는 변환 행렬이 한 번의 작업으로 만들어진다.

그러나 주의 사항이 있다. 행렬 곱셈은 교환적이지 않다. 행렬을 곱하는 순서가 중요하다. 벡터를 변환 행렬에 회전 행렬을 곱한 것은 회전 행렬에 변환 행렬로 곱하는 것과는 다른 이미지를 생성한다. 예를 들어 C라는 글자를 상상해 보자. 이제 y축을 가로질러 뒤집어서 뒤쪽이 되도록 한다. 그런 다음 시계 반대 방향으로 90도 회전한다. 결과는 다리와 비슷하다. 그러나 C를 90도 회전시킨 다음 y축을 가로질러 뒤집으면 보트 이미지가 나타난다. 행렬 곱셈의 순서가 중요하며 수백만 개의 정점을 움직여야 할 때는 계산이 무자비하게 복잡하다.

특히 좌표 벡터의 변환을 생성하는 것은 행렬 그 자체가 아니라 행렬 안에 포함된 정보가 발생할 변환을 설명하는 것이다. 수학적 구조로서 행렬은 연산을 표현하는 데 편리한 도구이며, 특히 3D 그래픽의 경우 a) 산술의 기본 규칙을 유지하는 방식으로 데이터를 제공하고 b) GPU의 하드웨어 컴퓨팅 아키텍처와 매우 잘 작동하기 때문이다.

트리에 있는 GPU와 행렬

앞에서 GPU는 코어 수에서 CPU와 다르다고 한 것을 기억할 것이다. 저자가 언급하지 않은 GPU의 한 가지 기능은 포함된 ALU의 수다. GPU의 각 코어는 연산 및 논리 AND OR 연산을 처리하는 산술 논리 회로 장치인 자체 ALU를 갖고 있다. 칩의 메모리는 프로그램의 데이터와 명령을 저장하는 반면, ALU는 계산을 수행한다. GPU의 아키텍처를 행렬의 행과 열을 동시에 곱하는 것과 같은 작업을 병렬화할 수 있는 능력을 제공한다(그림 4-16). 행렬과 GPU의 고유한 형태와 기능은 특히 3D 공간의 정점에서 매우 빠른 계산을 가능하게 한다.

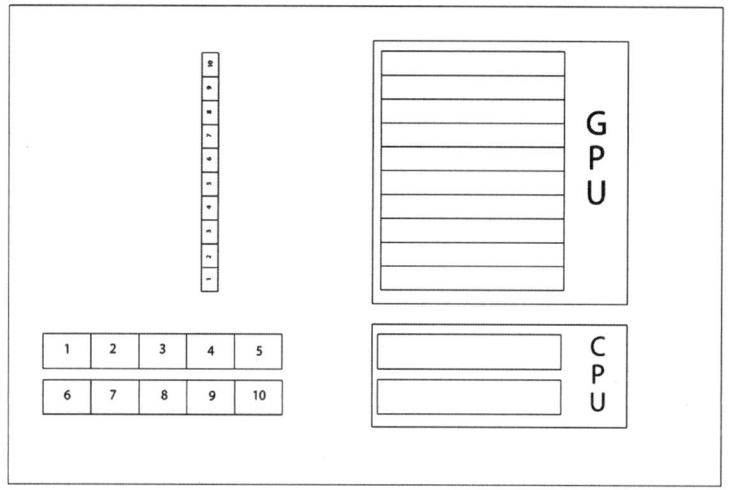

▲ 그림 4-16 GPU의 고유한 아키텍처를 통해 행렬의 인덱스를 동시에 곱할 수 있으므로 CPU에서 가능한 속도보다 훨씬 빠른 속도로 작업을 실행할 수 있다.

원래 GPU의 병렬 행렬 곱셈을 통해 얻을 수 있는 성능을 활용하려는 개발자는 다중 스레드 작업에 최적화된 방식으로 코드를 작성해야 했다. 다행스럽게도 WebGL과 엔비디아NVIDIA 그래픽 칩용 CUDA와 같은 API들은 병렬 실행에 최적화된 형식으로 작성하는 코드의 자동 컴파일을 공식화했다. 따라서 행렬 곱셈은 GPU를 사용한 3D 렌더링에 이상적인 절차다.

실습 4-1: 행렬 혁명

실습 4-1에서는 WebGL 프로그램에서 행렬 곱셈의 산술 연산을 사용해 실습 3에서 만든 3면 큐브를 회전시킬 것이다. 목표를 달성하고자 WebXR 사양의 편집자 역할을 하는 구글 개발자 브랜던 존스[Brandon Jones]가 공동으로 관리하는 glMatrix.js라는 무료 오픈소스 자바스크립트 라이브러리를 사용할 것이다. 실습 4-1이 끝날 때쯤 독자는 WebGL에서 행렬 곱셈이 제공하는 편리함을 더 잘 이해할 것이다.

GLMatrix.js 가져오기

1. 실습 3의 HTML 및 JS 파일을 연다. 또는 과정의 깃허브 저장소 www.apress.com/book/9781484263174에서 이 실습 소스 파일을 다운로드받는다.

2. CDNJS 웹 사이트(https://cdnjs.com/libraries/gl-matrix)에서 glMatrix.js 소스 코드로 이동한다. CDNJS는 개발자들이 다수의 자바스크립트 라이브러리에 접근할 수 있도록 하는 인기 있는 무료 공개 웹사이트다. 전 세계 웹사이트의 거의 10%가 성능을 높이는 데 CDNJS에 의존하고 있다. 콘텐츠 전송 네트워크 CDN인 CDNJS는 자체 컴퓨터에서 파일을 다운로드하거나 호스팅하지 않고도 프로그램의 라이브러리에 포함된 코드를 사용할 수 있는 편리한 인터페이스를 제공한다.

3. CDNS의 glMatrix.js 페이지에서 gl-martrix-min.js 파일의 오른쪽에 있는 드롭다운 메뉴를 선택한다. Copy Script Tag를 선택한다(그림 4-17).

▲ 그림 4-17 CDNJS의 gl-Matrix-min.js 파일에 있는 Copy 드롭 다운 메뉴에서 Copy Script Tag를 선택한다.

압축된 JS 파일은 사람이 읽을 수 없는 형식의 압축 파일이다. 이 실습에서 사용하는 압축 버전은 낮은 수준의 glMarix.js 라이브러리 세부 정보여도 충분하다. 이 책의 현재 사용 가능한 버전은 2.8.1이다.

4. 아까 HTML 및 JS 파일을 열어 둔 코드 편집기로 돌아간다. Index.html 문서의 </html> 태그 바로 위, 이전 자바스크립트 소스 파일의 <script> 태그 바로 아래에 CDNJS gl-Matrixmin.js 페이지에서 복사한 스크립트 태그를 붙여 넣는다.

```
<script src="ch4_ex2-3.js"></script>
<script src="https://cdnjs.cloudflare.com/ajax/libs/
gl-matrix/2.8.1/gl-matrix-min.js" integrity="sha256-
+09xst+d1zIS41eAvRDCXOf0MH993E4cS40hKBIJj8Q="
crossorigin="anonymous"></script>
</html>
```

5. 실습 3-3의 마지막에 완료된 JS 파일의 코드를 lesson 3-1.js로 저장한 파일로 이름을 바꾸거나 복사한다. 새 JS 파일이 index.html 페이지와 폴더를 공유하는지 확인한 후 홈페이지 기본 자바스크립트 파일의 src 주소를 다시 정의한다.

```
Old script tag: <script src="ch4_ex2-3.js"></script>
New script tag: <script src="lesson3-1.js"></script>
```

셰이더의 유니폼

이름이 바뀐 자바스크립트 파일의 첫 번째 변경 사항은 정점 셰이더 소스 코드에 있다.

1. vsSource 변수를 정의하는 문자열에 uModelViewMatrix라는 균일한 mat4 속성을 추가한다.

```
const vsSource = '
    attribute vec4 aPosition;
```

```
attribute vec4 aVertexColor;

uniform mat4 uModelViewMatrix;
....
```

속성 한정자^{attribute qualifier}는 WebGL에서 정점 셰이더만의 데이터를 정의하는 반면, 유니폼 한정자^{uniform qualifier}는 정점과 조각 셰이더 간에 공유되는 입력 데이터를 정의한다. 코드에 추가한 `mat4 uniform`은 4개의 행과 4개의 열이 있는 행렬 데이터 구조를 저장하기에 충분한 연속 메모리를 예약하도록 GPU에 알려 준다. 그러나 색상 값을 정의하는 `vec4 attribute`와는 달리 정점 변환에 사용되는 `mat4` 데이터 구조의 행과 열에 있는 네 번째 인덱스는 알파 또는 불투명도 값에 지정되지 않는다. 각 행과 열의 처음 세 요소는 `aPosition` 속성과 같이 x, y, z 좌표를 보유하지만 네 번째 요소는 w라고 불리며 일반적으로 사분면에 있는 객체의 방향을 나타낸다. `aPosition`과 같은 `vec4` 속성의 네 번째 인덱스 값도 w값이다. 따라서 `mat4` 행렬 구조를 사용하면 행렬을 사용해서 정점의 위치 속성을 계산한 사원수를 사용해 변환, 확장, 회전을 정의할 수 있다.

사원수 대 오일러 각도

사원수는 네 번째 좌표 w를 포함하기 때문에 공간에서 물체의 회전을 측정하는 오일러 각도와 다르다. 3D 공간의 XYZ 벡터는 벡터 점에 있는 위치 또는 방향을 나타낸다. 예를 들어 물리학에서 힘의 벡터 측정에는 양과 방향이 모두 있다. 중력은 양($9.8m/s^2$)과 방향(아래쪽)을 갖는 힘이다. 사원수에서 w는 벡터가 위치, 양 또는 방향을 나타내는지 여부를 설명한다. w=0일 때 사원수는 방향을 나타내고, w=1일 때 위치를 나타낸다. 3D 그래픽에서 w값을 사용하면 정점을 변환하지 않고도 방향을 바꿀 수 있어 짐벌록을 쉽게 피할 수 있다. 변수 w가 참조하는 값의 파생 추가 참조를 위해 동질적인 좌표를 검색해 보길 바란다.[7]

---

[7] 유용한 자료로는 호르헤 로드리게스(Jorge Rodriguze)가 만든 유튜브 비디오 '게임 개발자들을 위한 수학 – 동질적인 좌표(Math for Game Developers – Homogeneous Coordinates)'가 있다.

실패의 순서

4장의 도입부에서 다뤘듯이 정점 좌표의 벡터를 특정 종류의 행렬과 곱하면 정점의 위치, 크기, 방향이 변환된다. 잠깐 언급했던 개념 중 하나는 행렬 연결이다. 행렬이 복잡한 3D 작업의 속도를 높이는 주된 이유는 연결 속성 때문이다. 행렬을 연결한다는 것은 행렬을 곱해서 각 행렬 내에서 유지된 전체 움직임을 보존하는 것을 의미한다. 3개의 행렬(예: 회전, 확장, 변환 행렬)을 곱하면 정점에 적용할 최종 방향, 크기, 위치를 포함하는 단일 행렬이 반환된다. 다른 변환의 결과를 포함하는 행렬을 변환이라고 한다.

연결 과정에서 행렬을 곱하는 순서가 매우 중요하다. 정수처럼 스칼라 사이의 곱과 달리 행렬 간의 곱은 교환적이지 않다. 즉 동일한 행렬을 다른 순서로 곱하면 다른 결과가 반환된다. 다시 말하면 2 곱하기 3은 6이지만 3 곱하기 2는 그렇지 않다는 것이다. 정점 셰이더의 소스 코드 main() 메서드에서 곱셈 순서를 정의한다.

1. 대상 변수 vsSource에 저장된 문자열에서 동일한 행렬에 위치의 속성을 곱한다.

    ```
    void main() {
        gl_Position = uModelViewMatrix * aPosition;
        vColor = aVertexColor;
    }
    ```

    정점의 XYZ 좌표인 aPosition 벡터에 ModelViewMatrix를 곱하면 정점의 상태를 ModelViewMatrix 내의 값으로 변환한다. 이 작업은 정점 셰이더 내부에서 발생하므로 셰이더 프로그램은 각 정점을 한 번씩 실행한다. 따라서 ModelViewMatrix에 어떤 값을 배치하든 화면에서 각 정점의 회전, 확장, 위치를 결정한다.

    그러나 정점 셰이더의 위치와 색상 속성과 마찬가지로 GPU에 메모리의 균일한 값을 주소로 제공해야 한다. 또한 균일한 mat4 데이터 구조가 보유할 데이터를 생성하고 저장해야 한다.

2. 정점 셰이더와 속성을 연결한 JS 파일의 섹션에서 셰이더 프로그램에 연결된 균일 행렬의 위치를 저장할 변수를 생성한다.

```
const modelMatrixLocation = gl.getUniformLocation
(program, 'uModelViewMatrix');
```

이 시점에서 홈페이지의 WebGL 콘텍스트와 연결된 프로그램은 mat4 데이터 구조를 기억하기 위한 위치를 갖고 있다.

행렬의 메모리 만들기

메모리는 행렬에 데이터를 저장하지 않는다. glMatrix 라이브러리의 코드를 사용해 4×4 행렬을 인스턴스화해서 데이터를 생성한다.

1. modelMatrixLocation 변수의 선언 아래에 4×4 단위 행렬을 저장할 대상 변수를 만든다.

```
const modelViewMatrix = mat4.create();
```

생성한 modelViewMarix의 값은 항등 행렬[8]인 1과 동일하므로 modelViewMatrix는 화면 정점의 회전, 크기 또는 위치에 영향을 주지 않는다.

다음으로 정점 셰이더의 속성 값과 마찬가지로 메모리에 있는 mat4 데이터의 위치를 gl context에 알려 저장하고자 하는 값과 연결한다.

2. gl.uniformMatrix4fv() 메서드를 아래 매개 변수와 함께 호출하면 GPU의 프로그램을 균일 행렬의 각 열에 저장된 4개의 float 값과 완전히 연결할 수 있다.

---

8   n차 정사각 행렬에서 주대각선의 원소가 모두 1이고, 다른 원소는 모두 0인 행렬 - 옮긴이

```
gl.uniformMatrix4fv(modelMatrixLocation, false, modelViewMatrix);
```

지금까지 이 실습에서 편집한 HTML 및 JS 파일을 저장하고 로컬 서버를 통한 브라우저로 로드했는데 빈 페이지가 나와 놀랄 수 있다. 브라우저 콘솔 창(Chrome/Edge의 CTRL + SHIFT + I)을 열면 프로그램을 로드하는 동안 브라우저에서 발생한 오류가 표시된다. 이 실습 단계를 수행한 경우 콘솔에서 다음과 같은 오류를 확인할 수 있다(ma4t is undeined). Index.html에서 mat4 객체를 정의하는 glMatrix 라이브러리에 명확하게 연결했는데도 생긴다면 이상한 오류로 생각될 것이다.

```
<script src="lesson3-1.js"></script>
<script src="https://cdnjs.cloudflare.com/ajax/libs/gl-matrix/
2.8.1/gl-matrix-min.js" integrity="sha256-+09xst+d1zIS41eAvRDCX
Of0MH993E4cS40hKBIJj8Q=" crossorigin="anonymous"></script>
```

그러나 여기 HTML 문서의 브라우저 구문 분석을 배울 수 있는 좋은 교훈이 있다.

가져오기 순서

HTML에서 glMatrix CDNS 소스 위에 WebGL 프로그램이 포함된 JS 파일을 참조할 때 브라우저의 JS 엔진에서 컴파일 중 오류가 발생한다. 아직 glMatrix 라이브러리 내에서 코드를 컴파일하지 않았기 때문에 JS 엔진은 mat4 객체, 속성 또는 create()와 같은 메서드를 모른다. 해결책은 간단하다.

1. Index.html의 스크립트 태그 순서를 바꾼다.

   ```
   <script src="https://cdnjs.cloudflare.com/
   ajax/libs/gl-matrix/2.8.1/gl-matrix-min.js"
   integrity="sha256-+09xst+d1zIS41eAvRDCXOf0MH993E4
   cS40hKBIJj8Q=" crossorigin="anonymous"></script>
   ```

```
<script src="lesson3-1.js"></script>
```

Index.html을 저장하고 브라우저에 다시 로드하면 익숙한 이미지인 3색 3면 정육면체가 표시된다.

하지만 이것은 3장의 실습 끝 부분에 있는 이미지와 같은 것이다.

나는 누구인가?

셰이더 소스에 유니폼 한정자를 추가해 4×4 행렬을 만들고 값을 제공해서 메모리에 저장했지만 실제로 화면의 정점에 아무것도 일어나지 않았다. 정점 셰이더에서 `aPosition` 속성을 균일 행렬에 곱했지만 실제로 어떤 결과 나왔는가? 아무것도 없다.

기본적으로 셰이더 파이프라인에서 유니폼으로 저장한 4×4 행렬을 만들고자 mat4 객체에 호출한 메서드는 단위 행렬이라고 하는 피연산자를 만든다. 단위 행렬은 곱셈에서 숫자 1 역할을 하는 행렬이다. 4×4 행렬 A에 4×4 단위 행렬(예: I)을 곱하면 행렬 A가 반환된다. 정점 셰이더의 `main()` 메서드에서 `gl_Position` 속성을 좌표 벡터 및 단위 행렬의 결과물로 정의했다. 양의 정수와 숫자 1을 곱하는 경우와 마찬가지로 결과는 원래 좌표 벡터다. 간단히 말해 변한 것이 없다.

행렬로 움직이기

화면의 움직임에 영향을 주려면 먼저 WebGL 프로그램에 코드를 추가해 다각형을 y축 위로 옮긴다.

1. 실습용 JS 파일에서 `modelViewMatrix` 변수를 선언하고 4×4 단위 행렬로 인스턴스화한 줄 아래에 다음 `glMatrix` 메서드를 추가한다.

    ```
    mat4.translate();
    ```

glMatrix 문서에 따르면 mat4.translate() 메서드는 3개의 매개 변수를 사용한다.

1) 대상 행렬, 2) 변환할 행렬, 3) 벡터로 변환할 값. 이 단계 실습에서는 화면의 다각형을 y축 0.5만큼 위로 변환한다.

2. mat4.translate() 메서드의 괄호 사이에 다음 매개 변수를 추가한다.

```
mat4.translate(modelViewMatrix,      // 대상 행렬
               modelViewMatrix,      // 변환할 행렬
               [0.0, 0.5, 0.0]);     // 변환할 값
```

화면을 저장하고 다시 로드한 후 3색 다각형이 이전 다각형 위의 위치로 변환된 것을 볼 수 있다.

하지만 이 실습이 시작될 때 저자는 독자에게 회전하는 정육면체를 만들겠다고 약속했다. 정육면체를 변환하는 것은 멋지지만 약속을 지키진 않았다. 하지만 화면에서 정육면체 회전을 시작하기 전에 모든 종류의 애니메이션이 제기하는 근본적인 질문에 답해야 한다. 시간의 흐름을 어떻게 포착할까?

애니메이션

대부분의 10살은 애니메이션이 이미지를 순차적으로 빠르게 투사해 보여 준다는 걸 알고 있다. 이 책의 앞에서 다뤘듯이 웹 브라우저도 이미지를 순서대로 빠르게 투사한다. 웹 브라우저를 통해 보는 화면의 투사 속도는 초당 프레임^{fps}의 측정값이다. 다행히 웹 개발자로서 브라우저가 어떻게 자체적으로 새로 고쳐지는 세부 사항에 신경쓸 필요가 없다.

루프에 대한 생각

브라우저는 자체 새로 고침 빈도를 계산하지만 개발자에게 프로세스를 엿볼 수 있는 옵

선도 제공한다. WebGL 프로그램을 브라우저의 자동 새로 고침 빈도 기능에 연결해 브라우저의 렌더링 엔진이 프레임마다 다른 방식으로 그리도록 지시할 수 있다. 실습 4-1의 마지막 단계에서 브라우저가 그리는 모든 프레임 정점 상태를 지속적으로 업데이트하는 기능인 재귀 루프를 만들 것이다.

먼저 프로그램을 어떤 단계에 반복적으로 실행할지 생각해 봐야 한다.

```
function main() {
        /*===== WebGL 콘텍스트 생성 ======*/
        /*===== 형상 정의 및 저장 =========*/
        /*===== 셰이더 ================ */
        /*===== GPU에 데이터 공급 ========*/
        /*===== 그리기 ================*/
}
```

WebGL 파이프라인은 상태 시스템임을 기억하자. 따라서 모든 프레임을 재조립할 필요는 없다. 파이프라인은 셰이더의 매개 변수를 입력으로 받아 GPU에서 셰이더 프로그램을 실행하고 화면에 점을 그리고 색상을 입힌다. 행렬 곱셈을 사용해서 화면의 정점을 이동하기 때문에 셰이더를 사용해 각 프레임마다 다각형의 정확한 상태를 계산할 수 있다. 그러나 정점의 좌표가 변경되고 화면에서 픽셀의 색상이 확장됨에 따라 유니폼과 속성을 가진 버퍼를 새로 고쳐야 한다. 그리기 전에 WebGL 프로그램의 단계에서 이러한 작업을 수행하므로 재귀 루프에서 시작할 것이다.

1. `gl.useProgram(program)`을 호출하는 라인 아래 `main()` 메서드의 중괄호 안에 render라는 메서드를 정의하고 now라는 매개 변수를 전달한다.

    ```
    function render(now) {

    }
    ```

2. render 메서드의 중괄호 사이에 gl.useProgram()의 코드를 복사해 gl.draw
   Arrays() 메서드를 포함해 main() 함수의 닫힘 중괄호에 붙여 넣는다.

```
...
gl.useProgram(program);

/*========== 정점 셰이더와 속성 연결 ==========*/
const posAttribLocation = gl.getAttribLocation(program, "aPosition");
gl.bindBuffer(gl.ARRAY_BUFFER, origBuffer);
gl.vertexAttribPointer(posAttribLocation, 3, gl.FLOAT, false, 0, 0);
gl.enableVertexAttribArray(posAttribLocation);

const colorAttribLocation =
gl.getAttribLocation(program, "aVertexColor");
gl.bindBuffer(gl.ARRAY_BUFFER, colorBuffer);
gl.vertexAttribPointer(colorAttribLocation, 4, gl.FLOAT, false, 0, 0);
gl.enableVertexAttribArray(colorAttribLocation);

const modelMatrixLocation =
gl.getUniformLocation(program, 'uModelViewMatrix');

const modelViewMatrix = mat4.create();

mat4.translate(modelViewMatrix,     // 대상 행렬
            modelViewMatrix,        // 변형할 행렬
            [0.0, 0.5, 0.0]);       // 변형할 값

gl.uniformMatrix4fv(modelMatrixLocation, false, modelViewMatrix);

/*========== 그리기========== */
gl.clearColor(1, 1, 1, 1);

gl.enable(gl.DEPTH_TEST);
//gl.depthFunc(gl.LEQUAL);

gl.clear(gl.COLOR_BUFFER_BIT | gl.DEPTH_BUFFER_BIT);

//화면에 점 그리기
```

```
    const mode = gl.TRIANGLES;
    const first = 0;
    const count = 18;
    gl.drawArrays(mode, first, count);
}
```

이 실습의 목표는 회전하는 다각형에 애니메이션을 하는 것이므로 단순히 정점에 단위 행렬을 곱하고 결과를 기대할 수는 없다. **대신 렌더러**renderer**에게 화면의 정점이 각 프레임에서 얼마나 움직이는지 알려 주는 함수를 작성해야 한다.**

실제 래디컬 라디안으로 회전에 도달

4장 처음의 비유에서 회전 행렬이 얼마나 많은 정점 회전해야 하는지 알고 있다. 또한 벡터에 회전 행렬을 곱하면 벡터의 점들이 회전한다는 것도 안다.

1. 이전 단계에서 생성한 mat4.translate() 함수를 삭제하고 glMatrix 라이브러리에 정의된 회전 함수로 대체한다.

```
mat4.rotate(modelViewMatrix,   // 대상 행렬
    modelViewMatrix,           // 회전할 행렬
    cubeRotation,              // 라디안 회전수

    [0, 0, 1]);                // 회전할 축(Z)
```

3개의 매개 변수를 받는 변환 함수와는 달리 mat4.rotate() 함수는 4개의 매개 변수를 받는다. 처음 2개는 동일하게 유지되지만 마지막 2개는 행렬에서 회전하는 데 사용된다. 마지막 매개 변수인 회전 축은 숫자 1이 원하는 축을 참으로 표시한다. 그러나 세 번째 매개 변수는 삼각법을 논의해 봐야 한다.

라디안radian은 단위 원을 중심으로 회전하는 정도를 Pi 단위로 실수real number로 정의한다는 점을 기억하자. 실수로 라디안은 GPU에서 십진수로 계산한다. 변수

cubeRotation은 정점의 회전 속도, 즉 정육면체가 프레임 간에 회전할 라디안 수 또는 각도를 정의한다. 그러나 render(now) 함수의 변수를 참조하려면 먼저 변수를 정의해야 한다.

2. render(now) 함수 위에 변수 cubeRotation을 생성하고 값을 0.0으로 설정한다.

```
let cubeRotation = 0.0;
```

runder(now) 함수가 재귀 호출하도록 자체 선언의 맨 아래에 다시 호출한다.

3. gl.drawArray() 메서드 호출 아래에 있지만 렌더 함수 선언의 닫는 대괄호 위에 렌더링 함수의 이름을 매개 변수로 전달하는 requestAnimationFrame() 함수를 호출한다.

```
requestAnimationFrame(render);
```

브라우저는 윈도우 인터페이스를 통해 requestAnimationFrame() 함수에 접근할 수 있다. 브라우저의 각 탭에는 문서 객체인 자체 윈도우 객체가 있으며, 브라우저 엔진이 페이지를 구문 분석하고 렌더링하는 데 사용하는 트리 데이터 구조를 갖고 있다. window.requestAnimationFrame() 함수는 프로그램이 브라우저에 다시 그리기 전에 갖고 있는 데이터로 상태 또는 모양을 업데이트해야 한다고 미리 알려 준다.

콜백

requestAnimationFrame()이 허용하는 매개 변수는 다른 작업이 실행되는 즉시 프로그램을 호출하도록 예약된 함수인 콜백^{callback}으로 알려져 있다. 이 예제에서 렌더러를 콜백 매개 변수로 전달해 requestAnimationFrame()은 브라우저의 디스플레이 새로 고침 빈도에 따라 초당 약 60번 발생하는 다음 새로 고침에 페이지를 다시 렌더링하도록 브라우저에 알린다. window.requestAnimationFrame()이 수락한 콜백에서 암시적으로 표시되는 시간 스탬프는 윈도우 창의 생명 주기에서 requestAnimationFrame() 함수가 호출된 시간(1/1000 초)이다. 이미 렌더링 함수 선언에서 변수 'now'로 이 매개 변수를 정의했다. lesson3-1.js로 저장하고 브라우저에 페이지를 다시 로드한다. 뭐가 보이는가?

브라우저 안에 아무것도 표시되지 않은 빈 페이지가 표시된다. '왜지?'라는 질문을 한다면 애니메이션 루프loop를 이해한 것이다.

애니메이션 루프

자바스크립트 프로그램은 이렇게 실행된다. 브라우저는 HTML 문서를 분석해 닫힘 </html> 태그 앞에 자바스크립트 파일을 발견하면 브라우저의 JS 엔진은 JS 코드를 컴파일한다. 컴파일 후 브라우저의 JS 엔진은 첫 번째 함수 호출부터 시작해 코드를 실행한다. 그러나 프로그램은 페이지에 아무것도 렌더링하지 않고 완료된다. 렌더링 함수가 브라우저 안에서 실행되지 않는 이유는 그렇게 정의하기도 했지만 메인 함수가 내부적으로 호출하지 않기 때문이다. JS에서 스코프scope라고 불리는 개념의 명확하고 심플한 예제를 계속해서 얘기하고자 한다.

자바스크립트의 스코프

스코프는 나무로 된 중첩된 인형의 이미지가 작아지는 것으로 비유된다. JS 프로그램에서 스코프의 시작과 끝을 편리하게 인식하는 한 가지 방법은 중괄호의 열기와 닫기를 추적하는 것이다. 여는 중괄호는 새 스코프를 만들고 닫는 중괄호는 스코프를 종료한다. 스코프는 프로그램에서 변수의 생명 주기를 정의한다.

두 중괄호 사이에 생성된 변수는 그 밖에서 존재할 수 없다. 스코프가 닫히면 변수를 삭제하는 것을 가비지 컬렉션Garbage collection이라고 한다. 가비지 컬렉션은 프로그램에서 요청하고 해제한 메모리를 효율적으로 관리하고자 자바스크립트와 같은 일부 프로그래밍 언어를 사용하는 프로세스다. 변수는 해당 수준 이하의 스코프에서 접근할 수 있다.

그러나 중첩된 스코프 이하 안에 정의된 변수는 상위 스코프에서 접근할 수 없다.

이 실습의 마지막 단계에서 렌더링 함수 선언 내부에서 requestAnimationFrame(render)를 호출했지만 스코프가 도달하지 못하는 범위다. 렌더 함수의 스코프 내에서 중괄호 사이의 코드에 접근하려면 main()에서 사용할 수 있는 스코프에서 함수를 호출해야 한다.

1. 메인 함수 선언의 닫는 중괄호 바로 위에 있는 렌더링 함수 선언의 닫는 중괄호 외부에서 requestAnimationFrame(render)를 호출한다.

   ```
   ....
       requestAnimationFrame(render);
   }
   requestAnimationFrame(render);
   } // ← 메인함수 닫는 중괄호
   ```

lesson3-1.js를 저장하고 브라우저에서 홈페이지를 다시 로드하면 정육면체 이미지가 표시된다.

델타 타임

브라우저에서 애니메이션이 발생하려면 렌더러가 각 프레임에 업데이트된 구성 요소로 캔버스 콘텍스트를 다시 그려야 한다. 프로그램에서 콘텍스트를 다시 그리는 함수를 호출했지만 적절한 스코프에서 '여기' 시점과 '저기' 시점을 구별할 수 있는 방법을 제공하지 않았다. 일반적으로 시간 변화는 일각 사이의 삼각주로 표시한다. 프로그램의 각 프레임 업데이트 변수에 시간 델타 값을 저장하면 산술을 사용해서 화면의 정점을 '그때'에서 '지금'으로 '이동'할 수 있다.

1. 렌더 함수 정의 바로 위에 변수를 선언한다.

   ```
   let then = 0;
   ```

2. 렌더 함수의 스코프 맨 위에 있는 변수를 선언해서 애니메이션 프레임 간의 시간 변화를 유지한다. 지금과 그다음 상태를 설정한다.

```
now *= 0.001; // 밀리(milli)초를 초로 환산
let deltaTime = now - then;
then = now;
```

3. 마지막으로 렌더 함수의 스코프 내에서 gl.drawArray()와 requestAnimationFrame() 사이에 '+=(자신에게 덧셈)' 연산자를 사용해 프레임당 정점 회전 속도를 계산한다.

```
...
gl.drawArrays(mode, first, count);
cubeRotation += deltaTime;
requestAnimationFrame(render);
} // ← 렌더 함수 닫는 중괄호
```

브라우저에서 프로그램을 저장하고 실행한다. 보이는 이미지가 그림 4-18과 일치하면 WebGL에 애니메이션된 정점이 있는 것이다. 성공이다!

▲ 그림 4-18 requestAnimationFrame()을 통해 render() 함수를 재귀적으로 호출하면 정육면체의 회전 값이 프레임마다 변경된다.

요약

실습 4-1에서는 CDN을 통해 외부 JS 라이브러리를 참고하는 방법, glMatrix 라이브러리를 사용해 행렬 회전을 구성하고, render(now) 콜백으로 requestAnimationFrame()을 재귀적으로 호출해서 WebGLRenderingContext()에 애니메이션화하는 방법을 배웠다. 이제 WebGL에서 3D 애니메이션의 기본 사항을 이해했다.

그러나 화면의 회전하는 다각형을 이해하는 깊이가 여전히 부족한 것처럼 보인다. 비록 z축을 따라 회전하고 있지만, 보는 사람에게는 수직이다. 정육면체가 정면으로 회전하는 것을 보면 깊이를 알아채지 못한다.

실습 4-2에서는 화면의 다각형에 두 번째 회전 축을 추가할 것이다. 또한 행렬 곱셈을 사용해 원근감 있는 '카메라'를 만든다. 프로그램에 추가된 2차원의 회전과 투시 카메라 행렬은 실제의 광학 특성을 모델링하고자 가상에서 움직임과 원근법이 어떻게 조화를 이루는지를 더 명확하게 해줄 것이다.

정형 및 투시 행렬 투영법

정점 셰이더가 x, y, z축에서 좌표 값 −1과 1 사이의 화면에 점을 렌더링한다는 가정하에 WebGL 연구를 시작했다. 외부 정점은 정규화된 장치 좌표^{NDC} [9]로 정의된 값에 해당하는 표준 보기 볼륨의 모서리를 정의한다. 정점 셰이더가 화면의 '월드'에 있는 정점을 표준 뷰 볼륨의 NDC로 변환한 효과는 다른 차원의 화면에서 화면의 모양을 표준화한다. 그 결과 정점의 XYZ 좌표인 모델 보기가 월드 보기로 투영된다.

그러나 컴퓨터의 GPU 하드웨어가 화면의 2차원에서 3차원을 렌더링하므로 모델 또는 로컬의 정점 z 좌표 값이 손실된다.[10] 정점 z 좌표의 상대 관계를 제거하는 뷰 행렬을 통

---

9 Tomas Akenine-Moller and Eric Haines, *Real-Time Rendering*, 2nd Edition(A.K. Peters, 2002), p. 60.

10 Akenine-Moller & Haines, *Real-Time Rendering*, 58.

해 투영된 화면의 사용자가 보는 이미지는 깊이가 피상적이다. 앞의 예제에서 낮은 값으로 앞에 있는 것보다 더 높은 z 좌표 값으로 정사각형을 그리는 데 많은 노력을 기울였다. 래스터raster[11]화 순서는 정확했다. 그럼 이미지가 여전히 피상적으로 보일까?

정답은 두 종류의 3D 투영을 구별하는 데 있다. 하나는 정투영orthographic이고, 다른 투영법은 원근법perspective이다. WebGL 파이프라인에서 정점 셰이더 연산으로 표준 뷰 볼륨 생성하는 것이 첫 번째 종류의 정형화된 투영이다. 정투영은 화면의 z 좌표가 동일한 평면에 병합되는 투영법이다. 실습 4-1에서 예제는 정점의 z 좌표를 사용하지만, 렌더링 함수는 동일한 2D 표면에 정사각형 위에 다른 정사각을 그린다. 그러므로 보이는 화면은 깊이가 없다.

정투영의 기본 특성은 변환을 통해 평행선을 유지하는 것이다. 다시 말해서 정점을 직교 투영으로 곱한 화면에서 평행선은 평행하게 유지되며 원근감은 없다. 과거 수강했던 미술 수업에서 원근감은 르네상스 시대의 예술가들이 그림에 깊이 있는 착각을 일으키고자 개발한 기법이라는 것을 기억할 것이다. 원근 렌더링 성공의 핵심 요소는 소멸 지점에서 필연적인 결함을 향해 이동하는 평행선의 모습이다. XR 개발자로서 원근투영과 모델의 정점을 곱해서 3D 화면에서 원근감을 재현할 수 있다.

절두체 보기

직교투영과 원근투영 사이의 차이점은 원근투영의 정점 z값 유지와 동종 좌표 w의 적용이다. 화면의 모듈 뷰 좌표에 원근투영을 적용하는 투시 카메라를 통해 화면을 보는 것은 핀홀pinhole 카메라의 물리적 기능을 모방한 것이다. 카메라의 가로 및 세로 비율, 근접 클리핑clipping 평면, 원거리 클리핑 평면, 초점 길이 사이의 관계를 계산함으로써 WebGL의 직교투영은 절두체frustrum를 통해 보는 것처럼 직교에서 원근투영으로 변환된다(그림

---

11 컴퓨터에서 화상 정보를 표현하는 한 가지 방법. 이미지를 2차원 배열 형태의 픽셀로 구성하고, 이 점들의 모습을 조합, 일정한 간격의 픽셀들로 하나의 화상 정보를 표현하는 것이다. - 옮긴이

4-19). 최종 결과는 평행선이 수평선의 한 지점을 향해 사라지는 것처럼 보이는 장면으로 화면에 정점과 픽셀을 사람이 보는 시점으로 맞춰 렌더링하는 효과다.

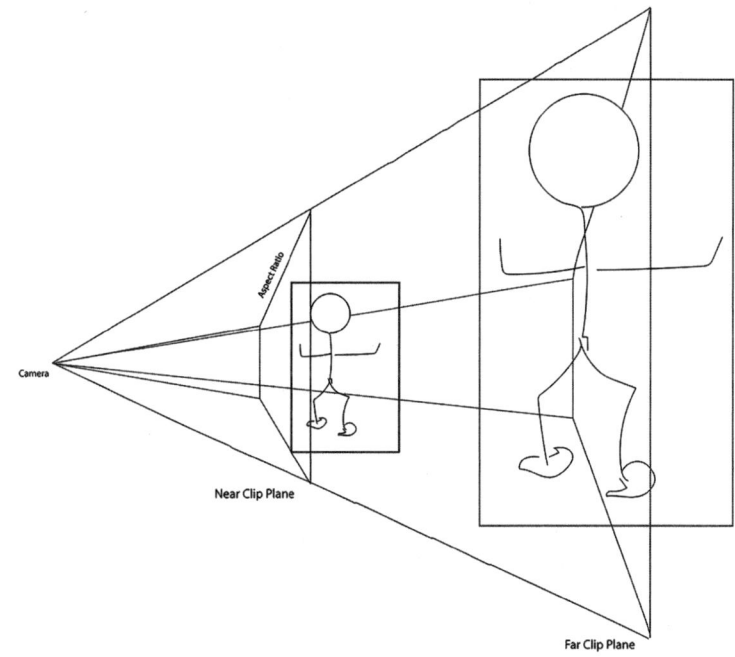

▲ 그림 4-19 절두체 보기는 꼭대기가 잘린 피라미드와 유사하며, 클리핑 평면 사이의 정점을 원근감의 착각을 일으키는 경계 박스(bounding box)[12]로 변환한다.

실습 4-2에서는 **glMartrix.js** 라이브러리를 사용해 직교투영을 통해 회전 정육면체를 투영할 것이다. 그런 다음 두 번째 회전 축을 추가해 자바스크립트와 WebGL을 통해 애니메이션 3D 장면을 만드는 목표를 달성했음을 명확하게 보여 줄 것이다.

---

12 맵 서버에서 그려지는 지리적 영역의 범위(최소점 X, 최소점 Y, 최대점 X, 최대점 Y)를 나타내는 소수점 또는 매개 변수를 말한다. - 옮긴이

실습 4-2: 원근감의 변화

실습 4-1에서 직교투영을 사용해서 3면의 삼색 다각형을 `WebGLRenderingContext`에 렌더링하는 WebGL 자바스크립트 프로그램으로 끝냈다. 다음 단계에서는 화면의 직각시점을 원근시점으로 대체한다.

셰이더 소스 업데이트

1. 실습 4-1에서 JS 파일을 복사하고 lesson3-2.js로 이름을 바꾼다.
2. 실습의 홈페이지로 사용한 index.html 파일에서 스크립트 태그에 연결된 JS 파일을 JS 파일 lesson3-2.js의 파일 경로로 바꾼다.
3. lesion3-2.js의 정점 셰이더 소스 코드에 원근투영 유니폼을 추가한다.

```
const vsSource = `
    attribute vec4 aPosition;
    attribute vec4 aVertexColor;

    uniform mat4 uModelViewMatrix;
    uniform mat4 uProjectionMatrix;

    varying lowp vec4 vColor;

    void main() {
        gl_Position = uProjectionMatrix *
        uModelViewMatrix * aPosition;
        vColor = aVertexColor;
    }
`;
```

4. 또한 정점 셰이더 소스 코드에서 uModelViewMatrix 유니폼과 aPosition 속성을 uProjectionMatrix 유니폼과 곱한다. 결과를 gl_Position 대상 변수에 저장하고 행렬 간에 곱이 계산적이지 않으므로 변환을 곱하는 순서를 생각해 둔다.

원근감 얻기

1. JS 코드의 '정점 셰이더로 속성 연결' 섹션에서 `modelViewMatrix`을 생성하는 코드 라인 바로 전에 glMatrix.js 라이브러리를 사용해 4x4 직교투영을 생성한다.

```
// 참고: glmatrix.js는 항상 결과를 수신하는 대상으로
// 첫 번째 인수를 사용한다.
mat4.perspective(projectionMatrix,
                 fieldOfView,
                 aspect,
                 zNear,
                 zFar);
```

2. `mat4.perspective()` 함수에 5개의 변수를 인수로 제공했으므로 함수 위에 있는 코드 블록에 변수를 만들고 정의한다.

```
const fieldOfView = 45 * Math.PI / 180;  // 라디안
const aspect = gl.canvas.clientWidth / gl.canvas.clientHeight;
const zNear = 0.1;
const zFar = 100.0;
const projectionMatrix = mat4.create();
```

이 기본 실습의 목적을 위해 생성한 변수의 값을 기본값으로 생각해 볼 수 있다. `fieldOfView` 변수는 원근 카메라의 시야각 값을 저장하고, `aspect`는 화면의 가로 세로 비율을 저장한다. 여기서 `WebGLRenderingContext`의 너비가 높이보다 더 크게 정의되며, 카메라의 근접 클리핑 평면의 치수에 매핑된다. `zNear`은 카메라 렌즈 또는 보는 사람의 눈에서 절두체의 근접 클리핑 평면까지의 거리를 유지한다. `zFar`는 모든 의도와 목적을 위해 무한대를 나타내는 값으로 설정한 절두체의 원거리 클리핑 평면 값을 저장한다. `projectionMatrix` 변수는 glMatrix 함수 `mat4.create()`가 생성한 4×4 행렬을 보유한다.

행렬 저장하기

브라우저를 저장하고 다시 로드해도 원근투영이 정점 셰이더에서 정의되고 곱하기는 했지만 화면에 적용되지는 않는다. 실습 4-1에서 코드에 정의된 속성 같은 유니폼은 하드웨어에 저장된 데이터 위치에 연결돼야 한다는 것을 생각해야 한다.

1. modelViewMatrix를 실습 4-1에서 했던 것처럼 WebGL 함수 gl.getUniformLocation()를 호출해 원근투영 유니폼 데이터의 위치를 저장하는 참조를 만든다.

   ```
   const projMatrixLocation = gl.getUniformLocation(program,
   'uProjectionMatrix');
   const modelMatrixLocation =
   gl.getUniformLocation(program,
   'uModelViewMatrix'); // 실습 4-1에 정의했음
   ```

2. 실습 4-1에서 modelViewMatrix를 작성한 동일한 코드 바로 위에 유니폼 데이터를 6단계에서 만든 빈 4×4 rojectionMatrix와 연결한다.

   ```
   gl.uniformMatrix4fv(projMatrixLocation, false, projectionMatrix);
   ```

3. 화면에서 x축 주위의 회전을 정의하는 두 번째 회전 행렬을 추가해서 원근투영의 효과를 더 잘 보여 준다.

   ```
   mat4.rotate(modelViewMatrix, // 대상 행렬
               modelViewMatrix,   // 회전할 행렬
               cubeRotation,      // 라디안 회전수
               [0, 1, 0]);        // x축 중심으로 회전
   ```

페이지를 브라우저에 저장하고 다시 로드하면 회전하는 정육면체의 가까이에서 볼 수 있다. 투시 사영 행렬이 원점에서 화면의 원근 카메라 방향을 지정함에 따라 일부 정점의 z 좌표 위치로 제공한 0.3값은 정육면체를 화면의 절두체 밖으로 밀어낸다.

컬링 및 모형 변환

WebGL 렌더링 파이프라인 컬링culling이라는 프로세스를 통해 절두체가 정의한 보기 상자 외부 정점을 제거한다. 절두체 내부의 정점을 재설정하려면 이동 행렬을 사용해서 정육면체의 모형 변환을 화면으로 다시 이동할 수 있다.

1. x축과 z축을 중심으로 회전 행렬을 정의하는 코드 위에 정육면체의 정점을 z축을 따라 다시 이동하는 이동 행렬을 만들고 정의한다. 렌더링 파이프라인은 정점을 래스터화해 화면에서 카메라 앞에 더 멀리 나타나게 한다.

```
mat4.translate(modelViewMatrix,       // 대상 행렬
               modelViewMatrix,       // 회전할 행렬
               [0.0, 0.0, -2.0]);     // 변환할 값
```

화면을 저장하고 다시 로드하면 3면 삼색 정육면체가 원근 카메라 프레임으로 완전히 렌더링된다. z축과 x축을 따라 회전하면 원근투영이 정육면체의 평행선을 수평선에서 사라지는 지점으로 구부러지게 된다(그림 4-20).

▲ 그림 4-20 직교투영(왼쪽)을 통해 렌더링된 다각형. 원근투영(오른쪽)을 통해 렌더링된 동일한 다각형

실습 4-2 재점검

실습 4-1은 3D라고 말할 수 없는 3D 객체를 브라우저에 렌더링하며 마무리했다. 화면의 깊이를 더 명확하게 만들려고 실습 4-2에서 스크립트에 세 가지 기능을 추가했다.

첫 번째 기능은 정육면체의 두 번째 회전축이다. 두 번째 기능은 화면을 통해 본 직교투영을 대체하는 원근투영이다. 세 번째 기능은 명확하지는 않으나 `modelViewMatrix.`에 저장된 화면의 정점에 적용할 움직임을 위한 맵을 보유하는 행렬(벡터, 1×1 행렬)이다. 실습의 마지막 섹션에서 `modelViewMatrix`를 변환하면서 '모델'을 z축을 따라 시점에서 2유닛^{unit} 떨어진 곳으로 이동했다. 카메라 행렬이 아닌 정육면체를 구성하는 좌표를 화면 내에서 이동했다. 따라서 정육면체의 모델을 원근 카메라의 시점에 상대적으로 이동했다. 이제 전체와 지역 좌표 공간 사이의 상대적 움직임 개념을 이해하기 시작하면 몰입형 상호작용을 나중에 이해하는 데 도움이 될 것이다.

정리

4장 시작 부분의 선형대수는 이해하기 어려웠을 것이다. 지금쯤 컴퓨터 하드웨어에서 3D 장면 렌더링 시 선형대수, 특히 행렬 곱셈이 어떤 역할을 하는지 더 잘 이해할 것이다. WebGL API는 행렬 연산과 GPU 드라이버로 낮은 수준의 그래픽 렌더링 파이프라인 구현을 모두 수용하므로 편리하고 강력하다. OpenGL ES 사양의 상당 부분을 단순화하고 자바스크립트와의 바인딩을 통해 웹에서 완벽한 파트너로 자리매김하고 있다.

그러나 4장에서 특히 살펴본 바와 같이 WebGL API를 통한 프로그램에는 많은 문법을 알아야 한다. 4장의 실습에서 생성한 코드의 양은 정육면체 절반만 렌더링한 것이다. 화면에서 렌더링하려는 모든 다각형의 모든 정점을 직접 입력하면 JS 파일의 코딩 라인이 어느 정도일지 대충 알 것이다. 이런 이유로 라이브러리와 애플리케이션이 WebGL의 재미없는 코딩을 제거하고자 등장했다. 5장부터는 WebGL은 다루지 않는다. 그래픽 렌더링 파이프라인을 통해 3D 이미지 생성을 배운 기초는 더 많고 복잡한 작업량의 XR 애플리케이션을 만드는 데 도움이 될 것이다.

4장에서는 다음과 같은 내용을 다뤘다.

- 행렬 벡터 곱셈의 기본 원리

- 행렬이 점정으로의 이동 정보 전달
- 행렬로 전달하는 이동 유형은 변환, 확장, 회전
- 행렬 곱셈은 단일 변환 행렬을 통해 각 이동 유형의 효율적인 계산 가능하게 함
- GPU 아키텍처는 병렬 프로세스를 통한 행렬 곱셈에 적합
- 도움 라이브러리는 행렬 곱셈 인코딩의 어려움을 이끌어 냄
- request animation frame 메서드를 호출해서 WebGL 화면에서 변환 반복
- 행렬 곱셈은 절두체 뷰의 광학을 재현해 뷰를 직교법에서 원근법으로 변환

5장

Three.js 살펴보기

지금까지 WebGL을 사용해 다각형을 렌더링하는 복잡한 과정을 배웠다. 5장에서는 Three.js라는 자바스크립트로 작성된 오픈소스 3D 그래픽 라이브러리를 사용해 WebGL의 버퍼, 속성, 유니폼 등을 배우지 않고도 아름다운 3D 그래픽을 만들도록 하겠다.

5장의 실습은 총 세 부분으로 나뉜다.

실습 5-1에서는 Three.js로 3D 장면을 만드는 데 필요한 기본 작업을 설명한다. 실습 5-2에서는 Three.js가 제공하는 도구를 이용해서 보다 상세한 3D 장면, 색상, 재질, 이미지가 있는 장면을 쉽게 만들 수 있다. 실습 5-3에서는 Three.js가 WebGL의 복잡성을 단순화시켰지만 기술적 기능을 버리지 않음을 보여 준다. 실습을 통해 애니메이션 3D 장면을 완료하면 막강한 WebGL의 능력을 더 잘 이해할 수 있으며 Three.js의 편리함으로 인해 더욱 많이 사용하게 될 것을 짐작할 수 있다.

5장의 주요 내용은 다음과 같다.

- Three.js와 WebGL의 관계 알아보기
- Three.js의 렌즈를 통해 그래픽 렌더링 파이프라인 검토

- Three.js에서 지오메트리geometry 생성
- Three.js에서 조명light 객체에 대한 이해 시작
- 장면에 대한 조명 모델의 재질 이해 시작
- 이미지를 재질의 텍스처로 사용해 다양한 효과를 만드는 방법을 학습
- Three.js 장면에서 애니메이션을 만들기 위한 매개 방정식 사용 탐색

Three.js란?

Three.js는 웹상에서 3차원 렌더링을 위한 오픈소스 자바스크립트 라이브러리로 2010년에 리카도우 커벨로우Ricardo Cabello에 의해 개발됐으며 이후에도 많은 사람들에 의해 관리되고 있다. Three.js는 비록 10년 이상 지났지만 최근 들어 WebXR 때문에 더욱 성숙하게 됐다. 미리 만들어진 클래스와 함수 라이브러리 형태인 Three.js는 웹 브라우저에 의해 제공되는 WebGL API보다 개념적으로 상위에 존재한다. Three.js는 WebGL을 대체하지도 확장하지도 않는다. 그렇다면 Three.js와 WebGL은 어떻게 공존할까? 계속해서 알아보자.

3D 그래픽을 위한 신디사이저

Three.js는 어떻게 WebGL과 함께 공존할 수 있는지 쉽게 설명하자면 뮤지션이 다양한 종류의 사운드를 만드는 데 전자 신디사이저 또는 키보드를 사용하는 것과 같다. 신디사이저와 오케스트라 모두 놀랍고 감동적인 음악을 만들 수 있다. 신디사이저를 오케스트라와 구별하는 것과 마찬가지로 Three.js와 WebGL을 구별하는 이유는 제품의 품질 때문이 결코 아니다. 단지 둘 간의 차이점은 복잡성에 있다. 오케스트라에서 각 악기를 연주하려면 적어도 각 악기의 운지법, 악보, 음역대를 알아야 한다. 신디사이저는 모든 악기를 서로 다른 배경의 뮤지션에게 익숙한 하나의 인터페이스, 즉 피아노의 흑백 건반으

로 포팅porting한다. Three.js는 WebGL용 신디사이저와 같다. 사용할 수 있는 기능과 형태는 동일하다. 단지 Three.js라는 인터페이스를 통해 보다 쉽게 WebGL를 구현할 뿐이다.

WebGL 보다 더 쉽게

Three.js는 브라우저에서 계층으로 따지면 WebGL API 위에 위치하므로 이전의 모든 장에서 다룬 웹용 그래픽 렌더링 파이프라인의 기본 사항은 여전히 관련이 있다. WebGL API를 추상화함으로써 Three.js는 복잡한 코드를 짜기보다는 편리함에 더 중점을 두었다. 일반 개발자를 위해 모든 작업이 단순화돼 있다. WebGL과 Three.js의 유사점과 차이점을 더 잘 이해하고자 3D 회전 상자를 다시 만들어 보겠다. 이 작업은 세 부분으로 나눠서 진행할 것이다.

실습 5-1: 매트릭스 리믹스

z축과 x축을 중심으로 회전하는 원근 행렬을 통해 변형된 3면 3색 상자에 애니메이션을 적용한 간단한 웹 페이지로 이전 실습을 마쳤다. WebGL API 및 `glMatrix.js` 라이브러리를 사용해서 이 장면을 구성하려면 편집기에 약 150줄의 코드가 필요했다. Three.js를 사용하면 80% 적은 자바스크립트 줄을 사용해 유사한 장면을 재현할 수 있다.

이번 실습에서 배우는 내용은 다음과 같다.

- VS 코드 프로젝트에 Three.js를 모듈로 포함
- 원근 카메라 객체 만들기
- 장면 객체 만들기
- 지오메트리 생성자에서 기본 모양 만들기
- 메시 생성자를 사용한 모양에 재질 적용

- 애니메이션 루프를 사용한 객체에 애니메이션 적용
- 장면에 다이렉트조명 객체 추가
- 캔버스의 프레임버퍼를 동적으로 업데이트한 장면의 픽셀화 수정

Three.js 소스 코드 다운로드

Three.js의 소스 코드를 다운로드하려면 다음 URL에 있는 Three.js 깃허브 저장소의 원시 코드를 복사해 프로젝트 폴더의 새 JS 파일에 붙여 넣을 수 있다.

https://github.com/mrdoob/Three.js/blob/dev/build/three.module.js?raw=true.

Three.js 소스 코드를 로컬 컴퓨터에 다운로드할 수 있는 또 다른 방법은 https://github.com/mrdoob/Three.js/archive/master.zip을 방문해 ZIP 파일로 다운로드하는 것이다.

다시 설명하면 첫 번째로 glMatrix.js 라이브러리에 액세스할 때와 마찬가지로 CDN[1]을 이용해서 라이브러리에 연결할 수도 있다. 두 번째로 프로젝트의 깃허브 Readme 페이지[2]에 설명된 대로 Three.js 깃허브 저장소를 복제한다. 세 번째로 Node 패키지 관리자를 사용해서 Three.js를 모듈로 다운로드한다. 보다 더 자세한 내용은 7장에서 설명하겠다.

자바스크립트 모듈 시스템 활용

실습 4-1에서는 CDN을 통해 HTML 문서로 가져와서 glMatrix.js라는 라이브러리에 액세스했다. 장점은 개발을 위해 자체 시스템에 파일을 다운로드하고 호스팅할 필요가 없다는 것이다. 단점은 파일을 직접 내려받지 않아서 수정이 불가하다. 또 다른 옵션은

---

1 https://cdnjs.cloudflare.com/ajax/libs/three.js/r118/three.module.min.js
2 https://github.com/mrdoob/three.js/

개발자가 애플리케이션 내에서 자바스크립트 모듈 시스템을 활용해서 개발하는 것이다.

그림 5-1처럼 자바스크립트에서 모듈은 저장 및 전달 수단으로 작동하는 스크립트다. 이해하기 쉽게 비유하면 어떤 면에서는 CD^Compact Disk와 비슷하다. 내장된 JS 모듈은 애플리케이션에서 활용할 수 있는 객체 및 다수의 함수로 구성돼 있다. 모듈은 쓰기 편하게 만들어져 있다. 그 결과 JS 모듈은 책장에서 책을 고르듯 또는 CD 플레이어에서 듣고 싶은 CD를 고르듯 필요한 클래스나 함수를 사용하면 된다.

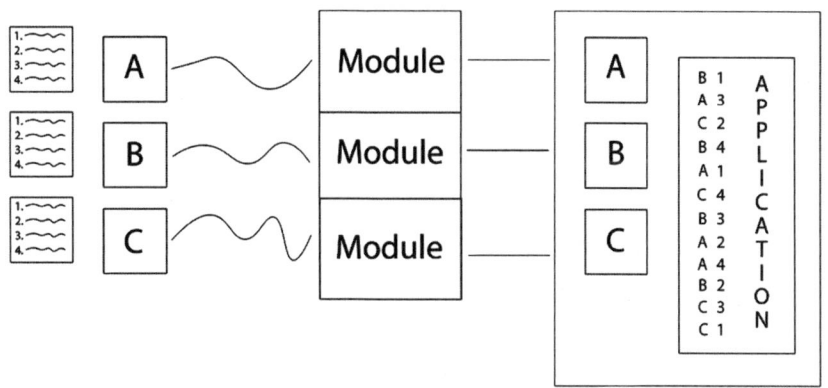

▲ 그림 5-1 자바스크립트에서 모듈은 애플리케이션으로 가져올 때 컴포넌트를 혼합하고 일치시킬 수 있는 개별 프로그램이다.

모듈 임포트

JS 모듈을 사용하는 가장 인기 있는 방법은 Node.JS와 패키지 관리자인 NPM을 사용하는 것이다. Node 패키지 관리자를 사용해서 Three.js를 실습으로 편리하게 가져올 수 있지만 7장까지는 실습에서 사용하지 않겠다. 이 실습에서는 단일 JS 모듈인 Three.js만 가져오는 데 집중하도록 한다.

```
<script type="module" src="./index.js"></script>
```

HTML 문서 하단에 <script> 태그를 배치한다. 메인 JS 스크립트인 index.js의 맨 위에 import 문을 삽입한다. 임포트 명령어로 프로젝트의 모듈 폴더로 지정해서 Three-module.js에서 내보낸 모든 함수를 기본 JS 스크립트에 연결한다. 애플리케이션에서 단순히 JS 모듈 가져오기만 하면 모듈 안의 기능을 활용할 수 있기에 편리하고 효율적이다.

별표(*)가 있는 JS 스크립트로 Three.js 라이브러리를 가져오면 애플리케이션을 호스팅하는 서버에 Three.js 모듈의 모든 클래스와 함수에 액세스할 것임을 알린다. 이렇게 모듈 가져오기 패턴을 사용하면 Three.js 라이브러리의 모든 기능을 변수 THREE에 할당할 수 있다.

```
import * as THREE from './modules/three.module.js';
```

Three.js를 다운로드해 메인 애플리케이션에 연결한 후 코드 편집기에서 index.js를 연다. 다음은 만들 프로젝트의 전체 구조다.

```
main();
function main() {
    // 콘텍스트 생성
    // 카메라 생성 및 설정
    // 장면 생성
    // 포그 추가(추후에)...
    // 지오메트리
        // 수직 평면 만들기
        // 상자 생성
        // 구 만들기
    // 재질 및 질감
    // 조명
    // 메시(MESH)
    // 그리기
    // 애니메이션 루프 설정
    // 크기 조정
}
```

콘텍스트 만들기

WebGLRendering 콘텍스트를 생성해서 이전 WebGL 애플리케이션에서 했던 것처럼 시작한다.

WebGLRendering 콘텍스트를 HTML 문서의 캔버스에 연결한다.

```
function main() {
  // 콘텍스트 생성
  const canvas = document.querySelector("#c");
  const gl = new THREE.WebGLRenderer({
    canvas,
    antialias: true
  })
  ...
```

다음으로 Three.js 장면에 카메라 객체를 만든다.

카메라 만들기

Three.js는 라이브러리 내에 다양한 카메라를 제공하지만 주로 원근 카메라를 사용할 것이다. 원근 카메라에는 이전에 WebGL 장면을 투영하고자 수동으로 인코딩한 매트릭스 곱셈 알고리즘이 포함돼 있다.

먼저 설정값에 해당하는 입력 값들을 변수로 지정해 놓으면 편리하게 사용할 수 있다.

```
// 카메라 생성 및 설정
const angleOfView = 55;
const aspectRatio = canvas.clientWidth / canvas.clientHeight;
const nearPlane = 0.1;
const farPlane = 100;
const camera = new THREE.PerspectiveCamera(
    angleOfView,
```

```
    aspectRatio,
    nearPlane,
    farPlane
);
camera.position.set(0, 8, 30);
```

Three.js의 원근 카메라 객체는 다음과 같은 네 가지 매개 변수를 사용한다.

- 첫 번째는 원근 카메라의 가시 범위를 나타낸다. 즉 카메라 중앙에서 볼 수 있는 각도다. 단위는 라디안이다.
- 두 번째는 가로 세로 비율이다. 즉 화면 창의 너비와 높이 사이의 관계다.
- 세 번째는 화면 렌더링에 포함시키는 카메라의 최소 거리(하한 거리)다.
- 네 번째는 화면 렌더링에 포함시키는 카메라의 최대 거리(상한 거리)다.

카메라 평면의 하한 및 상한 내에 있지 않은 객체는 컬링[3]이라는 프로세스에서 래스터라이저에 의해 제거된다. 마지막으로 카메라의 위치 속성에서 set 함수를 호출하면 장면의 카메라를 시작 위치로 초기화할 수 있다. 카메라의 위치는 중점에서 y축으로 8칸 움직이고 z축, 곧 뒤로 30칸 옮긴다.

오른손 법칙

서로 다른 3D 시스템은 2개의 좌표계 중 하나를 사용한다. 흔히 알고 있는 왼손과 오른손 법칙이다. 여기서 Three.js는 좌표 평면을 설정할 때 오른손 법칙을 따른다. 오른손 엄지와 검지로 'L'을 구성하고 가운뎃손가락을 확장하면 오른손 좌표 레이아웃을 시각화할 수 있다. 엄지손가락을 바닥에 평행하게 x축의 양의 방향을 따라 가리킨다. Three.js의 x축이 오른쪽으로 증가됨에 따라 모니터를 마주하고 있다면 당신의 가운뎃손가락이 가리키는

---

3 컬링이란 래스터라이저가 객체를 화면에 렌더링할 때 카메라의 시야 범위를 벗어난 객체를 랜더링에서 생략하거나 물체의 후면의 보이지 않는 영역은 생략하는 기술을 통칭하는 용어다. – 옮긴이

z축은 화면 밖으로 사용자를 향해 움직인다. 위쪽을 가리키는 검지는 원점에서 y축의 양의 방향이다.

장면 만들기

Three.js에서 장면은 HTML 문서와 같이 요소 또는 자식 콘텐츠를 보유하는 데이터 구조다.

WebGLRendering 콘텍스트 및 카메라 값이 정의된 상태에서 Scene 객체의 생성자에 대한 간단한 호출로 애플리케이션의 장면을 인스턴스화한다.

```
// 장면 생성
const scene = new THREE.Scene();
```

장면에 추가한 객체, 조명, 재질, 텍스처는 크리스마스 트리의 장식품처럼 해당 장면을 꾸며 주게 된다.

지오메트리

2장에서 배운 대로 WebGL은 속성 버퍼와 색인을 통해 제공하는 정점 좌표에서 정점 셰이더로 삼각형을 조합해 원시 모양을 만든다. Three.js의 경우 WebGL에서 복잡했던 지오메트리geometry 생성 과정을 생략한 채 기본 도형이 만들어진다.

상자 지오메트리

Three.js의 **BoxGeometry** 생성자에 대해 필요한 매개 변수는 상자의 너비, 높이, 깊이다.

Three.js가 정점을 모양으로 조립하는 방법을 확인하고자 장면에 상자를 추가해 보겠다.

```
// 상자 생성
const cubeSize = 4;
const cubeGeometry = new THREE.BoxGeometry(
    cubeSize,
    cubeSize,
    cubeSize);
```

상자는 너비, 높이, 깊이가 모두 똑같은 4로 지정한다.

재질

3D WebXR의 멋진 장면은 상당 부분이 재질 구성 요소에서 비롯된다. 그래픽 렌더링 파이프라인의 맥락에서 재질은 GPU에서 셰이더 함수가 계산되는 수학 방정식의 매개 변수로 포함된다. 방정식이 다른 다양한 재질은 조명을 비췄을 때 장면에서 다르게 나타난다. 장면에서 물체는 반사되는 재질과 조명 간의 수학적 관계로 표현된다.

Three.js에서 두 가지 기본 재질은 Lambert 재질과 Phong 재질이다. 두 재질의 차이점은 조명과 상호 작용하는 동안 고유한 동작 방식에 있다. Lambert 재질은 흐린 저광택을 표현한다. 반면에 Phong 재질은 재질의 반사광으로 밝은 광택을 표현한다.

Phong 재질

두 재질의 차이점을 더 잘 이해하고자 먼저 장면에 있는 상자에 Phong 재질을 적용해 보겠다.

```
const cubeMaterial = new THREE.MeshPhongMaterial({
    color: 'pink'
});
```

Three.js의 Phong 재질 생성자의 경우 익명 자바스크립트 객체를 허용한다.

익명 자바스크립트 객체

키값 형태로 정의된 중괄호 속 자바스크립트 객체는 개발자에게 고유한 객체를 만들 수 있는 도구를 제공한다. 이는 C ++와 같은 언어에서는 사용할 수 없는 방식이다.

색상은 익명 객체를 통해 할당할 수 있는 Three.js Phong 재질의 속성 가운데 하나다. Phong 재질을 정의할 수 있는 모든 속성은 Three.js 문서를 참조하길 바란다.

메시

이전 단계에서 Three.js 생성자에서 'mesh'라는 단어가 Phong material이라는 구문 앞에 온다. Three.js에서 메시^{mesh}는 도형 또는 도형의 지오메트리와 재질을 통합하는 객체다.

장면에서 물체에 대한 메시를 인스턴스화하면 내부적으로 BoxGeometry 생성자와 재질이 호출돼 완성된다.

```
const cube = new THREE.Mesh(cubeGeometry, cubeMaterial);
cube.position.set(cubeSize + 1, cubeSize + 1, 0);
scene.add(cube);
```

장면의 원근 카메라에서 했던 것처럼 상자 메시의 위치 속성에 대한 set 함수를 사용해 장면의 특정 위치에 객체를 배치할 수 있다. 상자의 x 및 y 좌표에 대해서도 '+' 같은 산술 표현식을 사용할 수 있다.

애니메이션 렌더링

마지막으로 JS 파일의 주요 함수 내에 렌더링 함수를 정의하겠다. 여기에서는 상자의 각 축 주위의 회전 값에 0.01을 더한다.

```
// 그리기
function draw(){

    cube.rotation.x += 0.01;
    cube.rotation.y += 0.01;
    cube.rotation.z += 0.01;

    gl.render(scene, camera);
    requestAnimationFrame(draw);
  }

    requestAnimationFrame(draw);
} // ← main() 함수 종료
```

브라우저가 프레임마다 requestAnimationFrame()을 호출할 때 함수에 대한 콜백으로 전달하는 그리기 함수는 프로그램이 매초 약 60번 장면을 렌더링하는 루프에서 실행되도록 돼 있다.

자바스크립트 파일을 저장하고 로컬 웹 서버를 통해 애플리케이션을 로드한다. 어떻게 보이는가?

검정색 화면

제대로 따라왔다면 온통 검정색으로 나타날 것이다.

왜 그럴까? 작업한 내역을 살펴보겠다.

1. 애플리케이션이 장면을 렌더링할 캔버스와 WebGL 콘텍스트를 모두 만들었다.
2. Three.js 장면을 만들었다.
3. 상자 지오메트리를 만들었다.
4. 상자 지오메트리를 위한 재질을 만들었다.

5. 상자 지오메트리 주위에 상자 재질을 감아 상자 객체에 대한 메시를 만든다.
6. 장면의 데이터 구조에 상자 메시 객체를 추가했다.
7. 상자를 회전하고 장면을 렌더링한 draw() 함수에 대한 콜백을 사용해서 requestAnimationFrame() 함수를 호출했다.

이전 실습에서 WebGL 애플리케이션을 만들었던 단계와 거의 흡사하다. 그러나 결과는 확연히 다르다. 만든 장면이 비어 있지 않고 색상도 존재한다. WebGL 콘텍스트는 상자가 아닌 화면에 무언가를 렌더링한다. 그런데 왜 이런 현상이 발생한 것일까?

조명

5장의 앞부분에서 조명 모델이 WebGL에서 장면의 모양을 정의한다는 사실을 기억하길 바란다. 이전에는 WebGL의 재질을 다루지 않았다. 프래그먼트 셰이더에 하드코딩한 정점과 컬러 값으로만 작업했다. 이 실습에서는 상자 지오메트리가 속한 메시에 재질을 적용해서 Three.js에게 조명 모델에 따라 장면을 렌더링하도록 묵시적으로 요청했다. 이는 장면에 재질과 조명 간의 수학적 방정식이 존재한다. 장면에 Phong 메시 재질을 썼다. 이번에는 조명을 다루도록 하겠다.

다이렉트조명

Three.js는 장면에 네 가지 유형의 조명을 제공한다. 스포트조명, 포인트조명, 반구조명, 다이렉트조명이다. 이 실습에서는 다이렉트조명을 통해 특정 방향으로 비추도록 하겠다.

장면에 상자 메시를 추가한 소스 아래에 다음과 같이 추가하자.

```
//조명
const color = 0xffffff;
const intensity = 1;
```

```
const light = new THREE.DirectionalLight(color, intensity);
scene.add(light);
```

그 결과 무한히 뻗어나가는 빛의 조명을 얻을 수 있다. 다이렉트조명은 일반적으로 태양을 표현할 때 사용된다.

다시 장면을 저장하고 다시 로드한다.

대부분의 경우 검정색 빈 공간에 회전하는 분홍색 상자를 볼 수 있다. 현상에 대한 원인이 밝혀졌다. 상자가 존재했음에도 장면에서 보이지 않았던 것은 재질을 반사하는 조명이 없었기 때문이다.

완벽한 픽셀

모니터의 해상도와 탐색 창의 크기에 따라 장면의 상자가 심하게 픽셀화돼 나타날 수 있다. WebGL 콘텍스트 생성자에서 안티앨리어싱$^{anti-aliasing}$ 속성을 true로 설정했지만 장면은 여전히 안티앨리어싱이 적용되지 않은 형태, 즉 계단 현상이 발생하는 문제가 있다.

프레임버퍼의 동적 크기 조정

이전 실습에서 캔버스 HTML 태그의 속성에서 프레임버퍼^{framebuffer}의 크기를 하드코딩해서 WebGL 장면의 저해상도를 해결했다. 그러나 이 실습에서는 좀 더 나은 방법을 시도해 보겠다.

main 함수의 닫는 태그 아래에 resizeGLToDisplaySize(gl)라는 새 함수를 만들고 WebGL 콘텍스트 gl에 대한 변수를 인수로 전달한다. 함수 본문에 다음 코드를 작성한다.

```
const canvas = gl.domElement;
const width = canvas.clientWidth;
```

```
const height = canvas.clientHeight;
const needResize = canvas.width != width || canvas.height != height;
if (needResize) {
    gl.setSize(width, height, false);
}
return needResize;
```

크기 조정 기능을 위해서 본문에 새롭게 도입된 것은 '||'이다. 영어의 'or' 같은 역할을 한다. 작성한 코드 구문에서 '||' 연산자는 canvas.width 또는 canvas.height 속성이 더 이상 이전 프레임의 값과 일치하지 않는 경우 needResize 변수의 값을 true로 설정하는 내용이다. 그렇지 않으면 '||' 연산자는 needResize를 false로 설정한다.

resize 함수 끝에 있는 return 키워드는 함수의 출력을 반환한다. 프레임이 업데이트될 때마다 크기 조정 기능이 캔버스의 크기를 측정해서 다시 그리기를 하고자 하는 것이다.

```
// 그리기
function draw(){
    if (resizeGLToDisplaySize(gl)) {
        const canvas = gl.domElement;
        camera.aspect = canvas.clientWidth / canvas.
        clientHeight;
        camera.updateProjectionMatrix();
    } ...
```

HTML 문서를 저장하고 다시 로드하면 브라우저가 해상도를 업그레이드한 것을 볼 수 있으며 크기가 변경된 경우에도 업그레이드된다.

브라우저 창의 모든 차원을 WebGL 렌더링 콘텍스트의 해상도로 업그레이드하고, 새 지오메트리를 생성하고, 애니메이션 소재에 대한 동적 조명을 계산하는 것은 WebGL 함수 Three.js의 일부에 불과하다. 이전의 모든 장에서 다룬 그래픽 렌더링 파이프라인의 원칙에서 많이 간소화됐다. 그러나 정점, 원근, 애니메이션, 픽셀은 여전히 WebGL의 핵심 요소로 남아 있다.

요약

실습 5-1에서 배운 내용은 다음과 같다.

- Three.js를 모듈로 사용해서 WebGL 렌더링 콘텍스트 생성
- 장면의 내용을 담고 있는 장면 객체를 생성
- 장면에 원근 카메라 추가
- Three.js에 내장된 지오메트리 생성자를 사용해서 기본 모양 추가
- Three.js에 내장된 메시 생성자를 통해 색상이 있는 모양에 Phong 재질을 적용
- 장면에 다이렉트조명 추가
- 장면을 애니메이션하는 애니메이션 루프 생성
- 캔버스 크기를 동적으로 업데이트해서 픽셀화를 수정하는 기능을 생성

실습 5-2: 재질, 텍스처

이전 1장부터 4장까지 걸쳐 WebGL를 다루는 실습을 했다. Three.js에서 제공하는 편리함을 사용해서 전체 장면을 다시 만들어 보겠다. 실습 5-2에서는 만든 장면을 더 추가할 것이다. 이 실습에서는 다음을 수행한다.

- 장면에 평면 및 구 형상 추가
- 새로운 재질 2개 적용
- Three.js TextureLoader를 사용해 이미지 파일을 재질의 텍스처 요소로 로드
- 텍스처와 조명을 조정해서 보다 현실적인 효과를 만들 수 있는지 알아보기

구 지오메트리

장면에 구^{sphere} 형상을 추가하는 것으로 시작하겠다. 실습 5-1의 상자 지오메트리와 마찬가지로 Three.js 생성자를 사용해 구 지오메트리를 만든다. 구 지오메트리의 크기를 정의한다.

메인 함수 내부의 GEOMETRY 섹션에 다음 코드를 추가한다.

```
// 구 만들기
const sphereRadius = 3;
const sphereWidthSegments = 32;
const sphereHeightSegments = 16;
const sphereGeometry = new THREE.SphereGeometry(
    sphereRadius,
    sphereWidthSegments,
    sphereHeightSegments
);
```

SphereGeometry 생성자에 전달된 너비 및 높이 세그먼트 숫자는 정점 셰이더가 구를 만드는 데 사용할 정점 수를 정의한다. 세그먼트가 많을수록 구가 더 부드러워지고 각 프레임을 렌더링하는 데 더 많은 리소스가 필요하다.

Lambert 재질

구의 정점만 선언했으므로 재질과 메시 없이 브라우저에서 렌더링된 모양을 볼 수 없다.

상자의 Phong 재질을 만든 선 바로 아래에 다음과 같이 작성한다.

```
const sphereMaterial = new THREE.MeshLambertMaterial({
    color: 'tan'
});
```

구의 재질을 구성하는 코드는 상자의 재질을 구성하는 데 사용한 코드와 거의 동일하다. 그러나 객체의 반사광 또는 광택을 강조하는 Phong 음영 대신에 구를 Lambert 재질로 감싸서 흐리고 저광택의 객체를 만든다. 장면에서 재질의 효과를 확인하고자 구의 메시를 만들고 배치하도록 하자.

Mesh = Material + Geometry

장면에서 재질의 효과를 확인하고자 구의 메시를 만들고 배치한 다음, 장면 데이터에 추가하도록 하겠다.

주 함수의 MESHES 섹션에 있는 상자 메시의 인스턴스화 아래에 다음과 같이 작성한다.

```
const sphere = new THREE.Mesh(sphereGeometry, sphereMaterial);
sphere.position.set(-sphereRadius - 1, sphereRadius + 2, 0);
scene.add(sphere);
```

여기에서 다시 상자를 만든 것과 마찬가지로 동일한 패턴을 구형 객체에도 적용해서 위치를 정의하자. 구의 지오메트리 생성자에서 **sphereRadius** 변수의 값을 변경해 편집이 해당 위치에 미치는 영향을 확인할 수 있다. 장면을 저장하고 로드하면 회전하는 상자의 왼쪽에 황갈색 구가 렌더링되고 아래쪽 절반은 그림자로 표시된다.

Lambert 재질이 장면의 조명 모델에 미치는 영향을 더 잘 확인하고자 상자와 마찬가지로 구를 회전해 보겠다. 그리기 기능 안에 다음과 같이 추가하자.

```
sphere.rotation.x += 0.01;
sphere.rotation.y += 0.01;
sphere.rotation.y += 0.01;
```

장면을 저장하고 로드하면 구가 여전히 절반의 그림자로 렌더링된다. 그러나 브라우저의 해상도와 모니터의 밝기에 따라 구가 다이렉트조명 아래에서 회전할 때 황갈색에 무광택

품질을 표시할 수 있다. 상자에 사용된 재질과 같이 구의 재질을 Lambert에서 Phong으로 변경하고 장면을 저장하고 다시 로드하면 Lambert 및 Phong 재질의 확산 품질과 반사 품질 간의 차이를 확연히 알 수 있다.

Lambert와 Phong 셰이더

Lambert는 객체 정점에서 조명의 반사를 계산하는 음영 모델이다. 조명의 품질은 확산되며 카메라 또는 뷰어의 위치에 따라 변하지 않는다. 따라서 재질의 확산 조명 값을 계산하고 애플리케이션 런타임 중에 한 번 설정할 수 있다.

반면에 Phong 셰이딩은 화면에서 객체가 차지하는 각 픽셀에서 계산되는 조명 방정식이다. Phong 조명의 품질은 반짝반짝 반사돼 하이라이트가 된다. Phong 재질의 반사광 값 계산은 전적으로 카메라 또는 뷰어의 위치에 따라 다르다. Phong 조명 모델은 카메라 위치의 모든 변형을 재보정이 필요하기 때문에 렌더러는 각 프레임의 값을 계산하므로 계산 비용이 더 많이 발생한다.

재질에서 반사되는 조명의 품질은 WebGL 장면에 현실성을 추가하고자 조작할 수 있는 유일한 속성은 아니다. 색상 외에도 Three.js의 재질 객체는 피사체에 텍스처를 추가해 장면에 디테일을 줄 수 있다.

텍스처

3D 그래픽에서 텍스처는 그래픽 파이프라인이 재질에 적용되는 이미지 파일이다. 조명은 3D 장면을 구성할 때 비용이 많이 드는 작업이 될 수 있으므로 XR 개발자는 이미지를 사용해서 저렴한 비용으로 장면에 현실감을 줄 수 있다.

UV 맵

텍스처의 한 예는 그림 5-2 같은 UV 맵으로, 이미지가 벽지나 선물 포장지인 것처럼 물체에 이미지를 적용한다. UV라는 이름의 U는 메시의 x 좌표에 매핑되는 텍스처 픽셀의 지점을 나타낸다. V는 y 좌표를 나타낸다. U를 x로, V를 y로 매핑하면 셰이더가 지침에 따라 메시 주변에 재질을 적절하게 감쌀 수 있다.

▲ 그림 5-2 UV 맵은 메시의 한 점을 텍스처의 한 점과 연결하는 이미지 파일이다. 일대일 관계를 통해 텍스처를 편리하게 저장하고 모델을 쉽게 감쌀 수 있다.

질감의 또 다른 예는 평면의 상에 높이 값이 있는 것처럼 빛 반사를 바꾸는 노멀 맵^{normal map}을 적용하는 것이다.

노멀 맵

노멀 벡터는 주어진 지점에서 메시 표면에 수직인 벡터다. 픽셀의 노멀 벡터와 반사되는 빛 사이의 각도는 카메라가 받는 빛의 값을 알려 준다. 표면의 노멀 벡터 방향을 변경하면 표면의 반사 각도가 변경돼 카메라로 가는 도중에 광선이 이동하는 경로에 영향을 준다.

5장의 실습을 계속하면서 구에 노멀 맵을 추가하고, 지면처럼 보이고자 장면에 평면 형상을 추가하고, 더 잘 시뮬레이션하고자 평면에 UV 및 노멀 맵을 모두 추가한다.

Three.js의 TextureLoader

그러나 Three.js 장면에 이미지 텍스처를 추가하려면 먼저 Three.js TextureLoader 객체의 인스턴스를 만들어야 한다.

이 실습에서 자바스크립트 파일의 MATERIALS 헤더 아래에 textureLoader라는 상수 변수를 만든다.

```
const textureLoader = new THREE.TextureLoader();
```

Three.js 장면에 텍스처를 로드하려면 스크립트의 TextureLoader 인스턴스에 load() 함수를 호출하고 텍스처로 사용하려는 이미지 파일의 상대 파일 경로 위치를 전달한다. 이 예제에 사용한 이미지 파일은 5장 실습 위치의 textures 폴더에서 찾을 수 있다. 이 책의 소스 코드는 www.apress.com/9781484263174에 있다.

조만간 지면 역할을 할 지오메트릭 평면 객체를 장면에 추가할 예정이므로 작은 바위와 자갈의 이미지 텍스처를 로드해 보겠다.

```
const planeTextureMap = textureLoader.load('textures/pebbles.jpg');
```

편의상 프로젝트 루트에 textures라는 폴더를 만들었다. 이미지 파일을 다른 파일 경로에 저장하도록 선택하는 경우 실습을 위해 기본 HTML 문서를 저장한 위치에 상대적인 파일 경로를 사용해 로더가 해당 위치를 가리키도록 한다. 실습을 만들 때 사용한 폴더 구조는 책의 소스 파일 구조를 참조하길 바란다.

물론 장면에서 텍스처를 사용하려면 먼저 감싸는 지오메트리가 필요하다.

재질 속성의 질감

JS 파일의 GEOMETRY 섹션에서 상자 및 구 객체를 만든 코드 블록 아래에서 평면 객체의 너비 및 높이 값을 정의한다.

```
// 수직 평면 만들기
const planeWidth = 256;
const planeHeight = 128;
```

상자와 구를 만들 때와 마찬가지로 Three.js `PlaneGeometry()` 생성자에 너비와 높이 값을 전달한다.

```
const planeGeometry = new THREE.PlaneGeometry(
    planeWidth,
    planeHeight
);
```

파일의 MATERIALS 섹션에서 `planeTextureMap` 변수를 선언한 줄 바로 아래에 `Three.MeshLambert()` 생성자의 출력을 상수 변수에 저장하고 재질의 맵 속성을 로드한 텍스처 맵으로 설정한다. 자바스크립트 객체 표기법을 사용한다.

```
const planeMaterial = new THREE.MeshLambertMaterial({
    map: planeTextureMap
});
```

머터리얼material용 생성자와 같은 Three.js의 일부 생성자는 익명의 자바스크립트 객체를 매개 변수로 허용한다. `map` 속성은 Three.js에서 제공하는 Material 클래스의 기본 제공 속성이다. 속성 이름 뒤에 콜론(:)을 사용하면 진행 변수가 속성 값으로 할당된다.

텍스처 → 머터리얼 → 지오메트리 → 메시

상자와 구 객체에서 사용한 것과 동일한 형태로 평면의 정점과 재질을 결합하는 메시를 만들어 장면에서 평면 만들기를 한다.

JS 파일의 MESHES 섹션에서 구 메시의 인스턴스화 아래에 코드를 추가한다.

```
const plane = new THREE.Mesh(planeGeometry, planeMaterial);
scene.add(plane);
```

로컬 웹 서버를 통해 브라우저 창에 장면을 저장하고 로드한다.

또 아무 일도 일어나지 않았다. 웹 콘솔 창에 오류도 나타나지 않았다. 코드를 제대로 작성했는데 왜 그럴까?

조명 모델

기본적으로 Three.js는 x축에 수직인 90도 방향으로 평면을 인스턴스화한다. Three.js 장면의 조명 모델은 조명과 재질 대상 간의 상호 작용을 계산해서 화면의 픽셀에 렌더링되는 값을 생성한다. 장면의 조명이 재질에 닿지 않으면 그 재질과 그것이 감싸는 객체가 화면에 나타나지 않는다.

실습 5-1에서 장면에 추가한 다이렉트조명은 기본적으로 위치 (0, 1, 0)에서 음의 y축 방향으로 비추기 때문에 다이렉트조명에서 방출되는 광선은 표면 텍스처와 평행하게 실행된다. 그림 5-3처럼 평행선은 절대 교차하지 않는다.[4] 다이렉트조명은 수직면의 표면에 닿지 않는다.

---

[4] 로저 펜로즈(Roger Penrose) 지음, 『실체에 이르는 길 1(The Road to Reality: a Complete Guide to the Laws of the Universe)』 제2장 고대의 정리와 현대의 질문(An Ancient Theorem and a Modern Question)(Vintage Digital, 2016), pp. 31-37.

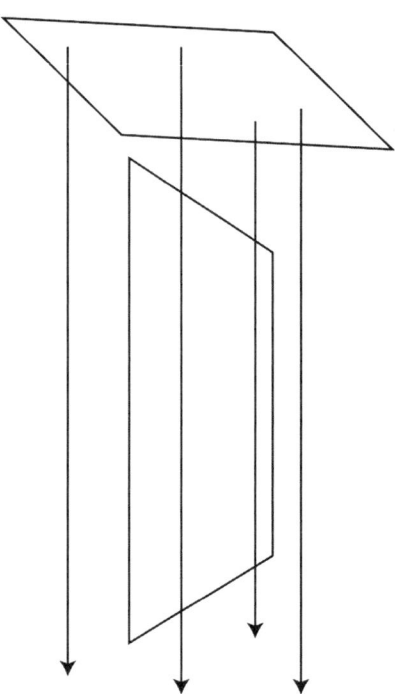

▲ 그림 5-3 다이렉트조명은 조명에 수직인 각도로 이동한다. 대상의 표면도 소스에 수직이면 광선과 표면이 교차하지 않는다.

조명 위치

상황을 더 잘 보여 주고자 장면의 다이렉트조명을 이동해서 추가한 평면 재질 텍스처에 비춰 보겠다.

이 작업을 수행하려면 인스턴스를 생성하는 코드 아래에서 상자 및 구 객체에서 수행한 것처럼 조명 객체의 위치 속성을 원하는 Vector3 위치로 설정하면 된다.

```
const light = new THREE.DirectionalLight(color, intensity);
light.position.set(0, 30, 30);
scene.add(light);
```

조명 위치의 설정 함수에 매개 변수로 전송된 벡터는 카메라와 같이 조명을 y축 30칸 이동하고, 원점에서 z축을 따라 30칸 이동한다.[5] 그러나 다이렉트조명은 여전히 아래쪽으로 향한다. 광선은 여전히 장면에서 수직 평면에 평행하게 이동한다.

조명 타깃

조명의 투영 각도를 기울이고자 Three.js에서 제공하는 다이렉트조명의 타깃 속성을 장면의 평면 객체로 설정할 수 있다.

장면에 조명 객체를 추가한 후 코드를 작성한다.

```
light.target = plane;
scene.add(light.target);
```

light.target 속성의 소스로 장면에 평면을 추가하면 평면 객체를 장면에 직접 추가할 필요가 없다. 이제 평면의 메시 인스턴스화에 따라 장면에 평면을 추가하는 코드를 삭제할 수 있다. 장면을 저장하고 다시 로드하면 그림 5-4처럼 변경된 다이렉트조명이 비추는 수직면이 표시된다.

---

5 Three.js는 1 Three.js 단위가 1미터인 SI 측정 단위를 사용한다. 자세한 내용은 Three.js 깃허브 문제를 참고하기 바란다. https://github.com/mrdoob/three.js/issues/6259

▲ **그림 5-4** 장면에서 다이렉트조명을 이동하고 기울이면 조명의 광선과 텍스처 맵 사이에 비스듬한 각도가 생성돼 텍스처의 이미지가 나타난다.

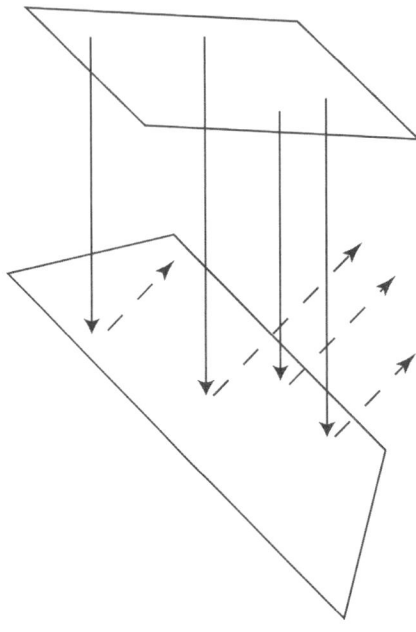

▲ **그림 5-5** 평면 지오메트리의 각도를 원래 위치에서 90도 회전하면 텍스처 맵의 표면이 다이렉트조명의 광선과 교차할 수 있다.

그림 5-5처럼 장면의 지면은 사실적으로 카메라 렌즈에 수직으로 서 있을 수 없다. 소스 통일성을 위해 4장에서 배운 원의 라디안 값을 사용해 평면을 90도 회전하는 코드를 작성할 수 있다.

조명 회전

단위 원이 Pi 값으로 180도 회전을 측정하므로 x축을 중심으로 90도 회전을 Pi / 2로 정의할 수 있다.

```
const plane = new THREE.Mesh(planeGeometry, planeMaterial);
plane.rotation.x = Math.PI / 2;
scene.add(plane);
```

바닥면을 아래로 회전시키고 장면을 저장하고 다시 로드해도 바닥면이 제대로 렌더링되지 않았다.

재질 측면 속성

평면의 텍스처가 WebGL 콘텍스트에 나타나도록 하려면 planeMaterial의 side 속성을 DoubleSide로 설정할 수 있다.

익명의 JS 객체에서 바닥면의 LambertMaterial 생성자에 전달하고 side 속성의 값을 설정한다.

```
const planeMaterial = new THREE.MeshLambertMaterial({
    map: planeTextureMap,
    side: THREE.DoubleSide
});
```

브라우저에서 장면을 저장하고 로드하면 그림 5-6처럼 텍스처로 감싸진 평면이 회전하는 모양 아래의 지면으로 표시된다.[6]

▲ 그림 5-6 평면 지오메트리의 방향을 90도 변경하고 DoubleSide 속성을 재질에 추가하면 지면의 착시 효과가 생성된다.

실습 5-2에서 설명했듯이 웹용으로 현실감 있는 XR 장면을 만들려면 종종 3차원 공간에 지오메트리를 배치하는 것 이상이 필요하다. XR 애플리케이션의 최종적인 목표는 사용자가 완전히 빠져들 수 있는 몰입감을 주는 것이다. 이를 위해서 색상이나 조명을 쓰는

---

6 side 속성은 어느 면을 보여 줄지 정의하는 옵션으로 속성 종류는 THREE.FrontSide, THREE.BackSide, THREE. DoubleSide가 있다. 기본값은 THREE.FrontSide다. 소스에서 사용한 THREE.DoubleSide인 경우 사이드 면까지 렌더링돼서 화면에 보여 주게 된다. 굳이 안 보이는 사이드 면까지 랜더링할 필요는 없지만, 반대편에서 볼 경우 물체가 사라진 것처럼 보이는 것을 방지한다. 그 대신 렌더링 성능은 저하된다. - 옮긴이

것이고 장면에 적절한 텍스처를 입혀서 마치 현실과 비슷하도록 만드는 것이다. 그래서 XR를 개발함에 있어서 색상, 조명, 텍스처는 빠질 수 없는 요소다. 다행히 Three.js는 WebGL API 위에 편리한 추상화를 제공해서 XR 장면에 재질, 조명, 이미지 텍스처 추가를 단순화시켰다.

요약

- 각각의 지오메트리 생성자를 통해 장면에 평면과 구 객체를 추가
- 객체에 재질 추가
- 이미지 텍스처 파일 업로드를 처리하고자 텍스처 로딩 객체 생성
- 재질에 텍스처 적용
- 조명과 물체를 변환하고 회전하는 것이 재질에서 계산된 조명 값에 미치는 영향 습득

실습 5-3: 포그, 배경, 주변 조명, 노멀 맵

지오메트리, 재질, 조명, 텍스처의 기본 원칙 외에도 현실감 있는 3D XR 경험에는 장면 모양의 미묘한 관리가 필요하다. 사실은 XR 장면의 대부분은 고퀄리티의 렌더링된 모델에서 비롯될 수 있지만 Three.js는 기본적으로 XR 장면의 퀄리티를 높일 수 있는 도구를 제공한다. 실습 5-3에서는 Three.js에서 장면의 모양을 미세 조정하는 방법을 살펴보겠다. 실습을 마치면 조명 모델이 어떻게 작동하는지 더 완벽하게 이해할 수 있다. Three.js 및 일반적으로 WebGL은 재질과 조명 간의 관계를 수학적으로 조작해 현실 같은 환상을 만든다. 실습 5-3의 내용은 다음과 같다.

- 장면의 배경색 변경
- 3D 장면에서 포그가 하는 역할과 만드는 방법

- 주변조명 객체로 다이렉트조명 보완
- 재질에 노멀 맵을 적용해 표면의 입체감 생성
- 장면의 정확도와 성능을 높이고자 이미지 텍스처 필터링에 적용할 때 밉매핑 및 이방성과 같은 용어의 의미
- 파라메트릭parametric 방정식 생성을 통해 장면에 있는 객체의 속성에 애니메이션 적용

장면 배경

Three.js에서 장면의 배경 색상을 변경하는 것은 간단한 작업이다. Three.js Scene 객체에는 편리하게 배경이라는 속성이 포함돼 있다. 이 속성 값을 정규화된 RGB 값으로 설정하면 장면의 배경에 색상이 적용된다. JS 파일에서 장면을 인스턴스화한 줄 아래에서 장면의 배경 속성을 밝은 파란색 또는 원하는 다른 색상으로 설정한다.

```
// 장면 생성
const scene = new THREE.Scene();
scene.background = new THREE.Color(0.3, 0.5, 0.8);
```

Three.js의 Scene 객체는 fog라는 공용 속성도 제공한다.

포그

포그fog는 그래픽 렌더링 하드웨어가 비교적 쉽게 생성할 수 있는 기능이다. 특성을 활용하고자 새로운 Three 객체를 인스턴스화할 수 있다. fog 객체를 생성하고 배경 속성에서 했던 것처럼 장면의 fog 속성과 동일하게 설정한다.

배경색을 설정하고자 작성된 코드 아래에 fog라는 상수 변수를 생성하고 이를 새로운 fog 객체의 대상 변수로 설정한다. 그런 다음 새로 만든 포그 객체를 장면의 포그 속성에

대한 소스로 설정한다.

```
const fog = new THREE.Fog("gray", 1, 100);
scene.fog = fog;
```

포그 생성자의 매개 변수는 색상, 근거리 및 원거리 값이다. 렌더러는 near 및 far 값을 사용해 포그의 선형 그라데이션을 계산한다. 두 값의 차이가 작을수록 포그가 더 두꺼워진다. 컴퓨터 그래픽 아티스트가 포그를 장면에 렌더링하는 한 가지 이유는 포그가 시각적 정확도를 계산하는 데 필요한 계산을 감소시키기 때문이다. 장면을 저장하고 로드한 후에는 그림 5-7처럼 하늘과 같은 파란색 배경과 배경에 따라 회색 포그의 양이 달라야 한다.

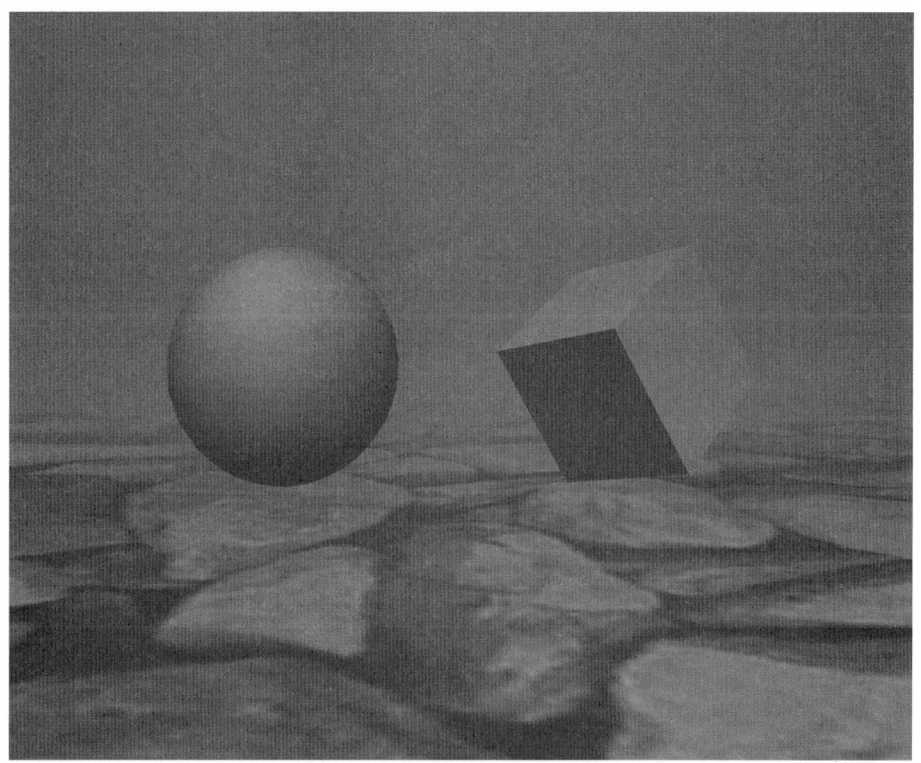

▲ 그림 5-7 Three.js 장면 객체에는 포그를 생성하는 속성이 있다.

장면이 지금처럼 구의 확산 Lambert 재질이 내 취향에 맞도록 충분히 객체의 회전을 보여 주지 않는다. 객체의 회전을 강조하는 한 가지 방법은 객체와 조명 간의 상호 작용에 영향을 주는 텍스처 맵을 포함하는 것이다. 그래픽 렌더링 파이프라인에서 이러한 결과를 달성하는 텍스처를 노멀 맵이라고 한다.

노멀 맵 적용

노멀 맵은 색상 이외의 정보를 값으로 저장하는 이미지 파일이다. 노멀 맵이 저장하는 정보는 고르지 않은 각도에서 조명을 반사하는 벡터다. 그 결과 돌출부와 고랑이 있는 것처럼 보이는 텍스처가 생성된다. 그러나 노멀 맵은 본질은 변경하지 않은 채 겉모양만 변경한다. 실제로 노멀 맵을 보고자 장면의 구 객체에 하나를 추가한다.

이 실습의 단계를 수행하는 경우 책의 제품 페이지(www.apress.com/9781484263174)를 통해 액세스할 수 있는 깃허브에서 사용 중인 구 노멀 맵을 찾을 수 있다.

어떤 노멀 맵을 사용하든 프로젝트의 텍스처 폴더에 저장한다. 평면 메시의 텍스처 맵과 마찬가지로 장면의 `textureLoader`에는 노멀 맵 파일의 상대 위치 경로가 필요하다.

JS 파일의 MATERIALS 섹션에서 평면의 텍스처 맵을 정의하는 코드 위 또는 아래에 다음과 같이 구의 재질과 노멀 맵을 로드하고 만든다.

```
const sphereNormalMap = textureLoader.load('textures/sphere_normal.png');
sphereNormalMap.wrapS = THREE.RepeatWrapping;
sphereNormalMap.wrapT = THREE.RepeatWrapping;
const sphereMaterial = new THREE.MeshStandardMaterial({
    color: 'tan',
    normalMap: sphereNormalMap
});
```

Lambert 재질 대신 Three.js 클래스 `MeshStandardMaterial`을 사용해서 구의 노멀 맵에 텍스처 폴더에 저장된 png 파일을 적용한다.

물리적 기반 재질

Three.js의 표준 재질은 Lambert 또는 Phong 재질보다 더 복잡한 방정식을 계산하는 물리적 기반 렌더링 모델을 나타낸다. 이 모델은 실제 세계에서 조명이 작동하는 방식을 재현하기 때문에 물리적 기반이라고 불린다. 반면 Lambert 및 Phong 방정식은 흉내만 내는 것이다.

장면을 저장하고 로드하면 그림 5-8처럼 표면의 홈이 다이렉트조명의 광선을 반사하는 방식으로 인해 회전이 더 명확하게 나타나는 질감이 있는 구체가 표시된다. 그러나 구가 더 사실적으로 보이지만 평면의 텍스처 맵은 인위적으로 보인다.

▲ 그림 5-8 구의 메시 객체를 둘러싼 Three.js 표준 재질의 노멀 맵 텍스처는 물체의 지오메트리를 변경하지 않고 거친 표면처럼 보이게 한다.

래핑

평면의 텍스처 맵이 가짜로 보이는 한 가지 이유는 구에 대한 상대적 크기 때문이다. 이미지를 축소하고 평면 전체에 반복해서 텍스처 맵에서 자갈의 크기를 줄일 수 있다.

바닥면의 텍스처 맵을 로드하고 재질을 만든 선 사이에서 텍스처의 반복 및 래핑^{wrapping} 속성을 설정한다.

```
const planeTextureMap = textureLoader.load('textures/pebbles.jpg');
    planeTextureMap.wrapS = THREE.RepeatWrapping;
    planeTextureMap.wrapT = THREE.RepeatWrapping;
    planeTextureMap.repeat.set(16, 16);
    const planeMaterial = new THREE.MeshLambertMaterial({...
```

가로(S 및/또는 U) 방향과 높이(T 및/또는 V) 방향 모두에서 16픽셀마다 반복되도록 영상을 설정하는 것은 타일링^{tiling}이라고 하는 기술인데, 이는 기능이 이미지를 모자이크의 타일처럼 16×16 샘플로 축소시키기 때문이다. Three.js의 텍스처는 래핑 속성이 다르다. RepeatWrapping 속성은 원하는 표면을 덮을 때까지 샘플링된 이미지 타일을 나란히 배치한다. Three.js 문서 웹 사이트에서 다른 유형의 래핑 옵션에 대한 정의를 찾을 수 있다.

샘플링 및 기능

WebGL의 주목할 만한 기능 중 하나는 이미지 샘플링이 타일의 크기를 2, 4, 8, 16, 64 등과 같이 2의 거듭제곱으로 제한한다는 것이다. 차원이 같을 필요는 없지만 둘 다 2의 거듭제곱이어야 한다. 자세한 내용은 Three.js 문서 및 WebGL 사양을 참조하기 바란다.

이전 단계의 변경 사항을 장면에 적용하면 그림 5-9와 같은 이미지가 생성된다.

▲ 그림 5-9 평면 지오메트리의 텍스처 맵을 샘플링하면 현실을 더 잘 반영하는 타일링 패턴이 생성된다.

자갈은 크기가 더 사실적으로 보이는 것도 중요하지만 초점이 멀어지는 방식이 더 사실감을 준다. 표면이 먼 거리로 확장되는 것처럼 보이는 방식을 더 잘 표현하고자 Three.js는 여러 솔루션을 제공한다. 다음 단계에서 두 가지를 사용한다.

밉매핑

3D 아티스트가 텍스처 깊이의 환상을 재현하고자 사용하는 한 가지 기술을 밉매핑mipmapping이라고 한다. 밉맵은 점점 더 작은 값으로 샘플링된 이미지의 계층적 데이터 구조다. 마치 밉맵은 피라미드와 같아서 그 상단은 가장 작은 샘플링 해상도를 나타낸다. 밉맵 피라미드의 베이스는 해상도가 가장 높은 이미지의 샘플이다. WebGL 애플리케이

션에서 렌더러는 카메라까지의 거리 함수로 그릴 이미지 샘플 또는 밉맵 피라미드 레이어를 선택한다.

밉매핑의 이론은 조각 색상이 화면 픽셀의 일부만 차지할 때 생성되는 왜곡인 앨리어싱에서 발생하는 문제를 해결한다. 텍스처의 UV 좌표가 화면 공간에서 카메라로부터 멀어질수록 렌더러가 페인트하고자 선택할 이미지가 작아진다. 반대로 카메라에 더 가깝게 나타나는 UV 텍스처 좌표는 더 높은 해상도 이미지를 사용해 렌더링된다. 장면의 카메라에 대한 근접성이 증가함에 따라 이미지가 더 많은 픽셀을 채울 가능성이 높기 때문이다. 그와 마찬가지로 Three.js는 밉맵 데이터 구조 생성을 위한 편리한 추상화를 제공한다. 밉맵의 사용은 분명히 가능하지만 Three.js는 밉맵의 효과를 시뮬레이션하는 내장 함수도 제공한다.

장면에서 지면 평면의 맵 텍스처에 밉맵 필터의 예를 구현하려면 평면의 Lambert Mesh 선언 위에 텍스처의 `minFilter` 속성을 설정한다.

```
planeTextureMap.minFilter = THREE.NearestFilter;
```

Three.js 클래스 `NearestFilter`는 텍스처의 가장 가까운 UV 좌표에서 텍셀^{texel} 또는 텍스처 묘사 픽셀의 값을 계산하는 라이브러리에서 제공하는 내장 상수를 나타낸다. `minFilter`를 평면의 텍스처 맵에 적용하면 장면의 z축으로 좀 더 사실적으로 확장되는 표면 이미지가 생성된다.

이방성

실제 현실에서는 텍스처와 표면은 거리에 따라 크기가 줄어들 뿐만 아니라 흐릿한 것처럼 보인다. 컴퓨터 그래픽 카드는 이방성^{anisotropy}이라는 이미지의 속성을 계산하는 기능을 사용해서 이 물리적 특성을 인위적으로 재현한다. 3D 그래픽에서 이방성은 화각에 따라 왜곡되는 화면의 이미지 속성을 의미한다. 어떤 내용인지 직접 해보면서 이해하자.

평면 텍스처 맵의 이방성 속성을 gl.getMaxAnisotropy() 함수의 값으로 설정한다. 여기서 gl은 WebGLRendering 콘텍스트의 변수다.

```
planeTextureMap.anisotropy = gl.getMaxAnisotropy();
```

Three.js 렌더러 객체의 getMaxAnisotropy() 함수는 시스템 하드웨어가 제공하는 최대 이방성 수준을 계산한다. minFilter 속성과 anisotropy 속성을 번갈아 주석으로 처리하고 실행하면서 어떤 속성이 더 적합한지 직관적이고 시각적으로 이해할 수 있다. 타일링하고 텍스처에 이방성 필터를 적용하면 장면을 좀 더 사실적으로 표현할 수 있지만 이미지는 2차원 형태로 아직도 어색하다.

예를 들어 그림 5-10처럼 높이가 없다. 평면의 표면에 좀 더 세부 사항을 추가하고자 장면의 구 객체에서 했던 것처럼 평면의 재질에 노멀 맵 텍스처를 적용할 수 있다.

▲ 그림 5-10 평면 텍스처 맵의 타일 텍스처는 노멀 맵을 적용하지 않고 평평하게 나타난다.

평면의 노멀 매핑

이 실습에서 사용한 평면 노멀 맵은 www.apress.com/9781484263174에 있는 파일에서 찾을 수 있다.

textureLoader 객체에서 내보낸 노멀 맵을 저장할 변수를 만든다. 실습 5-3에서 구의 노멀 맵에 했던 것처럼 감싸기, 축소, 타일링 속성을 설정한다. 재질 유형도 Lambert에서 Standard로 변경한다.

```
const planeNorm = textureLoader.load('textures/pebbles_normal.png');
planeNorm.wrapS = THREE.RepeatWrapping;
planeNorm.wrapT = THREE.RepeatWrapping;
planeNorm.minFilter = THREE.NearestFilter;
planeNorm.repeat.set(16, 16);
const planeMaterial = new THREE.MeshStandardMaterial({
    map: planeTextureMap,
    side: THREE.DoubleSide,
    normalMap: planeNorm
});
```

그림 5-11의 평면 표면 텍스처 클로즈업은 Three.js의 표준 재질에 노멀 맵 텍스처를 적용해서 생성된 효과를 보여 준다.

▲ 그림 5-11 조명 아래에 있는 텍스처에 노멀 맵을 적용하면 GPU에 대한 저렴한 비용으로 그림자 효과를 만들 수 있다.

주변조명

Three.js가 장면의 현실을 보완하고자 제공하는 또 다른 옵션은 주변조명ambient light 객체다. Three.js의 다이렉트조명과 달리 주변조명 객체는 직접조명과 반사조명의 곱으로 픽셀 값을 계산한다. 장면에 주변조명을 적용하면 조명, 바운스, 반사의 물리적 속성과 더 유사한 조명 모델이 생성된다. 예를 들어 침실에서 램프를 켜면 램프에서 방출되는 광선의 경로에 있는 물체를 직접 비출 수 있다. 방의 표면에 반사되는 조명은 침실의 전반적인 조명 품질에 영향을 준다. 실내의 전체적인 조명의 수준 또는 밝기가 상승할 수 있지만 표면에서 반사된 조명이 원래 파장의 구성을 변경할 수 있으므로 표면의 색상 값도 변경된다. 따라서 다이렉트조명 및 주변조명은 Three.js 장면을 좀 더 사실적으로 표현해줄 수 있다.

프로젝트에 주변조명을 추가하려면 장면에 다이렉트조명을 추가한 선 아래에 다음 코드를 작성한다.

```
const ambientColor = 0xffffff;
const ambientIntensity = 0.2;
const ambientLight = new THREE.AmbientLight(ambientColor,
ambientIntensity);
scene.add(ambientLight);
```

다이렉트조명과 마찬가지로 주변조명 생성자는 색상과 강도 값을 인수로 받는다. 주변조명의 색상을 다이렉트조명과 동일한 값으로 설정하는 동안 다양한 16진수 색상 값이 장면의 전체 조명에 미치는 영향을 실험할 수 있다.

파라메트릭 방정식을 사용한 애니메이션

5장의 실습에서 마지막 단계로 장면에 대한 조명 모델에서 노멀 맵 텍스처의 영향을 완전히 이해하고자 장면의 객체를 중심으로 다이렉트조명의 회전을 애니메이션한다.

시간 함수

파라메트릭parametric 방정식은 시간의 함수로 x, y값을 출력하는 방정식이다. 좀 더 창조적으로 파라메트릭 방정식을 사용해 모양과 조명에 대한 지오메트리적 동작을 계산하고 애니메이션화하도록 하겠다. 장면의 지오메트리적 모양에 대한 노멀 맵의 동작을 보여주고자 장면에서 다이렉트조명을 애니메이션해서 궤도에 있는 것처럼 장면 주위를 이동한다. 이를 위해서는 방정식을 정의하고 시간에 대한 변수를 만드는 두 단계가 필요하다.

삼각 방정식

원의 경로를 이동하는 것처럼 장면 주위에서 조명이 회전하기를 원하기 때문에 코사인파와 사인파의 일관성을 활용할 수 있다.

draw() 함수 내에서 gl 객체에 대한 렌더 위에 다이렉트조명 객체의 x 및 y값을 각각 코사인 및 사인 곡선의 출력으로 시간 함수로 설정한다.

```
light.position.x = 20*Math.cos(time);
light.position.y = 20*Math.sin(time);
gl.render(scene, camera);
```

이제 장면을 저장하고 실행하면 draw() 함수 내에서 변수 시간 값을 아직 정의하지 않았으므로 캔버스에 검정색만 렌더링된다.

시간 절약

애플리케이션이 requestAnimationFrame() 렌더링 루프 내에서 콜백으로 draw() 함수를 호출할 때 장면의 타임스탬프timestamp가 브라우저의 기능으로 함수에 암묵적으로 전달된다.

브라우저 애니메이션 주기의 기본 동작을 활용하고자 그리기 함수 내에서 시간 값을 매개 변수로 설정하고 곱셈을 사용해 밀리초에서 초로 변환한다.

```
// 그리기
function draw(time){
    time *= 0.001;
...
```

저장하고 렌더링되면 다이렉트조명의 위치에 따른 파라메트릭 기능의 효과를 볼 수 있다. 노멀 맵의 기능은 텍스처에서 받은 조명의 광선을 반사하고 방향을 바꾸는 것이므로 장면의 구 및 평면 객체 모두 이러한 텍스처 표면에서 강도가 상승하고 하강하는 그림자를 표시한다. 우리는 물체의 지오메트리를 전혀 변경하지 않았다는 것을 기억하자. 물체의 튀어나온 곳 및 옴폭 들어간 곳에 대한 처리는 단지 컴퓨터의 그래픽 하드웨어에 의해 계산된 수학적 작품일 뿐이다. XR 장면에서 노멀 맵과 같은 도구의 가치는 외관의 품질뿐 아니라 성능에 미치는 영향을 최소화하는 데 있다. Three.js에서 텍스처와 재질을 잘 적용하면 높은 계산 비용 없이 장면의 분위기를 바꿀 수 있다.

요약

- 장면 객체의 배경색 속성 변경
- 장면에 포그를 추가하고 채도를 변경하는 방법 학습
- 장면의 다이렉트조명을 보완하고자 주변 조명 객체 추가
- 재질과 조명 간의 상호 작용을 시뮬레이션하고자 재질에 노멀 매핑 텍스처 적용
- 장면의 정확도와 성능을 높이고자 이미지 텍스처에 최소화 및 이방성 필터 적용
- 애니메이션 루프에서 시간이 지남에 따라 장면에서 객체의 속성을 변경한 파라메트릭 방정식 생성

정리

5장의 목적은 Three.js가 WebGL의 복잡성을 단순화시키는 몇 가지 중요한 포인트를 학습하는 것이다. 예를 들어 Three.js는 상자, 구, 평면과 같은 기본 도형에 대한 생성자 함수를 제공함으로써 개발자의 어깨에서 정점의 속성 버퍼를 생성하는 무거운 짐을 내려놓게 했다. Three.js는 사용자 친화적인 목표 아래 WebGL의 깊은 기능 중 일부를 숨겼지만, 숙련된 개발자는 라이브러리를 파헤쳐 더 복잡한 효과를 만들 수 있다. 초보자와 숙련된 개발자 모두를 만족시키기에 Three.js는 WebXR 경험의 생성 및 설계를 위한 기본

도구가 됐다. 6장에서는 5장 실습에서 만든 장면을 VR 헤드셋용 WebXR API로 다시 구현해서 만들 것이다.

5장에서는 다음과 같은 내용을 다뤘다.

- Three.js 기본 지오메트리 생성기를 사용해 물체, 조명, 카메라를 Three.js 장면에 배치
- Lambert, Phong 및 물리적 기반 렌더링 재질을 포함해서 Three.js에서 재질의 구별 학습
- 다이렉트조명에서 나오는 광선의 흐름, 확산 비용 효율성, 특정 하이라이트의 품질 등 3D 장면에서 기본 사항 학습
- 장면에 정확도를 더하고 먼 곳의 정점에 대한 계산 비용을 절약하고자 포그 생성
- 로컬 컴퓨터에서 이미지 파일을 가져올 Three.js 텍스처로더 객체 생성
- 이미지 파일을 메시 소재에 텍스처로 적용해 다양한 효과를 창출
- Three.js에 내장된 밉맵, 타일링, 이방성 함수를 사용해 보다 사실적인 텍스처를 보다 효과적으로 렌더링
- 도형 표면에 그림자를 만들 때 노멀맵이 수행하는 역할 학습
- 사용된 파라메트릭 방정식, 여기서 x와 y값은 시간의 함수이며, Three.js 장면에서 객체의 일정한 운동을 애니메이션하고자 사용

6장

WebXR을 통한 VR 진입

5장에서 Three.js라고 불리는 WebGL API 위에 구축된 3D 자바스크립트 라이브러리를 살펴봤다. 기하 프리미티브^{primitive}와 텍스처로 화면을 구축함으로써 WebXR 개발자에게 Three.js가 제공하는 편리함을 확인했다. 속성 버퍼와 정점 배열의 베어본즈$^{bare-bonds}$ 데이터 구조는 없어졌다. 그러나 Three.js는 편리하고 높은 수준의 WebGL 기능을 제공하지만 브라우저용 렌더링 도구에 불과하다. Three.js는 개발자가 웹 브라우저의 HTML 캔버스 요소에 3차원 장면을 그리는 것을 돕긴 하지만 가상 현실 헤드셋과 같은 주변 장치까지는 전달할 수 없다. 6장에서는 이전 레슨의 실습 5에서 구축한 Three.js 화면을 사용해 오큘러스 퀘스트$^{Oculus\ Quest}$ VR 헤드셋에서 실감형 WebXR 세션을 시작한다. 6장의 실습이 끝나면 WebXR API가 제공하는 기능이 Three.js에 내장된 렌더링 기능과 어떻게 협력하는지 이해할 수 있을 것이다.

6장의 주요 내용은 다음과 같다.

- 오큘러스 퀘스트의 USB 디버깅 기능 사용 방법
- 안드로이드 디버그 브리지[ADB, Android Debug Bridge] 애플리케이션으로 오큘러스 퀘스트의 디버깅 도구에 접근

- WebXR API로 퀘스트와 로컬 개발 서버를 연결하는 인터페이스 생성
- 비동기 웹 서비스를 처리하는 자바스크립트의 프로미스^{Promise} 값
- 웹에서 XR 세션을 만드는 데 있어 범위와 폐쇄의 중요성
- 브라우저의 개발자 도구로 콘텐츠를 호스트 시스템에서 주변 XR 장치로 전달

디버그 환경 설정

Three.js 프로젝트와 WebXR API 사이의 연결을 만들기 전에 먼저 개발 도구 설정을 해야 한다. 이 실습에서 필요한 도구는 개발자가 접근할 수 있고 실감형 VR 콘텐츠를 볼 수 있는 주변 장치다. 가상 현실이 가능한 장치의 접근 권한이 필요하다. 브라우저가 제공하는 기능을 검색하면 Mozilla Mixed Reality[1]팀에서 만든 WebXR 에뮬레이터 도구를 찾을 수 있다. 물리적 장치 대신 에뮬레이터의 사용 방법을 더 잘 알아보려면 확장 기능을 다운로드하고 설명서를 검토한다.

오큘러스 퀘스트에서 WebXR 디버깅

다음 단계는 USB로 오큘러스 퀘스트 헤드셋을 개발 장치로 윈도우 10을 실행하는 PC에 연결하는 데 적용된다. 적절한 사례별로 문제 해결에 도움이 되는 정보를 호스팅할 수 있는 URL을 각주에 추가했다.

안드로이드 디버그 브리지 및 오큘러스 모바일 앱

1. 안드로이드 스튜디오$^{Android\ Studio}$를 다운로드해 설치한다.

---

1 Mozilla Mixed Reality의 WebXR 에뮬레이터: https://blog.mozvr.com/webxr-emulator-extension/

    a. 안드로이드 스튜디오는 오큘러스 퀘스트[2]에서 디버깅하는 데 필요한 소프트웨어 개발자 키트$^{SDK, Software\ Developer\ Kit}$를 제공한다.
    b. 안드로이드 스튜디오는 ADB 프로그램을 제공해서 컴퓨터와 오큘러스 퀘스트 같은 안드로이드 기기 간의 통신을 가능하게 해준다.[3]
2. WebXR 애플리케이션을 테스트할 안드로이드 기기 제조업체에서 요구하는 ADB 소프트웨어 드라이버를 다운로드한다.
    a. 윈도우 10용 ADB 드라이버는 오큘러스에서 제공하는 링크에서 찾을 수 있다.[4]
    b. 공식 문서에 의하면 맥^{Mac}과 크롬^{Chrome} OS를 실행하는 컴퓨터에는 추가 드라이버를 다운로드할 필요가 없다.
    c. 리눅스^{Linux} 시스템에서 작동하는 사용자는 해당 시스템의 요구 사항을 안드로이드 스튜디오 설명서를 확인해야 한다.[5]
3. 윈도우 10 버전 오큘러스 퀘스트의 ADB 드라이버를 다운로드한 후 압축 해제된 폴더 위치로 이동해 winusb.inf 파일을 마우스 오른쪽 버튼으로 클릭하고 설치한다.
    a. 압축 해제된 폴더에 winusb.inf 파일이 보이지 않으면 파일 탐색기 도구 모임에서 보기 메뉴를 클릭해 파일 탐색기가 숨김 파일 표시를 활성화했는지 확인한다.
    b. 이 파일을 로컬 하드 드라이브(C:)의 루트 위치에 있는 ADB라는 폴더로 이동한다.

---

2 안드로이드 스튜디오 다운로드: https://developer.android.com/studio
3 ADB와 퀘스트: https://developer.oculus.com/documentation/native/android/mobile-adb/
4 윈도우용 오큘러스 ADB 드라이버: https://developer.oculus.com/downloads/package/oculus-adb-drivers/
5 일부 사용자는 윈도우가 아닌 다른 플랫폼에서 오큘러스 장치를 USB 디버깅하는 데 어려움을 겪고 있다. XDA 개발자 웹사이트의 해당 링크에서 도움되는 솔루션을 찾을 수 있다. https://www.xda-developers.com/install-adb-windows-macos-linux/

4. 컴퓨터로 퀘스트에서 디버깅을 활성화하려면 오큘러스 앱을 스마트폰에 다운로드해야 한다.

5. 앱이 다운로드되면 앱을 열고 오큘러스 장치와 동기화한다.

6. 앱의 동기화된 디바이스 아래의 설정에서 USB 디버깅을 활성화한다.

7. USB-C와 USB-3 케이블을 사용해서 퀘스트 장치를 컴퓨터에 연결한다.[6]

8. 안드로이드 스튜디오에서 설치한 SDK platform-tools 폴더의 위치로 이동한다.
    a. 기본적으로 윈도우 10에서는 안드로이드 스튜디오가 로컬 디스크(C:) → Users → [사용자 이름] → AppData → Local → Android → SDK → platform-tools 디렉터리에 저장한다.

9. 윈도우 시작 메뉴의 검색 표시 줄에 cmd를 입력해서 명령 프롬프트를 연다(계정 설정에 따라 관리자로 실행해야 할 수도 있다).

10. 명령 프롬프트에서 cd를 입력해 SDK/Platform-tools 폴더로 이동한다[파일 탐색기에서 platform-tools폴더에 위치 경로를 복사/붙여넣기].

11. SDK/Platform-tools 폴더가 있는 명령 프롬프트 창에 'adb devices'라고 입력한다.

12. 안드로이드 스튜디오, SDK 및 장치에 필요한 ADB 드라이버(예: 퀘스트)를 성공적으로 설치했으면 ADB가 실행되고 컴퓨터에 연결된 안드로이드 장치 목록이 표시된다.

13. 장치가 인증되지 않은 것으로 나타나면 퀘스트와 같은 장치를 활성화하고 프롬프트에서 제공될 때 USB 디버깅을 활성화한다.

---

6 퀘스트 장치는 오큘러스 링크(Oculus Link) 인터페이스로 컴퓨터에 연결할 수도 있다: https://support.oculus.com/394778968099974

a. 헤드셋에 메시지가 표시되지 않으면 컴퓨터에서 오큘러스 앱을 열고 실행한다.[7]

14. adb 디바이스를 윈도우 명령 프롬프트에 다시 입력한다. 컴퓨터로 퀘스트 장치에서 USB 디버깅을 활성화한 경우 이전에 나열된 안드로이드 장치가 승인된 것으로 표시된다.

15. 윈도우 10에서 안드로이드 스튜디오 및 오큘러스 퀘스트에 필요한 ADB 드라이버를 설치했는지 확인하려면 윈도우 시작 메뉴로 컴퓨터 관리자로 이동한다.

16. 컴퓨터 관리자에서 장치 관리자 → 휴대용 기기 → 퀘스트[또는 장치의 브랜드]를 찾는다. 디바이스를 마우스 오른쪽 버튼으로 클릭하고 드라이버 업데이트를 선택한다.

17. 내 컴퓨터에서 드라이버 소프트웨어 찾아보기를 선택하고 오큘러스 또는 다른 제조업체에서 OEM ADB 드라이버를 저장한 위치에서 드라이버를 검색한다.

   a. 3.b단계를 따라 했다면 이 폴더는 C:\ADB\[device_driver_name]\usb_driver다.

18. 다음을 선택하고 MTP USB 장치 드라이버가 설치됐는지 확인한다.

   a. MTP USB 장치 드라이버 이외의 드라이버가 나타나고 운영체제에서 연결된 장치에 가장 적합한 드라이버로 판단되면 선택 사항을 확인하거나 장치 제조업체의 웹사이트에서 제공한 설명서를 참고한다.

앞서 언급한 단계를 완료하면 이제 장치에서 WebXR 애플리케이션 테스트를 시작할 준비가 됐다.

---

7 오큘러스 디바이스 소프트웨어 다운로드: https://www.oculus.com/setup/

실감형 웹에서 데모 실행

새로 연결된 XR 장치로 WebXR API가 작동하는 것을 확인하려고 WebXR API를 만든 개발자들이 제공하는 샘플 프로젝트인 Immersive Web Working Group을 이용해 보자. 첫 번째 샘플은 실감형 VR 세션이다. 장치가 VR과 호환될 때 다음을 수행한다.

1. 장치가 인터넷에 연결되고 웹에 접속할 수 있는 프로그램이 있는지 확인한다. 예를 들어 오큘러스 퀘스트에는 기본 메뉴 도구 모음에 기본 제공 브라우저가 있다.
2. XR 장치에서 브라우저를 연 다음 URL로 이동한다. 이 URL은 Immersive Web Working Group의 깃허브 저장소에 있는 WebXR 샘플 페이지다. https://immersive-web.github.io/webxr-samples/
3. 페이지에 나열된 첫 번째 샘플 'Immersive VR Session'을 선택한다.
4. 장치 및 브라우저가 실감형 VR 세션을 호스팅할 수 있을 때 탐색 창의 왼쪽 상단 근처에 큰 ENTER 버튼이 표시된다. 헤드셋 내부의 브라우저에서 ENTER를 선택한다.
5. 장치의 초당 프레임을 나타내는 카운터와 함께 360도 태양계 모델이 표시된다.

WebXR 샘플 프로젝트로 만든 실감형 VR 장면을 경험할 수 있다면 장치와 브라우저가 WebXR API로 XR 콘텐츠를 볼 수 있다는 것을 알 수 있다. 물론 장치가 컴퓨터 내의 로컬 웹 서버에서 개발한 WebXR 콘텐츠에 접근할 수 있는지 여부를 답한 것은 아니다.

실감형 VR 화면 준비

연결된 XR 장치로 컴퓨터에서 XR 애플리케이션을 디버깅할 수 있도록 조치를 취했으므로 드디어 실습 5에서 만든 Three.js 장면을 VR로 변환하는 데 집중할 수 있다.

WebXR API는 XR 리더 그룹이 정의한 규격이므로 XR 개발자는 책임감을 가지고 이 규격을 표본으로 삼아야 한다. 이런 표준은 사용자의 경험과 보안에 도움이 된다. 아마도 WebXR 개발자로서 사람들이 즐길 수 있는 애플리케이션을 만들고 싶을 것이다. 이를 위해 Immersive Web Working Group이 정한 표준은 개발자와 사용자의 모두의 목적을 달성하게 해준다.

WebXR 애플리케이션의 생명 주기

WebXR API가 제공하는 첫 번째 중요한 규약은 VR 애플리케이션의 생명 주기다. 아래는 Immersive Web Working Group의 깃허브 저장소 문서에 나와 있는 온라인 VR 앱 생명 주기의 7단계다.[8]

1. 원하는 XR 모드가 지원되는지 확인하는 **쿼리**query
2. 지원할 때 사용자에게 **XR 기능을 알린다**.
3. 사용자 활성화 이벤트는 사용자가 XR을 사용하기 원함을 나타낸다.
4. 장치에서 **실감형 세션을 요청한다**.
5. 세션을 사용해서 XR 장치에 표시할 그래픽 프레임을 생성하는 **렌더 루프**render loop 를 실행한다.
6. 사용자가 XR 모드를 종료한 것임을 나타낼 때까지 **프레임을 계속 생성한다**.
7. **XR 세션을 종료한다**.

5장에서 생성한 Three.js 실습에 WebXR 기능을 추가하기 전에 index.html과 index.js 파일을 복사해서 동일한 상위 폴더 밑에 위치한 새 폴더에 저장하도록 한다. 이렇게 실습

---

8   Immersive Web Working Group의 깃허브: https://github.com/immersive-web/webxr

의 파일 구조를 정리하면 5장의 실습에서 가져온 Three.js 모듈 소스 파일에 접근할 수 있다.

Index.html 파일의 위치를 새 폴더로 이동했기 때문에 index.js 페이지 상단에 있는 Three.js import 문의 상대 경로를 변경해야 한다. 편리하고 정확하고자 저자는 이 실습에 사용하는 index.js 파일의 이름을 index_xr.js로 바꾸고 이제부터 그렇게 부른다.

실습 6-1에서 다룬 네 가지 사항은 다음과 같다.

1. 일부 변수의 선언을 전역 변수로 재구성한다.
2. XR 애플리케이션을 시작할 때 사용할 VR 버튼 요소를 정의한다.
3. 만들고 정의한 WebGL 렌더링 콘텍스트의 방식을 변경한다.
4. 이전에 main으로 정의한 함수를 init()과 animate()이라는 두 함수로 나눈다.

실습 6-1: WebXR API를 통한 XR 세션 생성

WebXR API의 1단계에서는 사용자의 웹 브라우저가 애플리케이션에서 요구하는 XR 모드를 지원하는지 쿼리를 해본다.

1단계: WebXR이 지원되는가?

VR에서 Three.js 장면을 테스트할 때 쿼리하려는 XR 모드는 'immervise-vr'이다. WebXR API에는 다른 모드를 쿼리할 수 있는 언어가 포함돼 있으며, 나중에 다룰 예정이다. 브라우저의 실감형 VR 콘텐츠를 표시하는 기능을 쿼리하려면 다음 단계를 수행할 수 있다.

1. VRButton.js라는 새 JS 파일을 생성한다.
2. 브라우저 내비게이터(Navigator) API의 XR 속성에 접근한다.

3. 브라우저가 WebXR을 지원하는지 비동기적으로 확인한다.

4. XR 객체에서 반환된 Promise를 수락한다.

5. 사용자의 브라우저가 안전한지 확인한다.

VRButton.js라는 새 JS 파일을 생성

이 실습에 만든 HTML과 index_xr.js 파일의 동일한 폴더에 VRButton.js라는 새 JS 파일을 만든다.

브라우저 내비게이터 API의 XR 속성에 접근

WebXR API로 브라우저가 요청하려는 XR 모드를 지원하는지 확인할 수 있다. 자바스크립트 파일에서 WebXR API에서 제공하는 기능에 접근하려면 웹 브라우저가 제공하는 내비게이터 API[9]에 내장된 XR객체에만 접근하면 된다.

1. VRButton.js 파일에서 다음 조건 블록을 생성한다.

```
if (navigator.xr) {
    var button = document.createElement("button");
    navigator.xr.isSessionSupported('immersive-vr')
            .then(function(supported) {
                if (supported) { EnterVR() }
                else { NotFound(); }
            })...
```

If 문은 브라우저의 내비게이터 속성에 XR 객체가 포함돼 있는지 확인한다. 만일 그렇다면 웹 페이지의 Document 객체에 HTML 버튼 요소를 생성하도록 하고, 이를 버튼이라는 변수에 저장한다.

---

9 MDN의 내비게이터 API: https://developer.mozilla.org/en-US/docs/Web/API/Navigator

비동기 요청 전송

다음으로 점 표기법으로 탐색기의 XR 객체에서 WebXR API의 `isSessionSupport()` 함수를 호출한다. 테스트 지원하고자 하는 XR 모드는 VR 세션이기 때문에 `isSessionSupport()` 함수의 인수로 WebXR API에서 제공하는 기본 이넘^{enum} 데이터 타입인 'immersive-vr' 문자열을 입력한다.[10]

`isSessionSupported('immersive-vr')` 함수 이후에 호출하는 `.then()` 함수를 인식하지 못할 수도 있다. 그렇지 않다면 자바스크립트 개발자들이 배려해 준 것이다. `.then()` 함수는 Promise라는 객체를 처리하는 자바스크립트 구문이다. async와 await 키워드처럼 promise는 복잡한 비동기 프로그래밍을 손쉽게 해준다.

비동기 프로그래밍

비동기식 프로그래밍은 복잡한 애플리케이션이 생성한 동시 요청과 응답을 처리하려고 설계된 프로그래밍 패러다임이다. 비동기 프로그래밍의 한 가지 예로 웹사이트의 데이터베이스 호출이 있다. 원격 서버에 위치한 데이터베이스의 응답은 시간이 걸릴 수 있으므로 응답이 도착할 때까지 앱에서 처리를 보류하면 성능에 영향을 줄 수 있다. 자바스크립트 promise와 같은 도구를 사용하면 WebXR API와 같은 데이터베이스 또는 웹 서비스에 요청을 보내고 응답이 오는 동안 실행을 계속할 수 있다.

반환된 promise 수신

자바스크립트에서 promise는 쉽게 먹을 수 있도록 잘 포장된 부리토^{burrito} 같다. promise burrito의 내용은 반환하는 함수에 따라 달라진다. WebXR API의 `isSessionSupported('immersive-vr')` 함수가 VR을 지원하면 true, 그렇지 않으면 false를 반환하므로 `.then()` 함수에서 받는 promise burrito의 값도 true 또는 false 값의 형태를 갖는다.

---

[10] WebXR API에서 지원하는 XR 세션 모드 목록: https://developer.mozilla.org/en-US/docs/Web/API/XRSessionMode

isSessionSupported('immersive-vr') 함수가 보내고 첨부된 .then() 함수가 수신한 promise burrito 내에 true 값이 포함돼 있으면 .then() 함수는 괄호 안에 함수를 실행한다.

브라우저 내비게이터의 속성의 XR 객체가 실제로 실감형 VR 모드를 지원할 때 .then() 함수는 괄호 안에 정의한 익명 함수를 실행한다. 익명 함수는 promise burrito 안에 싸여 있는 값을 인수로 취하고, 여는 중괄호와 닫는 중괄호로 지정된 코드 블록 내에서 다른 조건을 실행한다. 작성한 코드는 .then() 함수에 전달된 promise burrito의 값이 true이면 프로그램이 아직 정의하지 않은 기능을 EnterVR() 함수를 호출해야 한다고 명시한다.

사용자의 브라우저가 안전한지 확인

반면에 .then() 함수가 수신한 promise burrito의 값이 거짓이라면 프로그램은 else 절 안에서 NotFound() 함수를 실행한다. 브라우저의 내비게이터에 XR 객체가 없으면 브라우저는 WebXR API를 지원하지 않는다.

1. if(navigator.xr) 표현식의 닫는 대괄호 뒤에 있는 else 절에 이 시나리오를 처리하는 로직을 배치한다.

```
...} else {
    if (window.isSecureContext === false) {
        console.log('WebXR needs HTTPS');
    } else {
        console.log('WebXR not available');
    }
    return;
}
```

사용자 브라우저가 WebXR API를 지원하지 않을 때 작성한 else 절 내에서 다른 조건부 블록을 정의한다. 보안상의 이유로 WebXR 사양은 브라우저가 URL 접두

사 'https'[11]로 식별하는 보안 브라우징 콘텍스트에서만 WebXR 세션을 시작해야 한다. 브라우저가 보안 콘텍스트를 지원하는지는 브라우저의 전역 창 객체에 있는 `isSecureContext` 속성으로 알 수 있다. XR 개발자로서 전역 창 객체에서 제공하는 이 정보를 활용해서 브라우저의 존재하지 않는 XR 객체 호출 실패에 대응하는 방법으로 결정할 수 있다. 보안과 관련된 이유로 navigator.xr 객체를 찾을 수 없을 때 WebXR에 보안 브라우징 콘텍스트가 필요하다고 브라우저 콘솔에 작성한다. 그렇지 않으면 브라우저 콘솔로 사용자에게 브라우저가 WebXR API 기능을 지원하지 않음을 알려 준다.

사용자의 브라우저가 WebXR API를 지원하지 않거나 브라우징 콘텍스트가 안전하지 않은 때를 대비해서 할 수 있는 모든 작업을 완료했다. 지원이 안 된다면 불행하게도 Three.js 장면을 VR로 경험할 수 없다.[12] 하지만 사용자의 브라우저에 XR 객체가 있고 immersive-VR 모드를 지원할 때에는 호출한 `EnterVR()` 함수를 위한 로직을 작성한다. 또는 사용자의 브라우저에 XR 기능이 있지만 immversive-vr 세션을 지원하는 연결된 장치가 없을 때 호출한 `NotFound()` 함수 처리 로직을 작성한다. 2개 중 더 쉬운 `NotFound()` 함수 처리 로직 정의하는 것부터 시작하겠다.

2. VRButton.js 문서의 `if(navigator.xr)` 문 위에 있는 `NotFound()`라는 새 함수를 정의한다. Not Found() 함수의 본문에 다음 코드를 작성한다.

```
function NotFound() {
    console.log('immersive-vr mode not found');
}
```

---

[11] 더 자세한 보안 브라우징 콘텍스트는 링크를 참고하기 바란다. https://developer.mozilla.org/en-US/docs/Web/Security/Secure_Contexts

[12] 사용자들에게 XR 콘텐츠를 숨기는 것은 접근성을 떨어뜨리는 관행이다. 모든 사용자에게 서비스를 제공하도록 대안을 마련해서 모든 조치를 취해야 한다.

간단하다. 이게 끝이다. 이제 더 어려운 작업인 EnterVR() 함수 처리 로직으로 넘어가 보자.

3. Not Found() 함수 선언 위에 함수 EnterVR()이라는 여는 대괄호와 닫는 대괄호가 있는 새 함수를 작성한다.

```
function EnterVR() {

}
```

이 함수 안에 어떤 로직을 넣을지 결정하려면 WebXR API가 정의한 WebXR 생명 주기의 두 번째 단계를 참고하자.

2단계: 사용자에게 XR 기능 알리기

WebXR API에서의 생명 주기 2단계는 개발자가 사용자에게 XR기능을 알리는 것이라고 말한다. XR 앱의 생명 주기 3단계에서 XR 애플리케이션을 시작할 때는 사용자 활성화 이벤트가 필요하기 때문에 사용자가 immersive-vr 세션에 들어가려면 클릭할 수 있는 버튼을 사용자에게 제시한다.

1. EnterVR() 함수 안에 아래와 같이 작성한다.

```
button.innerHTML = 'Enter XR';
var currentSession = null;
```

실습 6-1에서 Document 객체 호출로 생성한 버튼을 기억하자. Document 객체의 하위로 이미 생성한 버튼 HTML 요소를 사용해 innerHTML 속성을 'EnterXR'로 설정해 사용자에게 표시되는 문구를 조작할 수 있다. innerHTML 속성은 HTMLElement 인터페이스에서 제공하는 내부 속성으로서 기본으로 상속된다.

그런데 currentSession이라는 새 변수를 생성해 null로 설정하는 이유는 무엇일까? 답은 WebXR API에서 정의한 WebXR 생명 주기의 3단계와 관련이 있다.

3단계: 사용자 활성화 이벤트 사용

WebXR 애플리케이션 생명 주기의 3단계에서는 사용자에게 WebXR 세션을 의도적으로 활성화할 수 있는 옵션을 제공해야 한다. 사용자가 클릭할 수 있는 버튼을 제공했지만, 아직 프로그램이 사용자의 입력에 반응해서 어떤 행동을 할 것인지는 논의되지 않았다. 그렇기 때문에 Document Object Model API의 또 다른 기본 기능인 이벤트 핸들러를 활용한다.

이벤트 핸들러를 버튼에 추가

1. 이전 단계에서 작성한 코드 아래에 빈 코드 블록이 있는 버튼 객체에 클릭 이벤트 핸들러를 만든다.

```
button.onclick = () => {

}
```

버튼의 클릭 이벤트 핸들러 선언 뒤에 나오는 화살표 구문은 자바스크립트에서 익명 함수를 생성하는 축약된 방법이다. 버튼 클릭 이벤트 핸들러 함수를 정의하는 동일한 방법은 다음과 같다.

```
button.onclick = function () {

}
```

익명 함수

앞의 구문은 실습 6-2에서 .then() 함수가 수신한 promise burrito를 처리하려고 익명 함수를 정의한 방식과 유사하다. 그러나 자바스크립트를 사용하면 간결하게 개발자가 function 키워드 대신 화살표(=>)를 사용해서 익명 함수를 정의할 수 있다. 화살표 구문 앞의 빈 괄호는 익명 함수에 인수가 필요하지 않음을 나타낸다. 2단계의 .then() 함수는 호출한 익명 함수의 인수로 불리언Boolean 값을 가져갔다. 버튼 클릭 시 이벤트 핸들러의 익명 함수에 인수가 제공되지 않을 때 무엇을 실행해야 하는가? 이 실습에서 연습한 것처럼 XR 애플리케이션의 생명 주기에 대한 WebXR API 목록으로 돌아가 보자.

4단계: XR 세션 요청

XR 애플리케이션의 생명 주기 네 번째 단계로서 WebXR API는 사용자가 XR 세션을 시작할 의도를 보여 주는 작업을 수행한 후 개발자에게 사용자의 장치에 immersive 세션을 요청하도록 지시한다. 사용자의 장치에서 XR 세션을 요청하려면 어떻게 해야 할까?

XR 객체를 통한 WebXR 함수 접근

다행히도 WebXR API의 설계자들은 브라우저의 XR객체에서 호출할 수 있는 또 다른 내부 함수를 제공했다.

1. 버튼 클릭 이벤트 핸들러의 빈 코드 블록 안에서 내비게이터의 XR 객체에서 다음과 같은 내부 함수를 호출한다.

```
navigator.xr
    .requestSession('immersive-vr', sessionInit)
    .then(onSessionStarted);
}
```

1단계의 `xr.isSessionSupported()` 쿼리와 마찬가지로 XR 객체가 기본 제공하는 `requestSession()` 함수는 promise 객체를 반환한다. `requestSession()` 함수는 promise burrito를 반환하기 때문에 2단계에서 그랬던 것처럼 `.then()` 함수를 사용해서 `requestSession()`가 반환한 promise를 포착할 수 있다. 그러나 실습 6-2에서 반환된 promise burrito와는 달리 이 단계에서 `xr.requestSession()` 함수가 반환한 promise burrito는 boolean 참, 거짓 값이 아닌 XR 세션 객체를 래핑wrapping한다.

XR 세션 객체

작성한 코드는 아직 정의하지 않은 함수인 `onSessionStarted()` 함수로 직접 전송해 promise burrito에서 반환된 XR 세션을 처리한다. 아직 VRButton.js에서 `onSessionStarted()` 함수를 정의하지 않았지만 여기에 작성하면 함수의 로직이 처리해야 하는 정보가 무엇인지 상기시켜 준다. 그러나 `onSessionStarted()` 함수를 만들려면 먼저 XR 객체의 `requestSession()` 함수에 전달한 2개의 매개 변수를 처리해야 한다. 문자열 'immersive-vr'은 요청하는 XR 세션의 모드라고 이미 알고 있다. 그러나 두 번째 인수인 `sessionInit`는 아직 정의하지 않은 변수다. 어떻게 된 걸까?

XR 모드의 유형

WebXR API에 따르면 내비게이터의 XR 객체로 사용 가능한 `requestSession()` 함수는 요청된 XR 세션의 모드와 XR 세션 생성 시 구현할 기능을 매개 변수로 받아들인다. 요청된 기능은 필수 또는 선택 사항일 수 있다. WebXR API로 다음 기능을 사용할 수 있다.

- 로컬local
- 로컬플로어local-floor
- 바운드플로어bounded-floor
- 언바운드unbounded

로컬은 정지해 있는 XR 경험을 말한다. 로컬플로어는 바닥을 참조할 필요가 있는 정지된 XR 경험을 정의한다. 바운드플로어란 XR 장치를 착용한 상태에서 사용자가 한정된 공간을 이동할 수 있게 하는 XR 경험을 말한다. 언바운드는 사용자의 움직임에 제한이 없는 모바일 XR 경험을 의미한다.

Three.js 장면에서 만든 VR 경험에는 사용자의 움직임이 필요하지 않지만 몇 가지 다른 옵션 기능을 보유하는 sessionInit 변수를 정의한다.

XR 세션 기능 초기화

1. 세션을 요청하는 코드 위에 sessionInit 대상 변수를 정의하고 아래의 키값으로 해당 소스 값을 자바스크립트 객체로 설정한다.

```
let sessionInit = {
    optionalFeatures: ["local-floor", "bounded-floor"]
};
```

다시 말하지만 키와 값 용어의 이름은 WebXR API에서 제공한다. 자바스크립트 객체를 XR 객체의 requestSession() 함수에 매개 변수로 전달하는 것은 API 문서에 미리 정의된 동작이다.

XR 세션 시작

이제 사용자의 XR 장치에서 옵션 기능을 정의하는 매개 변수가 포함된 immersive-vr 세션을 요청했으므로 requestSession() 함수에서 Promise 내에서 반환된 세션을 처리하는 방법을 결정해야 한다. 8단계에서는 .then() 함수로 promise burrito의 내용을 onSessionStarted라는 함수에 전달했다. 그다음 로직을 작성해 보자.

1. EnterVR() 기능의 본문 내에서 currentSession 변수를 null로 초기화하는 바로 아래에 XR 세션 객체를 매개 변수로 받아들이는 onSessionStarted라는 함수의 영역을 작성한다.

```
function onSessionStarted(session) {

}
```

onSessionStarted 함수는 'EnterXR'이라는 레이블이 지정된 버튼 HTML 요소에 첨부된 클릭 이벤트 핸들러가 호출하는 점을 기억하자. 사용자가 애플리케이션의 웹 페이지를 방문하면 자바스크립트가 먼저 브라우저가 immersive-vr XR 세션에 필요한 기능을 지원하는지 쿼리한다. 만약 브라우저가 기능을 지원한다면 스크립트는 웹 페이지에 배치할 HTML 버튼 요소를 생성해 사용자가 VR에서 Three.js 장면을 실행하도록 지시한다. 사용자가 해당 버튼을 클릭하면 스크립트가 먼저 사용자의 장치에서 세션을 요청하는 클릭 이벤트 핸들러를 실행한다. 활성화된 XR 세션을 포함하는 함수에서 반환된 promise가 있다면 스크립트가 해당 promise의 내용인 XR 세션 자체를 정의한 함수 onSessionStarted()로 전달한다.

5단계: 렌더 루프 실행

WebXR API가 정의한 WebXR 앱 생명 주기 5단계에서는 onSessionStart() 함수가 사용자 장치에서 렌더링 루프를 실행해야 한다고 말했다. 다행히도 index.js 스크립트의 main() 함수에서 인스턴스화된 Three.js WebGLRender 객체에 대한 setAnimationLoop() 호출로 Three.js 장면 내부에 렌더링 루프를 이미 만들었다. 그러므로 onSessionStarted() 함수의 로직은 주로 메인 자바스크립트 파일에 정의된 Three.js WebGL 렌더러에게 XR 렌더링 준비를 알려야 한다. 하지만 VRButton.js 스크립트에서 다른 파일로 만든 자바스크립트 객체에 어떻게 접근할 수 있을까? 이 내용은 실습 6-2에서 다룬다.

요약

- VR 버튼 자바스크립트 모듈을 생성한다.
- 창의 탐색기 API에 접근해 XR 세션을 쿼리한다.
- WebXR API 웹 서비스의 응답을 처리하려고 자바스크립트 promise를 사용한다.
- 옵션 기능의 매개 변수가 있는 XR 세션을 요청한다.
- XR 콘텐츠를 알리는 버튼 요소를 생성한다.
- 클릭 이벤트 핸들러를 버튼에 부탁해 XR 세션을 시작하고 종료한다.

실습 6-2: 스코프, 클로저, 모듈, 싱글톤

VRButton.js 스크립트 내부의 메인 JS 스크립트에서 WebGL Rendering 객체에 접근하는 방법에 대한 질문은 쉽게 대답할 수 있다. 예를 들어 WebGL 렌더러에게 필요한 함수를 호출할 때 5장의 실습에서 index.js 파일의 대상 변수 렌더러에 저장했다. 이번도 동일한 경우인지 살펴보자.

실습 6-2의 실습 내용은 다음과 같다.

- Three.js에서 WebXRManager 객체를 알아보기
- JS 프로그램에서 스코프의 중요성 알아보기
- JS에서 클로저를 사용해 XR 세션의 상태를 유지하는 방법을 알아보기
- Three.js 라이브러리의 내부 함수를 사용해 Three.js 렌더링 콘텍스트를 WebXR API로 생성된 XR 세션에 연결하기

Three.js의 WebXRManager

먼저 XR 렌더링 루프를 활성화하려고 Three.js WebGL 렌더링 객체, 렌더러의 함수를 호출해야 하는지 고민해 봐야 한다. Three.js 온라인 문서에 대한 빠른 참고에 따르면

Three.js의 WebGL 렌더링 객체에 xr이라는 속성이 있으며, xr은 WebXRManager라는 Three.js 인터페이스를 구현한다. Three.js 문서로 WebXRManager 소스 코드를 살펴본 후 WebXRManager 인터페이스가 XR 세션을 인수로 취하는 setSession()이라는 함수를 편리하게 제공한다는 것을 알았다. 따라서 VRButton.js 스크립트에서 요청한 XR 세션을 메인 함수에서 장면의 애니메이션 루프를 호출하는 Three.js 렌더러에 연결하려면 VRButton.js 스크립트 내에서 렌더러 객체의 setSession() 함수에 접근해서 자바스크립트의 점 표기법만 사용하면 된다.

하지만 한 가지 문제가 있다. VRButton을 메인 인덱스 자바스크립트 페이지에 모듈로 가져오는 것을 목표로 하지만, VRButton.js 스크립트 내부의 코드에서 Three.js 렌더러 객체에 접근할 수가 없다. 문제점은 스코프라는 자바스크립트의 기능 때문에 발생한다.

스코프

스코프는 자바스크립트에서 기본적으로 애플리케이션 프로그램 내 변수의 접근성을 의미한다. 예를 들어 내부 함수를 생성하는 변수는 함수 외부에 존재할 수 없다. 다른 변수에 저장하지 않으면 함수에 전달하거나 함수에서 반환된다. 무심코 main() 함수의 중괄호 안에 모든 새 함수를 정의하는 것을 이전 실습에서 봤다. 만일 main 함수의 스코프를 벗어난 함수를 정의했다면 main 함수와 추가 함수 모두에 필요한 변수를 매개 변수와 반환 값으로 앞뒤로 전달하는 조치를 취해야 했다. 이러한 접근 방식은 효과적이지만 자바스크립트의 기능을 사용하지는 않는다.

WebXRManager를 XR 세션에 연결

자바스크립트가 기본적으로 WebXR 개발자에게 제공하는 도구를 활용하려고 Three.js WebGL 렌더링 객체를 매개 변수로 전달함으로써 VRButton.js 스크립트의 스코프 내에 배치할 수 있다. 그러기 위해서는 두 가지 작업을 수행하면 된다. 1) Three.js 렌더링 콘텍스트를 인수로 받아들이는 VRButton 스크립트에 함수를 생성하고 2) Three.js 렌더링 객체가 현재 스코프에서 해당 함수를 사용할 수 있도록 한다. 먼저 두 번째 작업을 완료해서 문제를 해결해 보자.

셋업

6장의 시작 부분에서 5장의 index.js 파일을 복사하고 이름을 index_xr.js로 바꿀 것을 추천했다. 이번 실습에서는 스크립트에 몇 가지 변경 사항을 적용할 것이기 때문에 만약의 사태를 위해서 별도의 파일로 두기를 권한다. 이는 변경하지 않은 버전의 자바스크립트 파일과 비교하는 것이 가장 좋기 때문이다.

전역 변수

1. 먼저 파일 맨 위에 있는 가져오기 명령문 바로 아래에 있는 수많은 전역 변수를 정의한다.

    ```
    var gl, cube, sphere, light, camera, scene;
    ```

스크립트의 전역 범위 맨 위에 변수를 생성하면 스크립트의 전역 범위에 있는 한 함수 본문의 변수를 정의하는 데 더 이상 키워드 const, let, 또는 var가 필요 없다.

리팩터

1. 둘째 main() 함수를 init()와 animate()라는 2개로 분리해 변수의 전역 선언 바로 아래에서 호출한다.

    ```
    init();
    animate();
    ```

제거와 대체

1. 그런 다음 main() 함수를 init()라는 함수로 시작하는 개별 함수로 대체한다. Index_xr.js 상단에 있는 메인 함수 선언을 제거하고 다음 함수 선언으로 교체한다.

```
function init() { ...
```

스크립트의 내용은 대부분 원본과 동일하게 유지되지만 이해를 돕고자 현재 맥락에서 좀 더 명확하게 설명하려고 한다.

2. 이를 위해 이전 단계에서 main()에서 이름을 바꾼 init() 함수 내에 주석 구문을 사용해서 다음 머리글을 만든다.

```
function init() {
    // create context
    // create camera
    // create the scene
    // GEOMETRY
    // create the cube
    // Create the Sphere
    // Create the upright plane
    // MATERIALS
    // MESHES
    // LIGHTS
}
```

Index_xr.js에서 init() 함수의 첫 번째 중요한 변경 사항은 WebGL Rendering 콘텍스트를 정의하는 데 사용하는 코드다.

WebXRManager 활성화

Init() 함수 내의 //콘텍스트 생성 주석 아래에 다음 코드를 작성해서 Three.js WebGL 렌더러를 만들고 정의하고 이 렌더러를 VRButton.js 내부의 함수에 매개 변수로 전달한다.

```
// 콘텍스트 생성
gl = new THREE.WebGLRenderer({antialias: true});
gl.setPixelRatio(window.devicePixelRatio);
gl.setSize(window.innerWidth, window.innerHeight);
gl.outputEncoding = THREE.sRGBEncoding;
gl.xr.enabled = true;
document.body.appendChild(gl.domElement);
document.body.appendChild(VRButton.createButton(gl));
```

setPixelRatio() 및 setSize() 함수 그리고 gl.outputEncoding 속성은 이 실습 단계에서 그다지 중요하지 않다. 그것의 역할은 장면의 해상도와 관련이 있다. 그러나 이 단계에서 중요한 것은 1) 생성자로 캔버스 객체 없이 전달되는 변수 gl에서 Three.js WebGL 렌더러를 인스턴스화 2) enabled라고 하는 Three.js WebXRManager 인터페이스 속성의 불리언^{Boolean} 값을 true로 설정 3) DOM API 함수 appendChild()로 Three.js WebGL Renderer 생성자가 자동으로 생성한 HTML 캔버스 요소를 가리키는 Three.js WebGL Render 객체의 domElement 속성을 웹 페이지의 〈body〉 섹션에 추가 4) DOM API로 VRButton.js에서 만든 VR 버튼을 웹 페이지에 추가하는 동시에 Three.js WebGL 렌더러를 인수로 받아들이는 함수를 호출한다.

init() 함수가 index_xr.js 스크립트에서 호출하는 createButton() 함수 내에 로직을 아직 작성하지는 않았지만 WebXR API로 생성된 XR 세션이 Three.js 장면을 시작할 때 호출하는 주요 스크립트의 Three.js 렌더러에서 실행되는 렌더 루프에 연결되는 메커니즘을 최소한 정의했다.

Init() 함수의 나머지 부분은 실행 시 대체하는 main() 함수와 유사하지만 명확히 하고
자 리팩터링한 다음 코드를 복사하는 것이 좋다.

```javascript
import * as THREE from '../Threejs_Ex1/modules/three.module.js';
import {VRButton} from './VRButton.js';

var gl, cube, sphere, light, camera, scene;
init();
animate();

function init() {
    // 콘텍스트 만들기
    gl = new THREE.WebGLRenderer({antialias: true});
    gl.setPixelRatio(window.devicePixelRatio);
    gl.setSize(window.innerWidth, window.innerHeight);
    gl.outputEncoding = THREE.sRGBEncoding;
    gl.xr.enabled = true;
    document.body.appendChild(gl.domElement);
    document.body.appendChild(VRButton.createButton(gl));

    // 카메라 만들기
    const angleOfView = 55;
    const aspectRatio = window.innerWidth / window.innerHeight;
    const nearPlane = 0.1;
    const farPlane = 1000;
    camera = new THREE.PerspectiveCamera(
        angleOfView,
        aspectRatio,
        nearPlane,
        farPlane
    );
    camera.position.set(0, 8, 30);

    // 장면 만들기
    scene = new THREE.Scene();
    scene.background = new THREE.Color(0.3, 0.5, 0.8);
    const fog = new THREE.Fog("grey", 1,90);
```

```
scene.fog = fog;

// 기하학
// 정육면체 만들기
const cubeSize = 4;
const cubeGeometry = new THREE.BoxGeometry(
    cubeSize,
    cubeSize,
    cubeSize
);

// 구 만들기
const sphereRadius = 3;
const sphereWidthSegments = 32;
const sphereHeightSegments = 16;
const sphereGeometry = new THREE.SphereGeometry(
    sphereRadius,
    sphereWidthSegments,
    sphereHeightSegments
);

// 수직 평면 만들기
const planeWidth = 256;
const planeHeight = 128;
const planeGeometry = new THREE.PlaneGeometry(
    planeWidth,
    planeHeight
);

// 재료
const textureLoader = new THREE.TextureLoader();
const cubeMaterial = new THREE.MeshPhongMaterial({
    color: 'pink'
});

const sphereNormalMap = textureLoader.load('textures/
sphere_normal.png');
sphereNormalMap.wrapS = THREE.RepeatWrapping;
```

```
sphereNormalMap.wrapT = THREE.RepeatWrapping;
const sphereMaterial = new THREE.MeshStandardMaterial({
    color: 'tan',
    normalMap: sphereNormalMap
});

const planeTextureMap = textureLoader.load('textures/pebbles.png');
planeTextureMap.wrapS = THREE.RepeatWrapping;
planeTextureMap.wrapT = THREE.RepeatWrapping;
planeTextureMap.repeat.set(16, 16);
planeTextureMap.minFilter = THREE.NearestFilter;
planeTextureMap.anisotropy = gl.getMaxAnisotropy();
const planeNorm = textureLoader.load('textures/pebbles_normal.png');
planeNorm.wrapS = THREE.RepeatWrapping;
planeNorm.wrapT = THREE.RepeatWrapping;
planeNorm.minFilter = THREE.NearestFilter
planeNorm.repeat.set(16, 16);
const planeMaterial = new THREE.MeshStandardMaterial({
    map: planeTextureMap,
    side: THREE.DoubleSide,
    normalMap: planeNorm
});

// 메시
cube = new THREE.Mesh(cubeGeometry, cubeMaterial);
cube.position.set(cubeSize + 1, cubeSize + 1, 0);
scene.add(cube);

sphere = new THREE.Mesh(sphereGeometry, sphereMaterial);
sphere.position.set(-sphereRadius - 1, sphereRadius + 2, 0);
scene.add(sphere);

const plane = new THREE.Mesh(planeGeometry, planeMaterial);
plane.rotation.x = Math.PI / 2;

// 조명
const color = 0xffffff;
```

```
    const intensity = .7;
    light = new THREE.DirectionalLight(color, intensity);
    light.target = plane;
    light.position.set(0, 30, 30);
    scene.add(light);
    scene.add(light.target);

    const ambientColor = 0xffffff;
    const ambientIntensity = 0.2;
    const ambientLight = new THREE.AmbientLight(ambientColor,
    ambientIntensity);
    scene.add(ambientLight);
}
```

Index_xr.js와 VRButton.js 스크립트의 분리로 인해 원래 제시된 스코프 문제를 해결했으므로 이제 자바스크립트에서 다른 피클pickle인 클로저closure에 관심을 가질 수 있다.

클로저

자바스크립트에서는 클로저와 스코프의 개념은 밀접한 관련이 있다. 스코프는 자바스크립트 애플리케이션에서 변수의 생명 주기를 의미하지만, 클로저는 스코프의 경계를 활용해서 객체의 상태를 유지하는 것을 의미한다. JS에서 클로저의 핵심은 JS의 함수가 다른 함수에 전달되는 객체로 존재할 수 있다는 것이다. 함수는 중괄호 내에서 변수의 생명 주기를 관리하기 때문에 애플리케이션에서 호출되는 위치에 관계없이 스코프를 유지한다. 예를 들어 변수가 스코프에 따라 죽고 XR 세션이 변수로 프로그램에 존재한다면 어떻게 XR 세션이 중단 없이 실행되도록 보장할 수 있을까?

스크립트 간에 WebXRManager 공유

XR 세션이 끝까지 도달할 수 있는 한 가지 방법은 Three.js 장면에서 렌더링 루프의 생명 주기에 연결된 함수 내에서 XR 세션의 생명 주기를 호출하는 것이다. 자바스크립트에서 클로저를 더 잘 이해하기 위한 아주 좋은 예는 최근에 init()로 이름이 바뀐 함수의 개편에서 호출한 createButton 함수의 본문을 작성하는 것이다. 다른 함수에 전달된 인수로 호출되는 모듈의 함수에서 제공하는 클로저로 WebXR API로 XR 세션을 실행하고 Three.js 장면의 렌더링 루프를 동시에 실행할 수 있다.

싱글톤 디자인 패턴

Index_xr.js 스크립트의 두 번째 줄에서 VRButton.js에서 {VRButton}을 가져오는 import 문을 추가했다. 자바스크립트의 모듈 패러다임은 개발자가 편리하고 단순하게 코드 조각들을 애플리케이션 주위로 이동할 수 있게 한다. 코드를 다시 작성할 필요가 없어 편리하다. 단순함은 단일 인터페이스를 제공하는 것에서부터 다른 스크립트의 모든 기능에 이르기까지 다양하다. 클로저는 모듈 패러다임 분리로 인한 우연한 부작용으로 드러난다. 단일 자바스크립트 객체에 스크립트 기능을 캡슐화하는 것은 싱글톤Singleton 디자인 패턴의 예다. 이 현상을 설명하려고 index_xr.js로 가져오는 모듈에 맞게 VRButton.js 스크립트를 재구성해 보자.

단일 객체에 기능 저장

1. VRButton.js의 맨 위에 VRButton이라는 변수를 선언하고 비어 있는 자바스크립트 객체를 설정한다.

    ```
    var VRButton = {

    }
    ```

VRButton 변수의 여는 대괄호와 닫는 대괄호 사이의 빈 공간 내용은 index_xr.js로 내보내는 스크립트가 된다. 이미 수행한 대부분의 작업은 주로 VRButton이 정의하는 자바스크립트 객체의 본문으로 로직을 옮긴다. 그러나 아직 다루지 않은 한 가지 중요한 세부 사항은 HTML 문서의 본문에 추가하고 init()에서 호출한 createButton() 함수의 정의다. Document 객체에 HTML 요소를 추가할 때 함수를 호출하면 즉시 함수를 호출하기 때문에 먼저 함수를 정의해야 한다.

JS 객체 속성에 함수 저장

1. VRButton 변수 선언의 여는 중괄호 바로 안에 createButton이라는 속성을 정의하고 해당 값을 2개의 매개 변수가 있는 익명 함수로 설정한다.

```
var VRButton = {
    createButton: function(gl, options) {
        if (options && options.referenceSpaceType) {
            gl.xr.setReferenceSpaceType(options.
            referenceSpaceType);
        }
```

자바스크립트 객체는 속성을 키/값으로 저장할 수 있다. 콜론은 JS 객체의 속성 이름을 왼쪽에 속성 값을 오른쪽에 나타낸다. VRButton의 createButton 속성에 대한 참조로 즉시 함수를 호출하려고 JS에서 익명 함수의 개념을 사용한다. createButton 속성이 정의한 익명 함수가 허용하는 매개 변수는 gl과 options이며, 애플리케이션에서 Three.js 렌더러와 Three.js의 기본값이 'local-floor'로 설정된 XRSessionInit 변수의 옵션 설정과 연결된다.

2. 위에 만든 if 절의 닫는 괄호 아래에 VRButton.js 문서에서 이미 만들고 정의한 함수를 복사해서 붙여 넣는다. 이런 함수에는 EnterVR(), NotFound() 함수와 navigator.xr 객체의 존재 여부를 쿼리하는 if/else 조건문이 포함돼야 한다.

이제 VRButton.js 스크립트 내에서 사용할 수 있는 애플리케이션의 Three.js 렌더러에 대한 참조가 있으므로 WebXR API의 requestSession() 함수로 생성한 XR 세션에 쉽게 연결할 수 있으며 onSessionStarted 세션으로 정의한 EnterVR 내부 함수에 promise burrito를 전달할 수 있다.

WebXRManager를 XR 세션 루프에 연결

1. OnSessionStarted() 함수의 본문에 다음 코드를 추가한다.

```
function onSessionStarted(session) {
    session.addEventListener('end', onSessionEnded);
    gl.xr.setSession(session);
    button.textContent = 'Exit XR';
    currentSession = session;
}
```

함수 본문의 첫 번째 줄인 `session.addEventListener()`는 WebXR 사양에 따라 제공되며, 이는 개발자가 사용자의 요청에 따라 종료하는 메커니즘이 장착된 XR 세션을 인스턴스화해야 함을 알려 준다.

두 번째 줄은 WebXR API가 설정한 생명 주기 단계에 따라 Three.js 장면을 시작하는 비결이다. 웹 페이지의 버튼을 클릭해서 사용자가 명시적으로 알릴 때까지 XR 세션의 시작을 보류하도록 권장되기 때문에 Three.js 렌더러를 렌더링 루프에 연결하고 index_xr.js에서 VR 버튼 요소의 클릭 이벤트 핸들러가 시작한 WebXR의 `requestSessino()` 메서드에서 반환한 XR 세션이 호출되도록 해야 한다. 마침내 init() 함수에서 인스턴스화된 Three.js 렌더러에 프록시 역할을 하는 gl 객체가 제공하는 WebXRManager 인터페이스에 접근함으로써 해당 요구 사항을 충족시킬 수 있다. createButton 키에 저장된 익명 함수로 전달된 객체를 가리키는 변수 `gl`로 Three.js 렌더러를 참조하면 자바스크립트의 스코프 내/외 변수 처리로 인해 생성된 제약을 극복할 수 있다.

클로저 상태 유지

그러나 가장 중요한 것은 Three.js 렌더러 세션의 소스를 VRButton.js 스크립트 내에서 생성된 세션으로 설정하면 클로저로 XR 세션의 상태를 유지할 수 있다는 것이다. Index_xr.js에서 init() 함수의 상단 근처에 버튼 객체의 생성(떨림, 클릭 핸들러 실행 준비대기)을 호출할 때 요청에 따라 XR 세션의 스코프가 애니메이션 루프로 지속될 것을 보장했다.

이벤트 리스너 추가/삭제

마지막으로 onSessionStarted() 함수는 버튼 요소의 텍스트를 'Enter XR'에서 'Exit XR'로 바꾸고 변수 currentSession의 값을 이전 null인 WebXR API의 requestSession() 함수가 호출해 시작한 세션으로 설정한다.

당연히 XR 세션 생성을 처리하려고 onSessionStarted() 함수를 만들었으므로 XR 세션의 소멸을 처리하는 함수도 만들어야 한다.

1. onSessionStarted() 함수의 닫는 대괄호 아래에 onSessionEnded라는 함수를 정의한다.

```
function onSessionEnded() {
    currentSession.removeEventListener('end',
    onSessionEnded);
    button.textContent = 'Enter XR';
    currentSession = null;
}
```

적절하게 OnSessionEnded() 본문 내의 로직은 형제자매 함수인 onSessionStarted()의 로직 반대로 한다. currentSession 객체에서 이벤트 리스너를 제거하고 버튼 요소의 텍스트를 복원하며 currentSession 변수의 값을 null로 재설정한다.

세션 종료 시 currentSession 값을 null로 설정하는 이유를 더 잘 이해하려면 실습 6-1의 6단계를 살펴보자. 이 단계에서 currentSession 값을 null로 초기화했다. 그러나 onSessionStarted() 함수 내에서 WebXR API가 생성한 XR 세션에 currentSession의 값을 설정한다. XR 세션에서 종료 이벤트를 호출할 때 값을

null로 재설정하면 null 값으로 currentSession 변수를 인스턴스화해서 어떤 용도로 사용됐을까?

실습 6-1의 7단계에서 버튼 요소에 클릭 이벤트 핸들러를 만들었다. 9단계에서는 웹 페이지에서 사용자가 버튼을 클릭할 때 발생하도록 설정한 익명 함수 본문 내에서 XR 세션의 옵션 기능을 정의했다. 변수를 입력하고 XR 객체와 WebXR API로 immersive-vr 세션을 요청했다. 그러나 구현한 로직이 다루지 않는 한 가지 시나리오가 있다. 사용자가 웹 페이지에서 'Exit XR' 버튼을 클릭하면 어떻게 될까?

onclick 버튼 이벤트 핸들러가 작성되면 브라우저는 두 번째 immersive-vr XR 세션을 요청하려고 시도한다. WebGL 렌더링 콘텍스트는 둘 이상의 XR 세션을 호스팅할 수 없기 때문에 XR 애플리케이션은 충돌할 것이고 최악은 사용자를 끝없는 루프에 잠기게 하는 것이다. 두 가지 결과를 모두 방지하려고 currentSession 변수의 값을 플래그로 사용해서 애플리케이션이 XR 세션을 요청해야 하는지 표시할 수 있다.

2. 이 기능을 애플리케이션에 추가하려고 onclick 핸들러의 익명 함수의 본문에 if/else 조건절을 도입한다.

```
button.onclick = () => {
    if (currentSession === null) {
        let sessionInit = {
            optionalFeatures: ["local-floor",
            "bounded-floor"]
        };
    navigator.xr
            .requestSession('immersive-vr', sessionInit)
            .then(onSessionStarted);
    }
    else {
        currentSession.end();
```

            }
        }

onclick 핸들러가 재정의되면서 애플리케이션에는 현재 존재하지 않을 때에만 새로운 XR 세션을 요청하고, 그렇지 않으면 WebXR API에서 제공하는 XR 세션 객체에 내장된 `end()` 함수를 호출하는 로직을 포함한다.

VR Button에 대한 onclick 핸들러가 완료됐으니 남은 일은 VRButton.js 스크립트의 기능을 index_xr.js 스크립트가 가져올 수 있는 객체로 내보낸다.

3. `VRButton.js` 스크립트에서 생성된 `VRButton` 객체의 기능을 내보내려면 `VRButton.js` 스크립트의 끝에 `VRButton` 객체의 닫힘을 표시하는 마지막 대괄호 아래에 다음 코드를 추가하면 된다.

```
export {VRButton};
```

`VRButton`을 내보내도록 설정하고 버튼을 가져오는 기능과 함께 index_xr.js 스크립트를 포함시킴으로써 WebXR API를 사용해 Three.js 장면을 테스트할 준비가 거의 됐다.

요약

- WebXR API의 요구에 더 잘 맞도록 5장에서 생성한 index.js 파일을 리팩토링^{refactoring}했다.
- HTML 버튼 생성 시 JS의 클로저 아이디어를 활용해서 함수와 그 범위를 실행했다.
- 싱글톤 패턴을 JS 모듈과 함께 사용해 WebGL 렌더링 객체를 XR 세션을 실행한 함수에 전달했다.

실습 6-3: 홈스트레치

애플리케이션을 완료하려면 남은 것은 새로 수정된 index_xr.js 페이지의 맨 위에 정의한 두 번째 함수다. 장면을 초기화하고 XR 세션 생성에 연결해서 연결된 VR 장치의 화면에 도달했다. 이제 Three.js에 렌더링 루프를 실행하는 데 필요한 로직을 작성해야 한다.

- 이전 실습의 requestAnimationFrame() 함수를 WebXR API에 더 적합한 Three.js 관련 호출로 리팩토링한다.
- 다시 포맷된 index_xr.js 파일의 흐름에 맞게 렌더링 및 크기 조정 기능을 다시 적용한다.
- 브라우저 개발자 도구를 사용해서 로컬 개발 서버가 Three.js 장면을 호스팅하는 포트를 연결된 VR 장치로 전달한다.

Index_xr.js 파일의 상단에서 전역 변수 선언 아래에 2개의 새로운 함수인 init()와 animate()를 호출했다. 6장의 실습 6-3에서는 원래의 main() 함수에서 나오는 렌더 호출을 animate()와 draw() 두 함수로 재구성한다.

1. Index_xr.js에서 init() 함수의 닫는 중괄호 아래에 다음 본문을 사용해 animate라는 함수를 선언한다.

```
function animate() {
    gl.setAnimationLoop(render);
}
```

변수 gl은 스크립트의 전역 범위에서 선언하고 init() 함수에서 초기화한 WebGL Renderer Thess.js 객체를 참고한다는 것을 기억하자. 전역 범위에서 변수를 선언하면 init() 함수의 여는 중괄호와 닫는 중괄호 범위 밖의 함수에서도 해당 변수에 접근할 수 있다. Three.js WebGL Renderer 객체의 setAnimationLoop() 메서드는 WebXR 애플리케이션의 requestAnimationFrame() 호출을 대체하는

Three.js에서 제공하는 메서드다. 그러나 requestAnimationFrame() 함수의 경우와 마찬가지로 setAnimationLoop()은 콜백 함수를 매개 변수로 허용한다. setAnimationLoop() 메서드는 프레임마다 콜백 매개 변수의 값을 실행한다.

콜백 함수가 setAnimationLoop()으로 호출되도록 하려면 실습 5에서 작성한 render() 함수의 용도를 변경할 수 있다.

2. 이전 실습에서 렌더 함수를 setAnimationLoop에서 호출할 콜백 함수로 다시 사용한다.

```
function render(time) {
    time *= 0.001;

    if (resizeDisplay) {
        camera.aspect = window.innerWidth / window.
        innerHeight;
        camera.updateProjectionMatrix();
    }

    cube.rotation.x += 0.01;
    cube.rotation.y += 0.01;
    cube.rotation.z += 0.01;

    sphere.rotation.x += 0.01;
    sphere.rotation.y += 0.01;
    sphere.rotation.y += 0.01;

    light.position.x = 20*Math.cos(time);
    light.position.y = 20*Math.sin(time);
    gl.render(scene, camera);
}
```

3. 마지막으로 실습 5에서 resizeDisplay() 함수의 용도를 변경하고 render() 함수의 닫는 중괄호 바로 아래에 배치할 수 있다.

```
// 크기 조정 업데이트
function resizeDisplay() {
    const canvas = gl.domElement;
    const width = canvas.clientWidth;
    const height = canvas.clientHeight;
    const needResize = canvas.width != width || canvas.
    height != height;
    if (needResize) {
        gl.setSize(width, height, false);
    }
    return needResize;
}
```

IDE에서 index.html, index_xr.js와 VRButton.js 파일을 저장하고 로컬 개발 서버를 시작한다. 이 실습에서 만든 index.html 페이지로 이동한다. 브라우저가 WebXR을 지원할 때 스크립트로 작성된 VR 입력 버튼이 표시된다. 버튼을 누르면 브라우저에 XR 세션이 시작되고 캔버스 내부에 입체 영상이 표시된다. 6장의 마지막 섹션에서는 USB로 컴퓨터에 연결된 VR 장치로 사이트를 전달하고 VR에서 Three.js 장면을 시작한다.

로컬 개발 서버에서 VR 장치로 포트 포워딩 활성화

로컬 컴퓨터 서버에 연결된 실행 중인 VR 장치에서 웹 페이지에 접근하는 방법의 답은 마이크로소프트 에지Microsoft Edge 브라우저의 플래그flag 뒤에 있다. 에지와 구글 크롬Chrome 모두 동일한 자바스크립트 엔진을 사용하기 때문에 USB 지원 장치를 로컬 호스트의 출력과 연결하는 절차는 동일하다. 다른 웹 브라우저에서 따라야 할 단계는 개발자 설명서를 참고해야 한다. 그러나 에지와 크롬은 다음과 같다.

1. [browser_name]://inspect/#devices로 이동한다.

    a. browser_name을 에지나 크롬으로 변경한다.

2. USB 장치 검색 옆의 확인란을 활성화한다.

3. 포트 포워딩^{Port Forwarding} 라벨 버튼을 클릭한다.

4. 표시되는 메뉴 중 로컬 호스트 서버에서 Three.js 장면을 서비스하는 포트를 추가한다.

   a. 예를 들어 VS Code를 통한 저자의 라이브 서버 버전은 기본적으로 포트 5500에서 파일을 제공한다.

5. 'IP 주소 및 포트'라고 표시된 필드에 다음을 입력한다.

   localhost : [your_port_number]

   a. 여기서 [your_port_number]는 헤드셋에 로드할 Three.js 장면이 포함된 페이지를 컴퓨터가 제공하는 포트다.

6. 포트 포워딩 사용을 선택하고 완료를 클릭한다.

7. 포트 포워딩이 중단되므로 페이지를 닫지 않는다.

8. Android SDK/Platform-Tools 폴더를 저장한 폴더에서 명령 프롬프트를 연다.

9. adb devices를 입력한다.

10. 주변 장치를 인증해서 USB 디버깅을 사용하도록 설정한다.

브라우저와 USB 연결 장치 간에 포트 포워딩이 작동하는지 테스트하고, 특히 Three.js 장면을 WebXR API에 연결하려고 취한 단계가 목표를 달성할 때 USB가 연결된 VR 헤드셋의 브라우저에서 Three.js 애플리케이션의 로컬 호스트 주소로 이동한다. 웹 페이지가 로드된 후 홈페이지에 Three.js 장면의 2D 버전이 표시되고 VRButton.js 스크립트에서 `isSessionSupported()` promise가 true를 반환할 때 페이지 하단 근처에 버튼이 표시돼야 한다. 버튼이 'Enter XR' 텍스트와 함께 나타나면 버튼을 클릭해서 VR 헤드셋으로 Three.js 장면으로 들어간다.

작동한다면 회전하는 구체와 정육면체 바로 아래에 장면이 배치된다는 것을 알 수 있다. VR에서 헤드셋의 생성 위치를 변경하려면 index_xr.js의 `init()` 함수에서 카메라 위치 설정을 수정한다. 축하한다. 방금 WebXR 애플리케이션을 만들었다.

요약

실습 6-3의 내용은 다음과 같다.

- 애플리케이션의 렌더링 로직을 animate() 함수로 분리했다.
- Three.js 내 setAnimationLoop 함수의 애니메이션 루프로 시작했다.
- 렌더링 함수를 콜백으로 호출해 프레임마다 한 번씩 실행했다.
- 크기 조정 함수를 렌더 루프로 이동했다.
- 브라우저 개발자 도구를 사용해 로컬 호스트를 제공하는 포트를 전달했다.
- 명령 프롬프트에서 ADB 서버를 실행했다.
- VR 헤드셋과 브라우저에서 WebXR로 Three.js VR 장면을 확인했다.

정리

Three.js는 WebGL API 위에 구축된 라이브러리로 간단하게 XR 장면을 만드는 데 필요한 단계를 획기적으로 간소화한다. 그러나 Threes.js의 장점에도 불구하고 XR 장치에는 혼자서 실감형 장면을 전송할 수 없다. 다행히도 Immersive Web Working Group은 XR 개발자가 브라우저의 XR 세션 이벤트 루프에 Three.js 장면의 렌더링 엔진을 편리하게 연결할 수 있도록 WebXR API 기능을 개발했다. Three.js와 WebXR API는 대부분의 최신 브라우저에 내장된 WebGL 인터페이스의 이미 상당한 성능을 확장해서 모바일 실감형 콘텐츠 제작에 강력하고 접근하기 쉽게 제공한다.

6장에서는 다음과 같은 내용을 다뤘다.

- 안드로이드 스튜디오로 PC와 오큘러스 퀘스트 간에 USB 디버깅 설정
- 명령 프롬프트에서 ADB 세션을 시작하고 실행하려면 USB 드라이버를 다운로드하고 설치

- 자바스크립트 모듈 디자인 패턴을 사용해 WebXR API에 접근하는 로직이 포함된 HTML 버튼 요소를 내보내고 가져오기
- 브라우저의 내비게이터 API로 WebXR API에 접근
- Immersive Web Working Group에서 정의한 VR 앱의 생명 주기 제안된 단계에 따라 안전한 브라우징 콘텍스트에서 XR 세션을 안전하게 시작하는 프로그램을 생성
- JS의 스코프와 클로저 원칙을 활용해 애플리케이션의 메인 JS 파일 외부에 있는 스크립트에서 XR 세션 시작
- 싱글톤 디자인 패턴을 사용해서 Three.js 장면의 WebGL 렌더링 객체를 매개 변수로 허용하는 버튼 클래스의 싱글 인스턴스를 인스턴스화
- 자바스크립트에서 Promise 객체의 의미를 학습해 XR 세션의 요청과 응답 주기를 처리
- DOM API의 이벤트 핸들러를 사용해서 사용자에게 XR 세션을 시작하고 종료할 수 있는 제어 기능 제공

7장

Three.js와 WebXR API를 사용해 증강 현실 웹사이트 만들기

브라우저로 오큘러스 퀘스트^{Oculus Quest}에서 가상 현실 장면을 시작하면서 이전 실습을 마쳤다. 실습은 브라우저에서 XR 장치로 Three.js 장면을 전송하는 목표를 달성했지만 사용자와 장면 사이의 상호 작용 측면에서 많은 것을 제공하지 못했다. 7장에서는 WebXR API에서 공간 추적 기능이 수행하는 역할을 살펴본다. 복잡한 행렬 곱셈을 위한 편리한 추상화^{abstraction}를 제공함으로써 WebXR API 및 관련된 공간 추적 모듈은 XR 개발자들이 이동성을 최대한 활용해서 웹의 본질에 필수적인 실감형 경험을 만들 수 있게 한다.

7장에서 다룰 내용을 다음과 같다.

- Node.JS를 다운로드하고 Node 패키지 관리자인 NPM로 Three.js 설치
- WebXR API에서 `SessionInit` dictionary 객체를 사용해서 증강 현실^{AR, Augmented Reality} WebXR 세션 요청
- XR 세션에 Three.js `WebGLRendering` 콘텍스트 연결
- WebXR Spatial Tracking 모듈에서 참조 공간^{reference space}의 역할

- WebXR Hit Test 모듈을 사용해 AR 장면에 3D 객체 배치
- WebXR Spatial Anchor를 사용해 AR의 3D 객체에 대한 위치 데이터 유지

실습 7-1: 떠 있는 정육면체

실습 7-1에서는 WebXR API로 Three.js 애플리케이션에서 WebXR 세션을 만드는 과정을 검토한다. 하지만 7장에서는 AR에 초점을 맞췄기 때문에 다음 실습에서 3D 실감을 만드는 방법을 강조한다. 실습 단계는 다음과 같다.

1. NPM로 Three.js를 설치한다.
2. 클로저를 사용하지 않은 단일 JS 파일에서 애플리케이션 생명 주기 개요를 작성한다.
3. Three.js 장면 구성 요소를 로드한다.
4. 애플리케이션 초기화 함수를 작성한다.
5. XR 세션을 시작하기 위한 HTML 버튼을 생성한다.
6. AR 세션을 시작한다.
7. AR 세션 시작 시 HTML 버튼의 상태를 업데이트한다.
8. XR 세션에 참조를 저장한다.
9. XR 세션의 렌더링 레이어를 Three.js `WebGLRendering` 콘텍스트에 연결한다.
10. WebXR API에서 참조 공간을 요청한다.
11. XR 세션에서 Three.js 장면에 연결한다.
12. Three.js 애니메이션 루프를 실행하는 함수를 작성한다.
13. XR 세션을 종료하려면 HTML 버튼 이벤트 핸들러를 교체한다.
14. XR 애플리케이션 상태를 재설정한다.

이 책의 소스 코드는 깃허브에서 책의 제품 페이지(www.apress.com/gb/book/9781484263174)로 확인할 수 있다.

WebXR의 공간 추적

가상 현실과 달리 AR의 장면은 디지털 세계를 기존 세계에 나타내야 한다. AR 장면에서는 공간 추적이 가장 중요하다. WebXR API의 공간 추적 모듈은 개발자가 한 장면에서 객체, 뷰어, 환경의 상대적 위치를 모니터링할 수 있도록 지원한다. 움직임으로 연속성을 유지하려면 AR 장면은 사용자와 환경 모두의 좌표 공간을 기준으로 지역 좌표 공간에서 3D 객체의 위치를 계산해야 한다. XR 개발자는 WebXR API와 공간 추적 모듈로 정의된 참조 공간을 사용해 Three.js 장면에서 서로 다른 객체의 변환 행렬을 자세하게 추적하고 업데이트할 수 있다. 실습 7-1의 목표는 WebXR API 구문에서 참조 공간의 의미와 조작이 어떻게 3D 데이터로 증강되는 실감형 장면을 만들 수 있는지 이해하는 데 도움을 준다.

실습 7-1의 내용은 다음과 같다.

- NPM로 애플리케이션에 Three.js를 설치
- 클로저를 사용하는 대신 단일 JS 파일에서 WebXR 애플리케이션의 생명 주기의 개요를 작성
- HTML 버튼을 만들어 AR 세션을 시작
- `sessioninit` dictionary를 사용해 XR 세션에 대한 AR 기능을 요청
- 이벤트 핸들러로 비동기식으로 AR 세션을 시작
- AR 세션에서 이벤트 리스너[listener]를 연결 및 제거
- WebXR 함수 `updateRenderState()`를 사용해서 XR 세션을 WebGL 콘텍스트와 연결

- '참조 공간'을 사용해 실제 환경과 증강 환경 간의 동작을 조정

노드와 노드 패키지 관리자로 Three.js 설치

파일 생성

타입은 모듈과 같다(type=module)의 index.js 파일을 가리키는 `<script>` 태그를 사용해서 HTML 문서를 만든다. index.js 파일도 생성한다.

Node.js 다운로드

https://nodejs.org/en/에서 Node.JS를 다운로드받는다.

Node.js는 개발자가 자바스크립트로 서버 측 코드를 작성할 수 있게 해주는 자바스크립트 런타임이다. Node.js가 등장하기 전에 개발자는 서버 측 프로그램을 PHP, Perl, Java 등과 같은 자바스크립트가 아닌 언어로 작성했다. 한때 자바스크립트는 프론트엔드 또는 클라이언트 측 코드의 영역 내에만 존재했다. 자바스크립트는 동적 페이지 요소의 업데이트를 용이하게 하기 위한 스크립트 언어로 시작됐다. 그러나 자바스크립트의 사용과 성능이 확장되면서 일부 개발자는 JS가 웹 백엔드용 코드를 제공하는 것이 합리적이라고 생각했다. 이 책에서는 서버 측 코드와는 무관하겠지만 특히 서버 언어로 자바스크립트의 인기가 계속 상승하기 때문에 Node.js를 시스템에 설치하는 것이 좋은 연습이 된다. 그러나 노드를 설치할 때 실질적인 장점은 NPM(www.npmjs.com/get-npm)에 대한 접근이다.

NPM을 통한 Three.js 설치

NPM은 마치 거대한 도서관 같다. 개념적으로 애플리케이션에 제공할 특정 기능을 포함하는 코드의 패키지를 저장한다. 예를 들어 웹 서버를 신속하게 설정하려면 NPM에서 HTTP 모듈을 다운로드할 수 있다. NPM에는 수천 개의 패키지가 있으며 각 패키지는 노

드 커뮤니티 구성원이 만들었으며 무료로 사용할 수 있다. NPM으로 편리하게 다운로드할 수 있는 모듈은 Three.js이다.[1]

NPM으로 컴퓨터에 Three.js를 설치하려면 비주얼 스튜디오 코드(VS Code)와 같은 IDE의 터미널만 열면 된다.

1. VS Code에서 상단 메뉴 바의 터미널 탭으로 이동하고 새 터미널(Ctrl + Shift + `)을 선택한다.
2. HTML과 JS 페이지를 만든 폴더의 루트로 이동한다.
3. node -v를 입력해 노드가 잘 설치됐는지 확인한다.
   a. 노드가 잘 설치됐다면 v12.18.0 같은 노드 버전이 보인다.
4. `npm i`를 입력해서 Three.js를 설치한다.
5. NPM이 Three.js 라이브러리를 설치하면 NPM에 접근한 디렉터리에 `node_modules/three`라는 폴더가 표시된다.
6. Three.js를 모듈로 index.js에 가져온다.
   a. 이전 실습에서 ES 모듈로 Three.js를 가져온 것과 동일한 방법으로 Three.js 노드 모듈을 가져온다.

```
import * as THREE from "../node_modules/three/build/three.module.js";
```

Three.js가 컴퓨터에 설치되고 애플리케이션에서 사용 가능하면 페이지의 기능을 구성할 수 있다.

---

1 NPM의 Three.js "Readme": www.npmjs.com/package/three

애플리케이션의 생명 주기 개요

이 실습에서는 클로저를 사용하지 않고 WebXR 요청과 세션 생명 주기의 기능을 작성한다. WebXR 요청의 기능과 세션 생명 주기를 단일 자바스크립트 파일로 캡슐화함으로써 WebXR 세션을 생성하고 유지 관리하는 세부 사항에 보다 집중할 수 있다. 그렇지 않으면 자바스크립트에서 디자인 패턴을 실행하는 데 중요한 스코프와 클로저 메커니즘이 Three.js 스크립트에서 WebXR API의 필수적인 동작을 난독화할 수 있다. 다음은 이 실습에서 작성할 함수의 개요다.

```
function loadScene() {
// WebGL 콘텍스트와 Three.js 장면의 구성 요소 설정
}

function init() {
// 스크립트 실행 시작
}

function onRequestSession() {
// XR 세션 요청 처리
}

function onSessionStarted() {
// XR 세션이 생성되면 처리
}

function setupWebGLLayer() {
// WebGL 콘텍스트를 XR 세션에 연결
}

function animate() {
// 애니메이션 루프 시작
}

function render(time) {
// GPU에 그리기 명령 실행
```

```
}

function endXRSession() {
// XR 세션 종료
}

function onSessionEnd() {
// XR 세션의 '종료' 이벤트 처리
}
```

이제 첫 번째 함수 정의인 `loadScene()` 위에 필요한 글로벌 변수를 정의해 보자.

```
// 전역 장면 값
var btn, gl, glCanvas, camera, scene, renderer, cube;

// 전역 xr 값
var xrSession = null;
```

장면 구성 요소 로드

WebGL 콘텍스트

이전에 했던 HTML 페이지의 캔버스 요소와 WebGL 콘텍스트를 만든다.

```
function loadScene() {
    // WebGL 셋업
    glCanvas = document.createElement('canvas');
    gl = glCanvas.getContext('webgl', { antialias: true });
    ...
}
```

`gl` 변수 초기화 아래에서 Three.js 장면에 필요한 객체 정의를 시작한다.

원근 카메라

Three.js의 원근 카메라 생성자는 시야, 가로세로 비율, 근거리 클리핑 평면과 원거리 클리핑 평면 값을 인수로 사용한다는 것을 이전의 실습을 통해 알고 있다.

```
// Three.js 장면 셋업
camera = new THREE.PerspectiveCamera(
    70,
    window.innerWidth / window.innerHeight,
    0.01,
    1000
);

scene = new THREE.Scene();
```

원근 카메라의 변수 값으로 실험할 수 있다. 그러나 WebXR API는 근거리와 원거리 클리핑 평면 값을 각각 0.01, 1000 또는 무한대로 제안한다.

지오메트리, 재질, 메시

장면은 떠다니는 정육면체를 특징으로 할 것이기 때문에 Three.js Mesh 생성자에 대한 지오메트리와 재질 객체를 만들어 진행한다.

```
var geometry = new THREE.BoxBufferGeometry(0.2, 0.2, 0.2);
var material = new THREE.MeshPhongMaterial({color: 0x89CFF0});
cube = new THREE.Mesh( geometry, material );
scene.add( cube );
```

또한 Three.js BoxGeometry() 생성자를 사용할 수도 있지만 장면의 성능에 큰 영향을 주지 않기 때문에 Three.js의 버퍼 지오메트리에서 프리미티브^{primitive}를 만드는 것이 좋다.

아까 실습했던 것처럼 이 장면에서는 MeshPhongMaterial을 사용한다. 'baby blue' 색상의 16진수 값을 선택했다. Three.js에서 재료 객체의 색상을 설정하려면 색상 속성을 가진 JS 객체를 사용해야 한다는 점에 유의하자.

반구빛

이전 실습에서 MeshPhongMaterial이 물체에 반사광을 제공하기 때문에 Phong 소재는 장면에 빛나는 물체가 있어야 한다는 것을 기억할 것이다. Three.js가 제공하는 방향 조명을 이미 사용했지만 생성자에게 조명 색상, 지면 색상과 조명 강도를 매개 변수로 사용하는 반구 조명 물체를 사용해 보자.

```
var light = new THREE.HemisphereLight( 0xffffff, 0xbbbbff, 1 );
        light.position.set( 0.5, 1, 0.25 );
        scene.add( light );
```

WebGLRenderer

마지막으로 loadScene() 함수에 Three.js WebGLRenderer를 설정하는 코드를 추가한다.

```
renderer = new THREE.WebGLRenderer({
    canvas: glCanvas,
    context: gl
});
renderer.setPixelRatio( window.devicePixelRatio );
renderer.setSize( window.innerWidth, window.innerHeight );
renderer.xr.enabled = true;
document.body.appendChild( renderer.domElement );
```

Three.js WebGLRenderer 객체의 가장 중요한 특징은 캔버스 및 콘텍스트 속성과 WebXR Manager 속성의 활성화다. 그 이유는 곧 알게 된다.

초기화 함수의 본문 작성

이제 `loadScene()` 함수가 완료됐으므로 간략하게 설명한 `init()` 함수로 다시 돌아가 보자. `init()` 함수에서는 WebXR 세션을 호스팅하는 사용자의 기능을 쿼리하려면 WebXR API에서 제안한 단계를 따른다.

XR 세션 모드 요청

테스트하려는 WebXR 세션의 모드는 WebXR API가 정의한 'immersive-ar'이다.

```
function init() {
    navigator.xr.isSessionSupported('immersive-ar')
        .then((supported) => {
            if (supported) {
            // XR 호출을 위한 버튼 요소를 생성
                btn = document.createElement("button");
            // 버튼에 클릭 이벤트 리스너 추가
                btn.addEventListener('click', onRequestSession);
                btn.innerHTML = "Enter XR";
                var header = document.querySelector("header");
                header.appendChild(btn);
            }
            else {
            // 예외 세션 생성
                navigator.xr.isSessionSupported('inline')
                    .then((supported) => {
                        if (supported) {
                          console.log('inline session
                          supported');
                        }
                        else {console.log('inline not
                        supported')};
                    })
            }
        })
```

```
        .catch((reason) => {
            console.log('WebXR not supported: ' + reason);
        })
}
```

XR을 알리는 버튼 요소 생성

사용자의 브라우저와 장치가 쿼리된 XR 모드를 지원할 때 비동기 함수 isSessionSupported('immersive-ar')는 불리언^{Boolean} 값이 참인 promise burrito를 반환한다. 불리언 값이 참이면 홈페이지에 버튼을 추가한다. 원하면 index.html의 `<body>` 태그에 다음 HTML 코드를 추가해 동일한 작업을 수행할 수 있다.

```
<body>
    <header>
        <h1>Immersive AR with Three.js</h1>
    </header>
    <script type="module" src="index.js"></script>
</body>
```

만약 지원되는 promise burrito가 boolean 거짓 값을 담아 반환하면 프로그램은 코드의 else 블록으로 들어간다.

'인라인' 폴백 옵션 생성

WebXR API는 사용자가 'immersive-ar' 모드와 같이 고급 기능을 지원하지 않을 때 애플리케이션에 더 단순한 상태로 되돌아갈 수 있는 기능을 제공할 것을 추천한다. 'inline' 모드는 WebXR API가 페이지의 HTML 캔버스에서 발생하는 세션으로 정의하는 모드다.

버튼의 이벤트 리스너 본문 작성

사용자 콘텍스트가 'immersive-ar' 모드를 지원할 때 init() 함수는 HTML 페이지에 버튼을 생성한다. WebXR API는 장치의 추적 정보에 접근하기 전에 사용자에게 요청해야 하므로 XR 세션을 활성화하는 onclick 핸들러가 있는 버튼을 제공한다.

onRequestSession()

작성한 코드에서 클릭 이벤트에 대한 리스너를 onRequestSession() 함수로 정의했다. 이제 그 기능을 정의해 보자.

```
function onRequestSession(){
    console.log("requesting session");
    navigator.xr.requestSession(
  'immersive-ar'
  {requiredFeatures: ['viewer', 'local']})
        .then(onSessionStarted)
        .catch((reason) => {
            console.log('request disabled: ' + reason.log);
        });
}
```

다시 XR 세션을 요청하려면 WebXR API의 지침을 따른다. 브라우저의 XR 인터페이스에 있는 비동기 requestSession() 함수를 사용하려면 요청하려는 세션 모드와 필수 또는 선택 기능이 포함된 SessionInit dictionary가 필요하다.

SessionInit Dictionary

SessionInit Dictionary에 정의한 필수 기능은 WebXR 공간 추적 모듈에서 정의한 '참조 공간'이다. WebXR API 공간 추적 모듈은 뷰어, 로컬, 로컬층, 경계층 및 경계 없음과 같은 여러 유형의 참조 공간을 정의한다.

참조 공간

먼저 이 실습에서 사용하지 않을 참조 공간을 빠르게 검토해 보자. 경계가 있는 바닥 참조 공간은 XR 하드웨어에서 정의한 고정 경계의 매개 변수를 교차하지 않고 물리적 환경 주변을 이동하도록 사용자에게 요청하는 XR 환경에 적용된다. 반면에 무한 참조 공간은 사용자가 자유롭게 이동하고 상당한 거리를 이동할 수 있도록 한다.

이 실습에서는 WebXR API 공간 추적 모듈이 정의한 로컬 및 뷰어 참조 공간을 살펴본다. 로컬 참조 공간에서는 두 가지 유형의 체험을 할 수 있다. 하나는 사용자의 눈높이를 중심으로 하고 다른 하나는 사용자의 바닥을 중심으로 한다. 사용자 발의 원점을 기준으로 월드 축을 향하는 `local-floor` 참조 공간은 SessionInit dictionary에서 선택 기능으로 쿼리할 수 있지만 모든 장치에서 사용할 수 있는 것은 아니다. 로컬 참조 공간은 XR 장치가 전달하는 대로 세션 생성 시 뷰어 위치 근처의 x, y, z 및 방향 값을 초기화한다.

반면 뷰어 참조 공간은 항상 사용자의 XR 장치로 추적된다. 뷰어 참조 공간은 사용자의 공간 추적 정보와 관련이 없는 인라인 환경뿐만 아니라 7장의 뒷부분에서 설명할 WebXR API의 적중 테스트 모듈을 활용하는 환경도 지원한다.

AR 세션 시작

일단 애플리케이션이 사용자 장치가 요청한 세션과 요청한 참조 공간을 지원하는지 확인되면 XR 인터페이스의 `requestSession()` 함수에서 반환한 promise burrito를 수락해서 XR 세션을 시작한다.

onSessionStarted(session)

promise가 참으로 결정되면 `onSessionStarted()` 함수를 promise 체인에 추가한다.

```
function onSessionStarted(session){
    console.log('starting session');
```

```
    ...
}
```

사용자 장치에서 XR 세션이 시작되면 페이지의 XR 콘텐츠를 알리는 버튼 요소의 모양을 변경해야 한다.

버튼 요소의 상태 변경

onSessionStarted() 함수 내에서 세션이 이미 시작됐기 때문에 XR 세션을 활성화하는 버튼 요소에서 리스너를 제거한다. WebXR API는 한 번에 둘 이상의 XR 세션을 실행할 수 없다. 실행 중에 두 번째 세션을 요청하면 애플리케이션에서 오류가 발생한다.

이벤트 리스너 추가/삭제

```
    ...
btn.removeEventListener('click', onRequestSession);
btn.addEventListener('click', endXRSession);
    ...
```

하나의 이벤트 리스너를 제거하는 동안 다른 하나를 추가한다. 이 버튼도 버튼 클릭을 수신한다. 그러나 대체되는 이벤트 리스너와는 달리 버튼 요소의 새 리스너는 endXRSession()이라는 함수를 호출한다.

버튼의 텍스트 업데이트

버튼 요소는 페이지 시작 시 XR 세션의 시작을 알리는 텍스트를 표시하므로 XR 세션이 이미 시작되면 겉모습을 변경해야 한다.

```
...
btn.innerHTML = "STOP AR";
...
```

XR 세션에 참조 저장

이 실습의 '애플리케이션의 생명 주기 개요' 절에서 xrSession 변수를 전역 변수로 정의했다. XR 세션에 대한 참조를 저장하면 애플리케이션의 생명 주기 동안 실행 중인 세션의 속성에 지속적으로 접근할 수 있다.

```
xrSession = session;
```

XR 세션의 XR WebGL 계층 속성을 Three.js 렌더링 콘텍스트로 설정

onSessionStarted() 함수 내에서 세 가지 중요한 작업을 수행할 수 있다.

중요한 작업 #1: makeXRCompatible()

먼저 Three.js 장면이 콘텐츠를 렌더링할 영역만큼 동일하게 XR 세션이 장면을 렌더링할 페이지의 영역을 설정한다. AR 세션은 장치의 카메라 뷰를 인위적으로 렌더링된 장면의 뷰와 병합하므로 두 이미지 소스가 단일 대상을 찾는 것이 중요하다. 자체 비동기 함수를 호출하고 생성하는 것으로 완성할 수 있다.

```
xrSession = session;
setupWebGLLayer()
    .then(()=> {
        // 중요한 작업 #2에서 작성되는 부분
    })
}
```

onSessionStarted() 함수 내에서 setupWebGLLayer() 함수를 호출한다.

```
function setupWebGLLayer() {
    return gl.makeXRCompatible().then(() => {
        xrSession.updateRenderState(
{baseLayer: new XRWebGLLayer(xrSession, gl)});
    });
}
```

setupWebGLLayer() 함수 내부에서 Three.js 장면과 함께 XR 세션을 시작하는 동안 세 가지 중요한 작업 중 첫 번째 작업을 계속 실행한다. gl 변수에 저장한 WebGL 콘텍스트에는 브라우저의 API에 따라 makeXRCompatible()이라는 비동기 함수가 포함된다. gl.makeXRCompatible() 호출에서 해결된 promise burrito를 수신하면 XR 세션 객체에서 WebXR API로 사용할 수 있는 함수를 호출한다. 이 함수를 updateRenderState()라고 하며, XR 세션의 baseLayer 값을 새 XRWebGLLayer로 설정하는 dictionary 객체를 인수로 사용한다. XRWebGLLayer는 WebXR API로 제공되는 객체다. 그 객체로 첫 번째 중요한 작업을 완료할 수 있다. XR 세션을 loadScene() 함수에서 Three.js WebGL 렌더러의 콘텍스트 속성으로 정의한 WebGL 콘텍스트와 연결한다.

setupWebGLLayer() 비동기 함수에 대한 promise가 충족되면 애플리케이션의 흐름이 setupWebGLLayer() promise 체인으로 들어간 onSessionStarted() 함수로 돌아온다. 편리하게 setupWebGLLayer() 함수에서 return 키워드를 사용할 수 있다. setupWebGLLayer()의 promise을 이행하면 XR 세션 시작의 다음 두 가지 중요한 기능을 호출한다.

AR을 위한 XR 세션의 참조 공간 설정

두 번째 중요한 함수는 Three.js WebXRManager 객체의 참조 공간을 할당한다.

중요한 작업 #2: setReferenceSpaceType(…)

AR 애플리케이션은 사용자가 Three.js 장면의 시작점 주변의 제한된 영역 내에서 걸을 수 있게 해주기 때문에 경험이 적어도 로컬 참조 공간이 필요하다는 것을 알 수 있다. 결국 세션에서 필수 기능으로 `onRequestSession` 함수의 `SessionInit` dictionary 내에서 요청한다. Three.js 장면이 WebXR API에서 요청한 XR 세션과 동기화하도록 하려면 Three의 XR 관리자에 참조 공간을 설정해야 한다. Js 장면도 로컬 참조 공간에 추가한다. `onSessionStarted()` 함수 내에서 `setupWebGLLayer()` 함수를 비동기식으로 호출한 후 promise 체인 작성을 계속한다.

```
setupWebGLLayer()
    .then(()=> {
    // 중요한 작업 #1 계속
        renderer.xr.setReferenceSpaceType('local');
    ...
```

Three.js는 랜더러의 xr 속성으로 XR 지원 `WebGLRenderer`를 자동으로 생성할 때 XR 관리자에 대한 접근을 제공한다. 랜더러의 xr 속성에서 Three.js 함수 `setReferenceSpaceType('local')`을 호출해서 XR 세션의 참조 공관과 일치하도록 Three.js 장면의 참조 공간을 설정할 수 있다. XR 세션과 Three.js 렌더러 사이의 참조 공간이 일치하도록 해서 계획한 대로 장면의 콘텐츠를 렌더링하는 사용자의 장치를 더 잘 준비할 수 있다.

Three.js XR 매니저의 XR 세션 속성을 현재 XR 세션으로 설정

여기서 애플리케이션의 세 번째 중요한 단계를 실행한다. WebXR API로 요청된 XR 세션을 Three.js 렌더러가 장면에 그릴 세션을 설정한다.

중요한 작업 #3: setSession(xrSession)

renderer.xr.setReferenceSpaceType('local') 바로 아래 작성한다.

```
renderer.xr.setSession(xrSession);
```

WebXR API로 'immersive-ar' 세션을 호출하면 장치에 카메라 뷰를 앱의 배경으로 표시하도록 알려 주지만 Three.js 장면에는 이 결정에 대한 본질적인 아이디어가 없다. 알 수 없는 상태로 두면 Three.js 렌더러가 계속 장면을 HTML 캔버스에 색칠한다. HTML 캔버스는 사용자의 장치가 AR 모드에 있을 때에도 표시되지 않는다. 그러나 XR 세션을 Three.js 렌더러와 연결하면 Three.js 내에서 호출되는 애니메이션 루프가 장치의 카메라와 동일한 WebGL 콘텍스트에 렌더링된다.

XR 세션 시작의 세 가지 중요한 함수가 실행되면 animate()라는 이름으로 정의한 함수를 호출해서 onSessionStarted() 함수를 닫는다.

animate() 함수 호출

참고로 onSessionStarted(session) 함수는 다음과 같다.

```
function onSessionStarted(session){
    console.log('starting session');
    btn.removeEventListener('click', onRequestSession);
    btn.addEventListener('click', endXRSession);
    btn.innerHTML = "STOP AR";
    xrSession = session;
    setupWebGLLayer()
        .then(()=> {
            renderer.xr.setReferenceSpaceType('local');
            renderer.xr.setSession(xrSession);
            animate();
```

        })
    }

적절하게 onSessionStarted() 함수는 장면의 애니메이션 루프를 시작하는 animate() 함수를 호출해서 완료된다.

render() 함수 집합을 콜백으로 사용해 Three.js의 SetAnimationLoop() 호출

장면에 대한 애니메이션 루프를 시작하려면 Three.js에서 제공하는 내부 함수를 호출해서 animate() 함수의 본문을 일치시킨다.

```
setAnimationLoop().

function animate() {
    renderer.setAnimationLoop(render);
}
```

render() 함수의 본문 정의

setAnimationLoop() 함수에 렌더 함수를 인수로 제공해서 Three.js에게 프레임마다 한 번씩 렌더 함수를 호출하도록 지시한다.

```
function render(time) {
    renderer.render(scene, camera);
}
```

차례로 렌더 함수는 Three.js 장면의 렌더링을 실행한다.

세션 종료에 대한 이벤트 처리 함수 생성

이 실습의 '버튼 요소의 상태 변경' 절에서 버튼 요소의 클릭 이벤트 리스너를 onRequest Session에서 endXRSession로 교체했다. XR 세션이 최신일 때 HTML 페이지의 버튼을 클릭해 활성화하는 콜백 함수의 본문을 정의해 보자.

```
function endXRSession() {
    if (xrSession) {
        console.log('ending session...');
        xrSession.end().then(onSessionEnd);
    }
}
```

End() 함수는 WebXR API로 XR 세션 객체에 대한 메서드로 제공되는 함수다. 비동기 함수이기 때문에 promise 실행 시 다른 함수를 호출할 수 있다.

애플리케이션 상태를 재설정하는 함수 생성

이 마지막 함수에서 xrSession 전역 변수의 상태를 null로 재설정하고, XR 세션 요청을 시작하는 HTML 버튼의 텍스트를 재설정하고, 방금 호출한 클릭 이벤트 리스너를 제거하고 XR 요청을 다시 시작할 리스너로 교체한다.

```
function onSessionEnd() {
    xrSession = null;
    console.log('session ended');
    btn.innerHTML = "START AR";
    btn.removeEventListener('click', endXRSession);
    btn.addEventListener('click', onRequestSession);
}
```

HTML과 JS 파일을 저장하고, 로컬 웹 서버를 시작하고, ADB와 Chrome의 개발 도구로 연결된 AR 지원 장치로 페이지를 전달하면 정육면체가 공간에 떠 있는 것을 표시한다. 연결된 장치의 처리 속도에 따라 WebXR API의 추적 기능을 시작하는 데 시간이 걸릴 수 있다. 하지만 시작되면 장면에서 정육면체 주위를 둘러보자. 장치의 움직임과 관련해 인스턴스화된 원점이 남아 있다. 정육면체의 좌표 평면이 로컬 참조 공간으로 정의되고 장치가 뷰어 참조 공간을 좌표로 지정하기 때문에 두 값은 서로 상대적으로 이동한다. 이것이 바로 WebXR API의 공간 추적 도구 기능의 강력한 장점이다. WebXR API에서 제공하는 참조 공간은 2개 이상의 좌표 평면 사이의 관계를 정의하므로 실감형 현실의 착각을 일으키는 AR 체험이 가능하다.

장면을 보다 생동감 있게 만들려면 이 실습과 이전 실습에서 다룬 내용을 사용해서 정육면체에 회전과 약간의 흔들림을 추가한다. 이러한 기능을 실행하는 코드의 예제를 보려면 책에서 제공하는 실습 소스 코드를 살펴보자(www.apress.com/9781484263174).

요약

- NPM로 애플리케이션에 Three.js를 설치
- 클로저를 사용하지 않고 단일 JS 파일로 WebXR 애플리케이션의 생명 주기를 설명
- HTML 버튼을 생성해 AR 세션을 생성
- `sessionInit` dictionary을 사용해서 XR 세션에 대한 AR 기능을 요청
- 이벤트 핸들러로 비동기식으로 AR 세션을 시작
- AR 세션에서 이벤트 리스너를 연결하고 제거
- WebXR 함수 `updateRenderState()`를 사용해 XR 세션을 WebGL 콘텍스트와 연결
- 실제 환경과 증강 환경 간의 동작을 조정하려고 '참조 공간을' 사용

실습 7-2: 히트 테스트

실습 7-1의 목적은 WebXR API의 공간 추적 모듈이 2개의 상대 좌표 공간을 해결하는 데 필요한 계산을 처리함으로써 실감형 장면을 간단하게 만드는 방법을 설명하는 것이었다. 실습 7-2에서 공간 추적 모듈을 다시 사용할 것이지만 이번에는 WebXR API에서 제공하는 히트 테스트[Hit Test] 모듈을 사용한다.

WebXR 히트 테스트 모듈은 가상 또는 실제 장치와 물체 사이의 거리를 계산하는 데 사용되는 컴퓨터 비전 알고리즘을 압축한다. 히트 테스트 모듈에는 실제 평면의 교차점을 결정할 뿐만 아니라 로컬 좌표 공간에서 교차점의 위치를 찾는 로직이 포함된다. 히트 테스트와 공간 추적 모듈의 기능으로 휴대폰의 화면을 탭하는 위치에 3D 형상을 배치하는 AR 애플리케이션을 만들 수 있다.

실습 7-2에서 다룰 내용은 다음과 같다.

- WebXR Device API로 전화기를 컨트롤러로 조작한다.
- 사용자의 레이 캐스트[ray cast]를 추적할 레티클[reticle] 객체를 만든다.
- 히트 테스트를 계속 실행하려면 클로저를 다시 구현한다.
- WebXR 히트 테스트 모듈을 사용해 히트 테스트 소스를 요청한다.
- WebXR 공간 앵커 모듈을 사용해서 실제 환경에 추가된 3D 객체의 위치 데이터를 유지한다.

컨트롤러와 이벤트

실습의 이 부분을 시작하려면 프로젝트 폴더에서 몇 가지 간단한 관리 작업을 먼저 알아보자.

파일과 변수 설정

실습 7-1에서 index.html과 index.js 파일을 복사한다. 프로젝트 루트 내의 새 폴더에 저장한다. 실습 7-1의 파일과 동일한 루트 폴더에 파일을 보관하면 로컬에 설치한 NPM 파일이 포함된 중복 폴더를 설치할 필요가 없다. 또한 hit_test.js의 이름을 바꾼 new index.js 페이지의 전역 변수를 교체한다.

```
// 전역 장면 값
var btn, gl, glCanvas, camera, scene, renderer;
var controller, reticle;

// 전역 xr 값
var xrSession = null;
var xrViewerPose;
var hitTestSource = null;
var hitTestSourceRequested = false;
```

실습 7-1의 '지오메트리, 재질, 메시' 절에서는 회전하는 정육면체를 장면에서 만들었다. 이 단계에서는 해당 코드를 컨트롤러, 지오메트리 버퍼, 이벤트 핸들러를 생성하는 코드로 바꾼다.

컨트롤러 가져오기

정육면체를 만들고 장면에 추가한 실습 7-1에서 코드를 제거한 후 Three.js 메서드를 호출해 장치의 컨트롤러에 접근하는 코드로 교체한다.

```
controller = renderer.xr.getController(0);
controller.addEventListener('select', onSelect);
scene.add(controller);
```

독자 입장에서는 컨트롤러 변수가 휴대 전화와 같은 장치에 무엇을 가리킬 수 있는지 궁금할 수 있다.

WebXR Device API

Three.js는 WebXR Device API의 추상화로서 렌더러의 XR Manager 속성에서 get Controller() 메서드를 제공한다. 내부적으로 WebXR Device API는 무엇보다도 사용자 장치에서 레이 캐스트를 추적한다. Three.js getController() 함수의 인수 0은 뷰어의 참조 공간의 관점에서 XR 프레임과 일치하는 대상 광선 생성에 매핑된다.

버퍼 지오메트리 정의

애플리케이션은 장치의 화면을 탭하는 좌표에서 모양을 생성하므로 모양을 효율적으로 생성하는 함수를 작성해야 한다. 먼저 인스턴스화할 모양의 종류를 정의해야 한다. loadScene() 함수에 다음을 추가한다.

```
try = new THREE.CylinderBufferGeometry(0.1, 0.1, 0.2, 32)
  .translate(0, 0.1, 0);
```

모양을 생성하는 함수가 모든 컨트롤러 'select' 이벤트에서 발생하므로 이벤트 처리기 역할을 할 함수를 정의한다. onSelect 콜백 함수의 Mesh 생성자 전달하기 전에 버퍼 지오메트리를 정의한다.

onSelect() 콜백 함수

Three.js는 컨트롤러 객체로 전송되는 이벤트를 처리하는 WebXRController 라이브러리로 또 다른 추상화를 제공한다. Three.js 컨트롤러 객체에 'select' 이벤트를 정의함으로써 Three.js는 컨트롤러에서 전달된 이벤트를 추적한다. loadScene() 함수 내에서 새 함수를 정의한다.

```
function onSelect() {
console.log("on select fired...");
    // 지오메트리를 위한 랜덤 색상 생성
var material = new THREE.MeshPhongMaterial(
{ color: 0xffffff * Math.random() } );
    // 지오메트리와 재질을 위한 메시 생성
    var mesh = new THREE.Mesh(geometry, material);
    // 레티클 위치에 지오메트리 배치
    mesh.applyMatrix4(reticle.matrix); // THIS IS A KEY FUNCTION
    // 지오메트리 크기 랜덤하게 설정
    mesh.scale.y = Math.random() * 2 + 1;
    scene.add(mesh);
}
```

AR(yet)의 전화기에서만 실행되는 경험을 위한 다른 입력 소스가 없기 때문에 Three.js는 컨트롤러가 수신하는 이벤트로서 화면 탭이 기본값으로 설정된다. 본 실습이 끝날 무렵의 "reticle.matrix.fromArray(…)" 절에서 원통의 메시에 새 행렬을 적용하는 함수로 다시 살펴본다.

레티클 생성

onSelect() 이벤트가 생성한 실린더 메시에 레티클 행렬을 적용하기 전에 먼저 레티클이 무엇인지 정의해야 한다. loadScene() 함수에서 컨트롤러 객체의 선언 아래에 레티클 객체의 값을 정의한다.

```
reticle = new THREE.Mesh(
new THREE.RingBufferGeometry(0.15, 0.2, 32).rotateX(-Math.PI / 2),
    new THREE.MeshBasicMaterial({color: "#00FF00"})
    );
```

레티클은 히트 테스트를 위한 시각 표시를 설명하는 데 사용되는 일반적인 용어다. 사용할 레티클의 모양은 지면과 평행하도록 90도 회전된 녹색 고리다.

레티클 객체의 속성 설정

레티클은 지면과 사용자 휴대폰에서 투사된 광선 사이의 교차점을 표시하므로 자체 변환 또는 위치 행렬을 업데이트해서는 안 된다.

```
reticle.matrixAutoUpdate = false;
reticle.visible = false;
scene.add(reticle);
```

장면에서 레티클의 위치는 뷰어의 광선 투사와 카메라 피드에서 감지된 평면의 교차점으로 결정된다. 즉 히트 테스트의 포인트다.

XR 쿼리 함수 이동

실습 7-1과 달리 'immersive-ar' 모드의 XR 세션이 장면을 로드하는 동일한 함수인 loadScene()에서 사용자 장치가 지원하는지 확인한다.

```
navigator.xr.isSessionSupported('immersive-ar')
    .then((supported) => {
      if (supported) {
           btn = document.createElement("button");
           btn.addEventListener('click',
           onRequestSession);
           btn.innerHTML = "Enter XR";
           var header = document.
           querySelector("header");
           header.appendChild(btn);
      }
```

```
            else {
                    navigator.xr.isSessionSupported('inline')
                    .then((supported) => {
                            if (supported) {
                            console.log('inline session
                            supported')
                            }
                            else {console.log('inline not
                            supported')};
                    })
            }
    })
    .catch((reason) => {
            console.log('WebXR not supported: ' +
            reason);
    });
```

실습 7-2에서 코드를 변경해야 하는 이유는 클로저와 관련이 있다.

클로저의 귀환

해당 범위에 `onSelect()` 이벤트 핸들러를 포함하는 동일한 함수에서 버튼 요소를 생성함으로써 히트 테스트가 발생할 때 컨트롤러와 지오메트리 버퍼가 살아 있는지 확인할 수 있다.

이제 HTML 버튼의 `'click'` 이벤트 리스너를 업데이트한다.

onRequestSession()

실습 7-2에서 WebXR API의 `sessionInit` dictionary의 가치가 더욱 분명해졌다. 실습 7-1의 'onRequestSession()' 절에서 'immersive-ar' 모드, 'viewer'와 'local' 참조 공간의 필수 기능이 있는 XR 세션을 요청했다. 그러나 히트 테스트 모듈을 구현하는 XR 세션에서는 이러한 기능이 있다고 가정한다. 히트 테스트 애플리케이션의 `sessionInit` dictionary에 있는 '필수 기능' 키 값은 적절하게 API 사양에 따라 대괄호 사이에 입력하는 '히트 테스트'다.

hit_test.js의 loadScene() 함수의 닫는 대괄호 아래에 onRequestSession() 함수를 정의한다.

```
function onRequestSession() {
    console.log("requesting session");
    navigator.xr.requestSession('immersive-ar',
    {requiredFeatures: ['hit-test'], optionalFeatures:
    ['local-floor']})
        .then(onSessionStarted)
        .catch((reason) => {
            console.log('request disabled: ' + reason);
        });
}
```

'필수 기능' 외에도 WebXR sessionInit dictionary는 '선택 기능'으로 정의된 키를 허용한다. 'local floor' 매개 변수는 히트 테스트를 용이하게 하는 기능이다. 모든 장치에 'local-floor' 기능을 구현하는 기술을 장착하지 않기 때문에 해당 플래그를 선택 사항으로 설정한다.

onSessionStarted(…)

실습 7-2의 onSessionStarted() 함수는 실습 7-1에서 변경되지 않았다. OnRequestSession() 함수의 닫는 중괄호 아래에 onSessionStarted() 함수를 배치한다.

```
function onSessionStarted(session) {
    console.log('starting session');
    btn.removeEventListener('click', onRequestSession);
    btn.addEventListener('click', endXRSession);
    btn.innerHTML = "STOP AR";
```

```
        xrSession = session;
        setupWebGLLayer()
            .then(()=> {
                renderer.xr.setReferenceSpaceType('local');
                renderer.xr.setSession(xrSession);
                animate();
            })
    }
```

실습 7-1에서 실습 7-2에 맞게 조정해야 하는 남은 유일한 기능은 애플리케이션의 히트 테스트 로직을 처리하는 렌더링 기능이다.

WebXR 공간 앵커 모듈

렌더 함수의 새로운 코드는 WebXR API 히트 테스트 모듈의 주요 기능을 구현한다. 두 핵심 요소는 requestHitTestSource()와 getHitTestResults() 함수다. 둘 다 WebXR API로 제공되므로 개발자는 함수를 호출하는 것 외에 할 일이 없다. 하지만 왜 그 함수를 호출해야 하는지 다음 설명으로 이해하는 데 도움이 된다.

requestHitTestSource()

requestHitTestSource() 함수에 포함된 알고리즘의 주요 목적은 대상 광선이 실제 평면과 교차할 때마다 뷰어 장치의 위치 정보를 캡처한다. requestHitTestSource() 함수에 싸인 컴퓨터 비전 알고리즘이 뷰어 장치의 레이 캐스트와 환경 내 평면 사이의 교차점을 감지하면 사용자 장치의 위치 정보를 저장한다. 그렇기 때문에 개선된 렌더링 함수의 운영에 시간과 프레임이 모두 필수다.

XR 프레임과 시간

시간과 XR 프레임을 모두 인수로 받아들이도록 렌더 함수를 수정한다. 그런 다음 함수의 본문 내에 다음과 같은 조건을 작성한다.

```
function render(time, frame) {
    if (frame) {
        var referenceSpace = renderer.
        xr.getReferenceSpace('local');
        var session = frame.session;
        // 공간 추적 모듈에서 제공하는 뷰어 포즈
        xrViewerPose = frame.getViewerPose(referenceSpace);
        if (hitTestSourceRequested === false) {
            session.requestReferenceSpace
            ("viewer").then((referenceSpace) => {
session.requestHitTestSource({space: referenceSpace})
    .then((source) => {
        hitTestSource = source;})
});

            session.addEventListener("end", () => {
                hitTestSourceRequested = false;
                hitTestSource = null;
            });
        }

        if (hitTestSource) {
            var hitTestResults = frame.getHitTestResults(hitTestSource);

            if (hitTestResults.length > 0) {
                var hit = hitTestResults[0];
                reticle.visible = true;
                reticle.matrix.fromArray(hit.getPose(referenceSpace).transform.matrix);
            } else {
                reticle.visible = false;
            }
        }
```

```
        }
        renderer.render(scene, camera);
}
```

히트 테스트 소스 위치를 인식하고 저장하면 히트의 위치 정보를 사용해서 레티클을 사용자의 화면에 그리는 렌더 함수를 작성할 수 있다.

getHitTestResults()

WebXR에서 제공하는 함수 getHitTestResults()는 뷰어와 프로그램에서 앞서 정의한 로컬 참조 공간 간의 관계를 사용해 계산을 수행한다. 중심에서 이 함수는 뷰어의 장치와 교차 평면 사이의 거리를 계산한다. 그런 다음 알고리즘은 로컬 좌표에서 뷰어의 광선과 환경 평면의 교차 위치를 계산한다.

다시 말하면 getHitTestResults() 함수는 뷰어의 관점에서 기록된 교차점의 위치를 전역의 객관적인 로컬 좌표로 변환했다. 이렇게 하면 함수는 WebXR API의 공간 앵커 모듈의 공간 앵커 기능을 사용해서 각 히트 테스트 결과의 위치 정보를 변환 정렬로 저장한다.

reticle.matrix.fromArray(…)

마지막으로 로컬 좌표에서 히트 테스트 결과의 위치를 정의하는 배열의 16개 요소로부터 채워지는 변환 행렬로 레티클의 위치와 방향 값을 설정해서 수정된 렌더 함수를 닫는다.

장면 실행

장면을 실행하면 장치의 위치 추적이 시작되는 데 몇 초가 소요될 수 있다. 그러나 애플리케이션이 환경의 평면을 인식하면 십자선의 교차점을 추적하기 시작한다. 장면에서 십자선이 보이는 동안 화면을 누르면 장치의 방출된 광선이 사용자 환경의 평면과 교차하는 지점에서 Three.js 실린더 객체가 생성된다. 십자선의 방향은 교차하는 평면의 방향과 일치한다. 예를 들어 90도 회전한다. 애플리케이션이 만족스러운 결과로 작동한다면 히트 테스트를 성공한 것이다.

요약

- WebXR Device API로 컨트롤러에 대한 참조를 저장
- 컨트롤러에 'select' 리스닝 이벤트 연결
- Three.js 지오메트리 버퍼 객체를 사용해 지오메트리 인스턴스화
- WebXT 공간 추적 모듈에서 참조 공간 가져오기와 설정 기능을 사용해서 상대 좌표 공간의 상태 저장
- WebXR 히트 테스트 모듈의 requestHitTestSource() 함수를 사용해서 사용자 장치에서 전송된 레이 캐스트 원점 캡처
- WebXR 히트 테스트 모듈의 getHitTestResults() 함수를 사용해 장면에 공간 앵커 배열 생성
- WebXR 공간 추적 모듈의 getPose() 함수를 사용해 로컬 좌표 공간에서 평면과 광선의 교차 위치 캡처
- 레티클 객체에 fromArray() 메서드를 사용해 히트 테스트의 변환을 16비트 배열에 저장
- mesh.applyMatrix4() 함수를 사용해서 십자선의 위치 좌표를 실린더 객체 복사
- AR 장면에서 임의의 색상과 배율로 실린더 객체 인스턴스화

정리

WebXR API는 개발자에게 제공하는 기능을 미세하게 조정할 수 있도록 여러 모듈을 제공한다. 예를 들어 WebXR API는 핵심 API 외에도 AR 모듈, 공간 추적 모듈, 공간 앵커 모듈, 히트 테스트 모듈, 장치 모듈로 확장 기능을 제공한다. 진화하는 WebXR API 내부에 숨겨진 모든 기능이 개발자를 어쩔 줄 모르게 만들 수 있지만 Three.js와 같은 WebGL 추상화는 로드를 상당히 가볍게 해준다.

Three.js는 WebXR API의 위에 위치해 불필요한 블로트웨어^{bloatware}[2] 아래에 숨어 있지 않고 API의 가장 인기 있는 기능들 대부분을 인터페이스로 제공한다. 인터넷이 일상 생활과 지속적으로 통합됨에 따라 인터넷의 증강 및 가상 기능도 사용자를 매혹시킨다. WebXR API는 아직 초기 단계다. 그러나 발전할 미래는 의심할 필요 없이 밝다.

8장에서는 가상 현실로 다시 돌아가겠지만, XR 공간에서 경험했던 상호 작용과 사용했던 관련된 도구를 갖고 진행할 것이다. Three.js 위에 구축된 추상화인 A-Frame 프레임워크를 사용해 오큘러스 퀘스트와 같은 장치의 전체 조항을 활용하는 것을 목표로 하는 실감형 VR 실습을 만든다.

7장에서는 다음과 같은 내용을 다뤘다.

- Node.js를 설치하고 패킷 관리자 인 NPM로 Three.js를 모듈로 다운로드
- WebXR API AR 모듈을 사용해 몰입형 AR 세션을 요청하고 생성
- WebXR API에서 제공하는 `xrSessionInit` dictionary로 요청된 XR 세션의 필수 및 선택 기능을 설정하는 방법
- Three.js의 `setSession()` 함수를 사용해서 Three.js 렌더러의 애니메이션 루프를 XR 세션의 속성에 동기화

---

2 메모리를 너무 많이 잡아먹는 프로그램 – 옮긴이

- XR 세션의 `XRWebGLLayer`와 WebGL 콘텍스트 호환성을 보장하려고 `makeXRCompatible()` 함수 사용
- WebXR API의 히트 테스트 모듈에서 `requestHitTestSource()` 및 `getHitTestResult()` 메서드를 구현해 뷰어에서 레이 캐스트와 실제 환경의 평면 간의 교차 위치를 계산
- WebXR API의 공간 앵커 모듈의 기능을 활용해 증강 현실 WebXR 장면에서 동적으로 생성된 3D 객체의 위치 데이터를 저장

8장

A-Frame으로 웹용 VR 구축

8장에서는 WebXR API로 가상 현실 경험을 만드는 방법으로 돌아가자. 6장에서는 Three.js 라이브러리와 WebXR API를 사용해 가상 현실 장면을 만들었지만 8장에서는 A-Frame 프레임워크를 사용한다. 하지만 A-Frame으로 새로운 것을 만들기 전에 지금까지 배운 내용을 복습해 보자.

복습

처음에 WebXR API로 WebGL를 구현하는 것으로 시작했다. 브라우저에서 WebGL의 기본 사항을 실험하면서 다음을 배웠다.

- 웹의 3D는 HTML Canvas 요소에서 시작한다.
- WebGL API는 GPU의 기능을 사용해 정점과 픽셀을 렌더링한다.
- WebGL API는 OpenGL 언어인 GLSL을 작성할 수 있어 웹 브라우저와 GPU 간의 통신을 가능하게 해준다.

- WebGL API를 사용하면 개발자가 자바스크립트로 GLSL^{OpenGL Shading Language} 코드를 작성할 수 있다.
- 웹 브라우저에는 WebGL 및 Canvas API와 같은 많은 API가 포함돼 있다.
- 브라우저가 구현하는 또 다른 API는 WebXR API다.
- WebXR API는 WebGL API를 기반으로 한 코어 기능과 Canvas API 및 Gamepad API와 같은 확장 기능이 포함돼 있다.
- WebGL은 그래픽을 만들고 화면에 렌더링하기 위한 것을 목적으로 한다. 웹 화면을 만드는 일반적인 프로그래밍은 구현하지 않는다.

WebGL의 기본 사항과 구문을 어느 정도 배우고, WebGL를 쉽게 쓸 수 있도록 만든 Three.js로 알려진 자바스크립트 라이브러리를 배웠다. 5장에서는 다음을 배웠다.

- Three.js는 WebGL의 기능들을 자바스크립트 라이브러리로 추상화해 개발자가 쉽게 WebGL 및 OpenGL ES를 보다 편안하게 사용할 수 있도록 만든 라이브러리다.
- Three.js는 WebGL의 기능을 익숙한 자바스크립트의 속성 및 기능으로 추상화하지만 WebXR API는 Three.js로 작성된 웹 애플리케이션과 핸드폰 또는 독립형 VR과 같은 XR 장치의 하드웨어 요소 사이의 통로 역할을 한다.
- WebXR API로 개발자는 3D 그래픽을 화면에 렌더링할 뿐만 아니라 다양한 XR 장치와 인터페이스하는 Three.js 프로그램을 만들 수 있다.

웹용 XR 애플리케이션을 만드는 데 필요한 모든 것을 WebGL과 Three.js로 배웠다. WebGL과 Three.js로 WebXR 애플리케이션을 구현할 수 있지만, 더 편리하고 단순화된 도구를 하나 더 추천하려고 한다. 이 도구의 이름은 바로 A-Frame이라고 하며 8장의 핵심 주제다.

A-Frame은 무엇인가?

Firefox팀인 모질라에서 개발한 A-Frame은 Three.js 애플리케이션을 만들기 위한 프레임워크다. A-Frame은 웹 3D 애플리케이션 설계를 지원하는 뼈대인 구조의 골격이다. 프레임워크인 A-Frame은 애플리케이션 작성을 Three.js보다 더 쉽게 할 수 있도록 편의성과 규칙을 제공한다. 8장에서 A-Frame의 개념을 학습하고 간단한 장면을 만들어 보면서 A-Frame을 Three.js의 프레임워크로 이해하려고 한다. 실습 8-1에서는 하늘, 조명, 땅, 상자, 재질이 포함된 A-Frame의 기본 장면을 만들어 보겠다.

실습 8-1: A-Frame의 기본 뼈대

실습 8-1의 내용은 다음과 같다.

- A-Frame 응용 프로그램을 만드는 방법 알아보기
- A- 프레임 장면에 3D 기본 요소 배치

설치하기

웹 애플리케이션에 A-Frame 프레임워크를 설치하는 두 가지 편리한 방법이 있다. 하나는 HTML 문서의 헤드에 있는 <script> 태그를 통하는 것인데, 이전에 이미 여러 번 수행했다. 두 번째 방법은 노드 패키지 관리자인 NPM을 사용하는 것이다. 이것은 이 책의 범위를 벗어나므로 여기서는 제외하고, 우리가 잘 알고 있는 첫 번째 방법을 사용하겠다.

첫 번째 방법으로

A-Frame을 설치하려면 A Frame 웹사이트(aframe.io)로 이동해 HTML 스크립트 소스를 복사하거나 다음과 같이 직접 입력한다. 이 글을 쓰는 현재 A-Frame의 최신 버전은 1.2.0이다. 최신 상태는 aframe.io.docs의 공식 A-Frame 문서를 참조하길 바란다.

```
<head>
<script src="https://aframe.io/releases/1.2.0/aframe.min.js">
</script>
</head>
```

VS Code와 같은 코드 편집기에서 HTML 문서의 〈head〉 섹션에 A-Frame 스크립트 태그를 배치한다. 문서를 index.html 이름으로 저장한다. 간단히 설치를 끝마쳤다.

더 나은 제품으로

WebXR 관련 기술은 이전 기술을 기반으로 진화를 하며 발전했다. 다시 설명하면 WebGL은 OpenGL ES를 기반으로 구축됐고, Three.js은 WebGL을 기반으로 구축됐다. 이제 A-Frame이 Three.js를 기반으로 빌드되는 것을 볼 수 있다. 지금까지의 기술들이 서로 겹쳐서 각각의 기본 소스를 추상화하면서 A-Frame 같은 우아하면서 간단한 제품이 만들어졌다.

추상화로 인한 손실도 감소해야 한다

라이브러리 또는 프레임워크의 추상화로 우리는 이미 익숙해진 기능이나 방법을 사용할 수 없게 된다. 예를 들어 자동차 운전과 같은 경우 수동 변속기에서 자동 변속기로 바뀌면 자동 변속기가 알아서 변속하기에 운전자가 일일이 변속해야 하는 스트레스를 덜 수 있다. 그러나 이번에는 부정적인 예를 들어 보겠다. 요리에서 오이를 자르는 방법을 이미 알고 있다고 가정하자. 인터넷에서 최첨단 오이 자르는 장치를 샀는데 막상 작동하는 방법을 모른다거나 장치가 망가지면 사용할 수 없게 된다. 이와 마찬가지로 A-Frame은 단순화에 중점을 두고 있어 개발자로 하여금 많은 편의성을 제공한다. 그러나 추상화와 단순화로 인해 원리나 기능을 모르는 채 넘어가게 된다.

엔티티 컴포넌트 시스템

이전 실습에서 VR 버튼의 인터페이스로 프로그램의 동작을 추상화한 싱글톤Singleton이라는 패턴[1]을 구현했다. 특히 게임 디자인에 널리 사용되는 또 다른 디자인 패턴은 엔티티 컴포넌트 시스템ECS, Entity Component System이라고 하며 A-Frame의 기반이다.

ECS vs. OOP

ECS는 일반적으로 OOPObject-Oriented Programming라고 하는 객체지향 프로그래밍과는 또 다른 인기 있는 디자인 패러다임이다. OOP에서 개발자는 객체의 속성과 동작을 일반화하는 클래스를 만든다. 예를 들어 Soldier 클래스는 이름, ID 번호와 같은 속성으로 가질 수 있다. Soldier 클래스 내에 캡슐화된 동작에는 달리기, 점프, 사격, 기어가기 등이 포함될 수 있다. 군인이 캐릭터인 게임에서 소대는 12명의 군인으로 구성될 수 있으며, 각각은 Soldier 클래스의 인스턴스이며 각각은 공통 속성에 고유한 값을 가진다.

모든 군인은 이름, ID, 전문성을 갖고 있지만 동일하지 않을 수 있다. 각 병사는 부모 클래스의 공통 특성을 상속받는다. OOP 모델은 많은 프로그래밍 영역에서 여전히 인기가 많지만 게임 디자인과 같이 엄청난 수의 유닛이 움직이는 형태에서는 사용하지 않는다.

상속보다 조합

OOP 패러다임에 대한 게임 디자이너의 공통적인 불만은 OOP의 가장 큰 장점 중에 하나인 상속에 대한 것이다. 소프트웨어 개발의 기본 원칙 중 하나는 DRY라는 약어다. DRY는 'Do not Repeat Yourself'의 약칭으로 프로그래머에게 한번 작성된 코드는 다시 작성하는 것보다 재사용하는 것이 가장 좋다는 것이다. OOP 패러다임에서 상속의 편리함은 DRY를 전제로 한다. 클래스는 상위 클래스에서 공통 속성 및 동작을 상속하게 되

---

[1] 소프트웨어 엔지니어링에서 싱글톤 패턴은 클래스의 인스턴스화를 하나의 '단일 인스턴스'로 제한하는 소프트웨어 디자인 패턴이다. 이는 시스템 전체에서 작업을 조정하는 데 정확히 하나의 객체가 필요할 때 유용하다. - 옮긴이

고, 하위 클래스는 기본 클래스를 확장해 보다 다양한 객체를 만들 수 있다. 그러나 게임 디자인에서는 이러한 상속이 문제가 될 소지가 있다.

게임이 점점 복잡해질수록 이전에 설계했던 기본 클래스 및 상위 클래스의 예외 케이스가 생기고, 이를 수용하려고 점점 거대해지게 된다. 그리고 비슷한 기능이 여러 소스에 혼재돼 있게 된다. 이러한 밀접하게 결합된 코드는 개발자한테는 최악인 스파게티 코드를 만드는 지름길이다. 이 코드는 마치 크리스마스의 줄이나 꼬인 실타래처럼 지저분하고 여기저기 엉켜 있다. 직렬로 연결하면 전구 하나가 고장날 경우 전체 조명이 작동하지 않게 된다. 이때 어디가 문제인지 확인하려면 각각의 조명을 다 확인해야 한다. 간단한 전구도 힘든데 수많은 줄의 코드를 확인해 한 줄, 한 줄 작동 상태를 확인해야 한다면 끔찍할 것이다.

이 문제를 해결하기 나온 패러다임이 있는데 기존 OOP 패러다임과 다른 점은 상속으로 코드 재사용하는 것보다 조합을 우선시하자는 것이다. 특히 게임 분야에서 성능을 극단적으로 중시하는 애플리케이션에서는 통상 OOP보다는 주로 사용되는 패러다임이다. 이러한 패러다임을 구현하는 시스템을 엔티티 컴포넌트 시스템[ECS]이라고 하며 그 존재의 이유를 이해하면 사용하는 데 도움이 될 것이다.

A-Frame: Three.js를 위한 엔티티 컴포넌트 시스템 기반 프레임워크

Three.js 라이브러리에는 OOP의 기능이 있다. 예를 들어 메시는 Object3D 기본 클래스에서 상속된다. `WebXRManager`는 `WebGLRenderer` 객체를 확장했다. 그러나 Three.js는 엔티티 컴포넌트 모델을 살짝 보여 줬다. 메시 객체는 지오메트리와 재질로 구성돼 있다. 버퍼 객체에는 기본체의 지오메트리를 정의하는 속성이 있다. 텍스처에는 이미지의 모양을 변경하는 컴포넌트로 작동하는 필터가 포함돼 있다. Three.js의 프레임워크로서 A-Frame은 Three.js의 구조를 엔티티 컴포넌트 모델로 확장하고 변경했다.

엔티티

A-Frame의 특징은 기존의 2D 웹 페이지와 같이 선언적 HTML 구문으로 작성됐다는 것이다. A-Frame 애플리케이션에 장면 객체를 추가하려면 HTML에서의 본문에 장면 태그를 추가하면 된다.

```
<body>
    <a-scene>

    </a-scene>
</body>
```

코드에 있는 문자 그대로 A-Frame 장면 태그를 추가했다. 방금 만든 index.html 페이지를 방문하면 A-Frame 애플리케이션이 실행된다. 이제 정확히 뭘 한 것인지 구체적으로 알아보자.

모든 방식의 추상화

A-Frame은 Three.js의 추상화이며, 이는 그전에 WebGL의 추상화다. A-Frame은 XR 지원 웹 애플리케이션을 생성하는 데 필요한 많은 요소를 숨기고 있다. 그러나 좀 더 깊게 보고자 하는 독자는 깃허브에 공개돼 있는 A-Frame의 설명서와 소스 코드로 A-Frame에서 장면을 어떻게 추상화했는지 배울 수 있을 것이다.

엔티티: 컴포넌트들의 객체

A-Frame의 장면 태그 안에는 다양한 컴포넌트들이 포함돼 있다. 여기에는 카메라, 캔버스, object3D(`THREE.Scene`), 렌더러(`THREE.WebGLRenderer`)가 있다. 그리고 특히 A-Frame의 장면 태그는 WebXR 애플리케이션의 핵심인 상태와 동작을 구성하는 컴포넌트를 포함하는 엔티티다.

ECS 패턴에 정의된 대로 엔티티는 모양, 동작, 기능을 제공하기 위한 컴포넌트들의 객체다. 그 자체로는 모양, 동작 또는 기능이 없다. A-Frame의 장면 태그 단 한 줄을 사용해 Three.js에서 했던 많은 코딩을 줄일 수 있게 됐다. 이게 A-Frame과 같은 프레임워크의 장점이다.

컴포넌트

컴포넌트란 엔티티의 성격을 정의하는 객체다. A-Frame 라이브러리에 내장된 컴포넌트로는 애니메이션 컴포넌트, 배경 컴포넌트, 카메라 컴포넌트, 3D 모델 컴포넌트, 터치 컨트롤 컴포넌트가 있다.

컴포넌트 개별화 엔티티

엔티티가 렌더러, 캔버스, 카메라와 같은 몇 가지 컴포넌트를 사용해 장면을 만들었다면 어떻게 일반 엔티티를 평면과 같은 3D 객체로 변환할 수 있을까?

```
<a-scene>
    <a-entity geometry="primitive: plane; height: 10; width: 10"
    rotation="-90 0 0" material="side: double color: #fff">
    </a-entity>
</a-scene>
```

엔티티와 컴포넌트로 평면을 만들겠다. geometry 컴포넌트는 A-Frame이 제공하는 기본 모양(평면, 상자, 원, 원뿔)을 제공한다. rotation 컴포넌트는 모든 A-Frame 엔티티에 내장된 컴포넌트이며 material 컴포넌트는 원하는 값으로 정의할 수 있는 속성을 가진 컴포넌트다. A-Frame을 HTML 요소와 비교하면 HTML 태그에 해당하는 것이 엔티티이고, HTML 속성에 해당하는 것이 컴포넌트이다. 이들 관계는 CSS 스타일과 마찬가지로 ':' 문자를 사용해 값을 설정한다.

기본 요소

XR 장면에 필요한 모든 엔티티를 직접 만들어야 한다면 무척 힘들 것이다. 다행히 A-Frame에서는 일반적으로 많이 사용되는 엔티티를 기본 요소^{primitive} 객체로 제공하고 있다.

장면 엔티티에 기본 엔티티 추가

이러한 기본 요소 중 하나는 〈a-box〉 엔티다. 장면에 하나를 추가하겠다.

```
<a-scene>
    ...
    <a-box color="tomato" depth="0.5" height="0.5" width="0.1"></a-box>
</a-scene>
```

일반 `<entity>` 태그로도 `<a-box>`와 똑같은 기능을 만들 수 있지만, `<a-box>`처럼 쉽게 사용할 수 있도록 래핑된 엔티티다. A-Frame의 각 기본 요소에는 기본 값을 정의하거나 그대로 두도록 선택할 수 있는 속성을 함께 제공한다. A-Frame 프레임워크의 웹사이트 (aframe.io)에서 제공하는 기본 모양의 전체 컬렉션을 찾을 수 있다.

A-Frame 기본 요소는 색상 및 치수와 같이 기본 속성 외에도 이미지, 텍스처, 재료와 같은 더 복잡한 속성에 대한 편리한 기능을 제공한다. 장면에 이미지 파일을 재질로 추가하고자 A-Frame의 자산 관리 시스템을 사용할 수 있다.

시스템

ECS 약어에서 E와 C는 각각 '엔티티'와 '컴포넌트'를 나타내며 S는 '시스템'을 의미한다. A-Frame의 ECS 패턴에서 시스템은 컴포넌트 클래스에 글로벌 범위, 서비스, 관리를 제공한다. 자산 관리^{Asset Management}는 A-Frame에서 제공하는 시스템 유형 중 하나다. 자산 관리 시스템은 XR 장면을 실행하는 데 필요한 이미지 같은 자산을 사전에 로드하는 핵심 기능을 제공한다.

A-Frame의 자산 관리 시스템 추가

자산 관리 시스템을 A-Frame 장면 내의 엔티티로 정의한다. 3D 모델 및 재료와 같은 기타 자산인 경우 시스템에서 사전 로드할 자산을 `<a-asset-item>` 엔티티로 정의하거나, 특히 자산 관리자의 태그 사이에 자산에 따라 `<img>`, `<audio>` 또는 `<video>` 엔티티로 정의한다.

```
<a-scene>
   <a-assets>
     <img id="brick" src="brick_mat.jpg"></img>
   </a-assets>
  ...
```

재질 컴포넌트

A-Frame의 재질 컴포넌트에는 'src' 및 'roughness'와 같은 속성이 있다. CSS 속성과 마찬가지로 각각을 세미콜론으로 구분해 A-Frame 컴포넌트에 내장된 여러 속성의 값을 설정할 수 있다. 내 프로젝트 폴더에 있는 벽돌 이미지를 설정하려면 `<a-box>` 기본 요소 엔티티에서 재질 컴포넌트의 속성을 'src:#brick'이라고 정의한다.

```
<a-box position="0.3 1.5 -0.5" material="src: #brick;
roughness: 1;" depth="0.5" height="0.5" width="0.5"></a-box>
<a-sky color="#87CEEB"></a-sky>
```

속성으로 컴포넌트 프로퍼티 설정

A-Frame의 시스템은 특정 속성을 제공한다. 이전 단계에서 미리 만들어진 <a-sky> 엔티티를 장면에 추가했다. 색상 속성 값을 밝은 파란색의 RGB HEX 값으로 설정했다. 자산 관리 시스템으로 이미지와 같은 자산을 로드하면 장면에 필요한 파일을 미리 로드하는 시스템의 기능을 활용할 수 있다.

요약

- HTML 스크립트 태그로 A-Frame 프레임워크 설치
- HTML 문서의 마크업 내에 A-Frame <a-scene> 요소를 배치해 WebXR 장면에 필요한 Three.js 객체를 추상화
- 3D 평면의 컴포넌트로 일반 엔티티를 정의해 ECS 패턴을 사용
- A-Frame 라이브러리를 활용해 미리 구성된 <a-box> 엔티티를 장면에 배치
- 기본 제공 A-Frame 자산 관리 시스템을 구현해 <a-box> 엔티티의 재료 컴포넌트에 텍스처를 미리 로드
- 엔티티의 색상 컴포넌트로 <a-sky> 요소의 색상 값을 간단하게 정의

A-Frame을 사용하면 개발자가 간단하게 장면에 맞는 커스텀 컴포넌트를 만들 수 있다. A-Frame은 Three.js 위에 있는 프레임워크이므로 Three.js 라이브러리를 사용해 A-Frame 프로젝트를 보다 세부적으로 구성할 것이다.

A-Frame에서 Three.js 사용하기

A-Frame에서 커스텀 컴포넌트를 만들기 전에 A-Frame에 부족한 부분이 무엇인지 살펴보자. 실습 8-1에서 만든 장면의 문제 중 하나는 <a-box> 요소에 적용된 벽돌 재질의

무거운 아티팩트artifact다. 5장 실습에서 배웠듯이 Three.js는 자산에 적용된 설정을 미세 조정할 수 있도록 텍스처 및 재질 객체로 속성을 제공한다. 먼저 Three.js로 A-Frame을 확장하면 커스텀 A-Frame 컴포넌트를 만들 수 있다.

실습 8-2: Three.js 및 A-Frame 엔티티

실습 8-2의 내용은 다음과 같다.

- A-Frame 애플리케이션에 Three.js 코드 추가
- Three.js `TextureLoader`를 만들어 이미지 자산을 가져오기
- A-Frame 내의 Three.js 텍스처에 속성 값을 설정
- 자바스크립트를 사용해 Three.js 텍스처 및 재료를 A-Frame 엔티티에 동적으로 적용
- 자바스크립트 및 DOM API를 사용해 A-Frame의 Object3D 그래프를 탐색해 A-Frame 엔티티의 컴포넌트에 액세스

윈도우 객체로서

모든 웹 페이지의 최상위 객체인 윈도우 객체에 Three.js 구성 요소를 연결함으로써 A-Frame은 Three.js 라이브러리가 항상 접근 가능한 영역 내에 있도록 한다. 이 책의 실습 내내 했던 경험들을 되살려서 A-Frame 장면 안에서 약간의 커스텀 기능을 만들 수 있다.

Three.js TextureLoader()

먼저 index.html 문서의 맨 아래에 있는 닫는 `</body>` 태그와 `</html>` 태그 사이에 빈 `<script>` 태그를 만든다. 그런 다음 Three.js `TextureLoader` 객체를 만들고 해당 폴더

에서 벽돌 텍스처를 로드한 다음 texture라는 변수에 값을 저장한다.

```
<script type="text/javascript">
    const texture = new window.THREE.TextureLoader().load(
        'textures/brick_mat.jpg');
    ...
```

A-Frame 프로젝트에서 Three.js에 액세스하려고 전역 'window' 객체를 사용할 필요는 없지만 이 단계에서는 A-Frame이 소스와의 연결을 유지하는 방법을 설명하려고 이 객체를 사용했다. 현재 장면에 적용된 아티팩트는 벽돌 텍스처의 압축 및 타일링으로 인해 무거운 형태이므로 Three.js의 필터링 도구를 사용해 데이터를 보다 효율적으로 렌더링해 보겠다.

A-Frame 안에 있는 Three.js 속성

상자의 재질에 적용된 텍스처를 압축하는 데 사용하는 필터는 Three.js에 대한 5장의 실습 5-3에서 사용한 필터와 거의 동일하다. A-Frame 장면 내에서 사용할 수 있다. 글로벌 Three.js 객체는 윈도우 객체에 대한 선행 호출 없이 간단하게 THREE 변수로 액세스할 수 있다.

텍스처 필터

변수에 저장된 텍스처에 원하는 필터를 적용한다.

```
texture.anisotropy = 16;
texture.minFilter = THREE.NearestFilter;
texture.maxFilter = THREE.NearestFilter;
```

A-Frame은 모든 웹페이지에 공통적인 윈도우 객체로 Three.js 라이브러리에 대한 액세스를 유지하므로 A-Frame도 브라우저 윈도우에 대한 액세스를 유지한다고 결론을 내릴 수 있다. 이러한 API 중 하나가 DOM API로, 속성 및 클래스로 HTML 장면 그래프 구조의 요소를 조작하고 참조할 수 있다.

DOM API 접근하기

장면 내의 <a-box> 기본 요소에 ID 속성을 적용하고 원하는 고유한 값을 넣을 수 있다.

```
<a-box id="cubrick" position="0.3 1.5 -0.5" depth="0.5" height="0.5" width="0.5"></a-box>
```

HTML 장면 그래프에서 고유한 ID 값이 적용된 기본 A-Frame 엔티티를 사용해 익숙한 JS 메서드로 해당 엔티티와 해당 속성에 액세스할 수 있다.

A-Frame의 자바스크립트 구문

새 Three.js 재질을 만들고 업로드한 벽돌 텍스처의 맵 속성 값으로 설정한다.

```
const material_tex = new THREE.MeshBasicMaterial({map: texture});
```

DOM 쿼리

ID가 cubrick인 기본 요소를 DOM에서 검색하고 그 값을 새로운 변수에 저장한다.

```
const box = document.querySelector('#cubrick');
```

이로써 JS 변수로 A-Frame 안에 있는 Three.js 객체에 액세스할 수 있다.

Three.js 그룹과 getObject3D()

Three.js 메시 객체의 재질 속성을 설정해야 하므로 A-Frame 객체에 내장된 **getObject3D()** 메서드를 사용해 기본 Three.js 객체에 액세스한다.

```
const mesh = box.getObject3D('mesh');
```

A-Frame은 서로 다른 Three.js 객체로 구성된 엔티티를 Group이라는 Three.js 데이터 구조에 저장한다. Three.js 그룹에 포함하는 변수를 A-Frame의 **getObject3D('mesh')** 메서드로 호출하면 데이터 구조의 요소를 탐색해 매개 변수로 전달한 문자열 곧 'mesh' 와 일치하는 요소를 찾을 수 있다.

`<a-box>`엔티티에 해당하는 THREE.Mesh 객체를 JS 변수 'mesh'에 저장했다. 마침내 상자에 벽돌 텍스처를 적용할 수 있다.

```
mesh.material = material_tex;
```

JS 스크립트를 사용해 `<a-box>`에 대한 재질/텍스처 가져오기, 필터링, 할당을 실행하기 때문에 A-Frame의 HTML 구문으로 참조할 필요가 없다.

장면 실행

로컬 개발 서버로 브라우저에서 장면을 실행하기 전에 두 가지 사항, 즉 a) A-Frame 장면 상단에서 Asset Management System 엔티티를 제거했는지 b) 벽돌 텍스처를 참조하는 `<a-box>` 엔티티의 속성을 제거했는지를 점검하자.

A-Frame은 Three.js 라이브러리의 모든 객체와 기능을 A-Frame 장면 및 프로젝트 내에서 사용할 수 있다. 수정한 A-Frame 장면을 실행하면 상자의 재질 텍스처에 영향을 준 아티팩트가 수정됐음을 알 수 있다.

요약

- 전역 윈도우 객체의 속성 THREE로 Three.js 라이브러리에 액세스
- 전통적인 HTML 속성을 사용해 A-Frame 장면의 엔티티 ID를 정의
- Three.js의 필터 객체에 액세스하고자 기존 자바스크립트 사용
- 이미지 텍스처에 대한 밉맵 및 이방성에 대한 Three.js 필터 적용
- DOM API를 사용해 기존 HTML 요소인 것처럼 A-Frame 엔티티를 참조
- A-Frame 객체의 기본 Three.js 객체에 액세스해 A-Frame 객체의 재질 컴포넌트에 대한 텍스처 속성을 동적으로 설정

Three.js의 프레임워크인 A-Frame이 기본 자바스크립트 소스에 대한 액세스 가능성을 유지하는 방법을 확인했으므로 이제 A-Frame의 기능을 한 단계 발전시킬 수 있다.

A-Frame에서 커스텀 컴포넌트

A-frame에서 제공되는 기본 컴포넌트만을 갖고 나만의 XR 애플리케이션을 만들기에는 한계가 존재한다. ECS는 자바스크립트 모듈을 작성하고 HTML로 추상화할 수 있는 기능을 제공한다. 컴포넌트가 등록되면 HTML 속성으로 이 코드 모듈을 엔티티에 선언적으로 연결할 수 있다. 이 때문에 XR 개발자는 나만의 컴포넌트를 만들어서 A-Frame을 개인화할 수 있다.

실습 8-3: 커스텀 A-Frame 컴포넌트 빌드

실습 8-3의 내용은 다음과 같다.

- A-Frame의 `registerComponent()` 함수로 커스텀 컴포넌트 만들기

- 컴포넌트의 스키마 속성으로 커스텀 컴포넌트에 데이터를 저장하는 방법 학습
- A-Frame 컴포넌트에 내장된 생명 주기 후크$^{life-cycle\ hook}$를 사용해 컴포넌트의 동작을 예약하는 방법 학습
- 'this' 키워드를 사용해 첨부된 컴포넌트 내에서 엔티티의 데이터에 액세스하는 방법 학습

시작하기

A-Frame 프로젝트를 위한 새로운 index.html 페이지를 생성한다. 그다음 이전 `<a-scene>` 내용을 복사하고 아래와 같이 코드를 변경한다.

```
<body>
    <a-scene>
        <a-plane id="ground" height="50" width="50"
        rotation="-90 0 0"></a-plane>
        <a-box position="0.3 1.5 -0.5" depth="0.5" height="0.5"
        width="0.5"></a-box>
        <a-sky color="#87CEEB"></a-sky>
    </a-scene>
</body>
```

registerComponent()

새로운 커스텀 A-Frame 컴포넌트를 만들고자 A-Frame 프레임워크에 내장된 registerComponent() 메서드로 만든다. HTML 문서의 `<head>` 섹션에 있는 새 `<script></script>` 태그 사이에 다음과 같이 작성한다.

```
...
  <script>
```

```
    AFRAME.registerComponent('texture-loader', {
        schema: {},
        init: function () {
            console.log('initialized');
        },
        update: function () {

        }
    });
  </script>
</head>
```

registerComponent() 메서드에 전달하는 첫 번째 인수는 커스텀 컴포넌트에 적용할 이름이다. 실습 8-2에서 입력한 커스텀 컴포넌트의 이름은 'texture-loader'라 명하겠다.

스키마

커스텀 A-Frame 컴포넌트의 구조는 프레임워크에서 설정한 일련의 규칙을 따른다. schema 키워드는 컴포넌트의 데이터를 키/값 쌍의 형태로 정의하며, 컴포넌트의 속성 값을 정의하는 것이다. 다시 설명해서 컴포넌트를 함수라고 생각하면 함수의 인자 값과 값은 역할이다. 외부로부터 값을 전달받을 수 있고, 내부에서만 쓰이는 데이터일 수도 있다.

초기화

커스텀 컴포넌트의 두 번째 속성은 init다. init 속성은 A-Frame 장면에서 컴포넌트가 생성될 때 수행할 동작을 정의한다. init 속성의 값은 함수이며, 실습에서는 컴포넌트가 초기화됐음을 알리고자 간단하게 console.log 문으로 로그를 찍을 것이다.

업데이트

커스텀 컴포넌트에 포함된 세 번째 속성은 update다. update 속성은 스키마의 요소가 변경될 때 컴포넌트가 수행할 동작을 정의한다. update 속성은 또한 A-Frame 장면이 컴포넌트를 인스턴스화할 때 참조하는 함수를 실행하는 편리한 기능을 제공한다. 따라서 컴포넌트의 초기화에 필요한 모든 로직은 init 또는 update 속성 내에 있을 수 있다. 로직을 배치하는 위치는 전적으로 컴포넌트의 목적에 달려 있다.

커스텀 컴포넌트 속성

다음으로 컴포넌트가 스키마 내에서 데이터로 보유할 속성을 정의해 보자. 스키마의 중괄호 안에 다음과 같이 속성을 추가한다.

```
schema: {
    src: {},
    material_tex: {},
    mesh: {},
    texture: {}
},
```

스키마 속성의 값은 원래 'texture-loader' 컴포넌트에 대해 비어 있지만 해당 이름은 장면에서 A-Frame 엔티티의 본문에 동적으로 값을 설정할 수도 있다. 그러나 컴포넌트의 스키마에서 데이터 값을 정의하기 전에 컴포넌트에 저장할 정보를 어떤 식으로 사용할지 더 잘 알고 있어야 한다.

컴포넌트 내부에서 컴포넌트 데이터 참조

자바스크립트에는 키워드 'this'로 표현되는 고유한 기능이 내장돼 있다. 광범위하게 자바스크립트에서 이 키워드는 'this'가 추가된 메서드나 'this'에 의해 추가된 변수가 속하는 객체를 가리킨다. 예를 들어 컴포넌트의 스키마에 정의된 속성 'texture'에 Three.js

의 'TextureLoader' 객체에 의해 생성된 질감을 저장하려고 한다.

'this'

커스텀 컴포넌트에 대한 registerComponent() 함수의 업데이트 함수에서 Three.js TextureLoader 생성자에 대한 호출을 생성하고 컴포넌트의 스키마에 있는 텍스처 변수에 출력을 저장한다.

```
update: function () {
    this.data.texture = new THREE.TextureLoader().load(
        this.data.src
    );
}
```

this.data.texture 변수는 커스텀 텍스처로더texture-loader 컴포넌트에 대한 스키마에서 정의한 텍스처 속성을 가리킨다. 'this'는 A-Frame 장면의 <a-box> 엔티티에 첨부할 컴포넌트 자체를 나타낸다.

마찬가지로 this.data.src 변수는 컴포넌트 스키마의 맨 위에 정의한 src 변수를 가리킨다. 아직 this.data.src 변수에 값을 제공하지 않았다. 이 변수의 값은 커스텀 컴포넌트를 할당하는 엔티티에서 가져온다. 이 원리를 더 잘 이해하려고 장면의 엔티티에 커스텀 컴포넌트를 추가해 보겠다.

엔티티에 커스텀 컴포넌트 추가

커스텀 컴포넌트의 이름인 'texture-loader'를 <a-scene> 태그 안의 <a-box> 엔티티에 컴포넌트로 추가한다.

```
<a-box texture-loader="src: textures/brick_mat.jpg"
    position="0.3 1.5 -0.5"
```

```
    depth="0.5" height="0.5" width="0.5"
></a-box>
```

키/값 쌍의 구문을 사용해 컴포넌트의 src 속성 값을 텍스처로 가져오려는 이미지의 상대 파일 경로로 설정한다. 텍스처로더 컴포넌트의 업데이트 기능의 첫 번째 줄을 다시 참조하면 컴포넌트의 텍스처 속성 값이 src 변수에 저장된 파일 경로에 이미지를 로드해 생성된 Three.js 텍스처 객체라는 것을 알 수 있다. 따라서 스키마 객체에 정의된 속성으로 커스텀 텍스처로더 컴포넌트에 전달된 데이터는 커스텀 컴포넌트를 연결하는 A-Frame 엔티티 내에서 정의한 값에서 해당 소스를 찾는다.

this.data로 설정된 텍스처 속성 값으로 컴포넌트의 업데이트 함수에서 텍스처 변수를 사용하면 Three.js 텍스처 객체가 기본적으로 제공하는 속성에 액세스할 수 있다. this.data.texture 변수에 저장된 값은 Three.js TextureLoader의 출력이므로 값이 Three.js 텍스처 객체라는 것을 알 수 있다.

커스텀 컴포넌트를 통한 Three.js 속성

this.data.texture에 저장된 텍스처는 Three.js 텍스처 객체이기 때문에 Three.js 텍스처에 내장된 속성에 액세스하고 정의할 수 있다. 이 과정은 5장에서 이미 살펴봤다. 자바스크립트 점 표기법, 텍스처로더의 스키마에 저장된 텍스처 값의 이방성 및 밉맵 속성에 액세스한다.

```
this.data.texture.anisotropy = 16;
this.data.texture.minFilter = THREE.NearestFilter;
this.data.texture.maxFilter = THREE.NearestFilter;
```

이전 부분에서 자바스크립트 <script> ~ </script> 부문만 변경하겠다. 커스텀 컴포넌트를 만드는 목적은 컴포넌트에 필요한 정보를 캡슐화하는 것이다.

마무리

이제 <a-box> 요소를 감싸고 싶은 텍스처 객체를 얻었으므로 실행만 남았다. 1) 텍스처를 Three.js 재질에 적용한다. 2) A-Frame <a-box> 기본 요소로 래핑된 Three.js 메시 객체에 대한 참조를 획득한다. 3) <a-box> 기본 요소에 재질과 텍스처를 적용한다.

재질에 텍스처 추가

Three.js 재료에 텍스처를 적용하려면 Three.MeshLambertMaterial() 생성자의 출력을 material_tex 변수에 저장하고 재질의 map 속성을 로드한 텍스처맵으로 설정한다.

```
this.data.material_tex = new THREE.MeshLambertMaterial( {map: this.data.texture} );
```

Three.js 재질의 map 속성은 Three.js 라이브러리의 내장 기능이다. A-Frame을 사용하면 Three.js 객체를 쉽게 생성하고 A-Frame 컴포넌트의 스키마 내의 변수에 저장할 수 있다.

'this.el'

A-Frame은 커스텀 컴포넌트를 추가하는 모든 요소 또는 엔티티에 액세스할 수 있는 메커니즘을 제공한다. this.el을 호출해 컴포넌트의 업데이트 함수 내의 변수에 저장함으로써 A-Frame 요소의 속성을 조작하는 기능을 사용할 수 있다.

컴포넌트를 적용한 요소를 고정할 변수를 정의한다.

```
const el = this.el;
```

A-Frame의 모든 엔티티와 마찬가지로 기본 <a-box> 엔티티는 Three.js 그룹을 둘러싼

래퍼다. Three.js 그룹은 부모 객체를 구성하는 노드의 계층적 집합인 장면 그래프 또는 HTML 구문 트리와 같다. A-Frame 메서드 getObject3D()에 대한 호출로 A-Frame 요소를 구성하는 개별 Three.js 객체에 액세스할 수 있다.

메시 통과

Three.js의 대부분의 객체는 기본 클래스인 Three.js의 Object3D 클래스를 가지므로 getObject3D() 메서드를 사용해 A-Frame 요소의 기본 Three.js 객체뿐만 아니라 내장된 속성에도 액세스할 수 있다.

자바스크립트 점 표기법을 사용해 <a-box> 기본 요소의 Three.js 메시 객체에 액세스하고 커스텀 컴포넌트의 스키마에 정의된 변수에 저장한다.

```
this.data.mesh = el.getObject3D('mesh')
```

컴포넌트 스키마에 변수로 저장된 <a-box> 엔티티의 메시를 사용해 Three.js Texture Loader로 로드한 벽돌 재질을 <a-box> 엔티티의 Three.js 메시의 재질 속성에 적용할 수 있다.

```
this.data.mesh.material = this.data.material_tex;
```

마지막으로 <a-box> 엔티티의 Three.js 메시 객체에 텍스처와 재질을 적용하면 로컬 호스트 개발 서버로 브라우저에서 수정된 HTML 문서를 로드할 수 있다.

장면 실행

모든 것이 계획대로 잘 진행됐다면 실습의 8-2에서 봤던 동일한 장면을 볼 수 있다. A-Frame 장면의 <a-box> 엔티티는 새로운 커스텀 'texture-loader' 컴포넌트로 로드한 brick_mat.jpg 파일인 텍스처가 있는 재질로 래핑됐다. 컴포넌트의 init 함수에서 인쇄한 'initialized' 문자열을 통해 브라우저의 콘솔을 확인할 수 있다. 이로써 컴포넌트가 재료를 로드하고 엔티티에 잘 적용됐다.

요약

- A-Frame의 `registerComponent()` 함수를 사용해 커스텀 A-Frame 컴포넌트 생성
- 컴포넌트의 스키마 속성을 사용해 컴포넌트의 상태를 설정
- A-Frame 컴포넌트에 내장된 생명 주기 후크를 사용해 컴포넌트의 엔티티가 수행할 동작을 예약
- `'this'` 자바스크립트 키워드를 사용해 A-Frame 엔티티의 커스텀 컴포넌트 구현에 고유한 데이터를 가져오고 설정

물론 커스텀 컴포넌트로 A-Frame 장면의 단일 엔티티에 대한 텍스처를 로드하는 것은 의미가 없다. 실습의 이 부분에서 작성한 코드가 실습 8-2에서 작성한 순수한 자바스크립트보다 더 복잡했기 때문이다. 그러나 커스텀 컴포넌트 및 일반적으로 A-Frame 컴포넌트의 장점은 한 번에 둘 이상의 엔티티에 적용할 때 비로소 진가가 발휘된다.

두 마리의 새, 하나의 컴포넌트

실습 8-3에서는 A-Frame `<a-box>` 원형의 재질에 텍스처를 로드하고 적용하려고 'texture-loader'라는 커스텀 컴포넌트를 만들었다. 여기서는 평면 객체의 지오메트리를 유지하는 일반 A-Frame 엔티티를 A-Frame `<a-plane>` 기본 요소로 대체했다.

```
<a-scene>
    <a-plane id="ground" height="50" width="50"
```

```
rotation="-90 0 0"></a-plane>
...
```

실습 8-4에서는 장면에서 둘 이상의 케이스를 처리하고자 텍스처로더의 기능을 구축할 것이다. 특히 실습 8-3에서 만든 사용자 지정 A-Frame 컴포넌트를 사용해 잔디 텍스처를 로드하고 A-Frame 장면에서 지면 역할을 하는 평면에 적용한다.

실습 8-4: 잔디 지면

실습 8-4의 내용은 다음과 같다.

- A-Frame 엔티티에 연결할 사용자 컴포넌트의 두 번째 인스턴스를 생성
- 새 속성을 포함하도록 커스텀 컴포넌트의 스키마에 저장된 데이터 확장
- 이미지와 노멀 맵 텍스처를 엔티티의 재료 컴포넌트에 모두 적용
- A-Frame 특성을 사용해 엔티티의 사용자 지정 컴포넌트 인스턴스로 데이터를 전달하는 방법 학습
- 컴포넌트의 생명 주기 후크 내에서 조건부 로직을 사용해 스키마에서 속성 값을 동적으로 설정
- A-Frame 장면에 방향 광원과 주변 광원을 모두 추가
- A-Frame 컴포넌트로 장면에 포그 추가

평면 엔티티에 사용자 지정 컴포넌트 추가

장면의 `<a-plane>` 엔티티에 커스텀 텍스처로더 컴포넌트를 추가하고 프로젝트 폴더에서 원하는 이미지를 src로 설정한다.

```
<a-plane id="ground"
         texture-loader="src: textures/grass.jpg"
         height="50" width="50"
         rotation="-90 0 0"
></a-plane>
```

`<a-box>` 엔티티에 적용한 벽돌 재질과 마찬가지로 grass.jpg 이미지는 평면의 Three.js 재질 객체에 텍스처로 A-Frame 장면에 원활하게 로드된다. 그러나 평면 객체의 크기가 상자 객체보다 크기 때문에 장면을 보다 균형 있게 묘사하려면 특정 Three.js 텍스처 필터를 적용해야 한다. Three.js에 대한 과정의 5장 실습에서 배운 교훈을 사용해 시작하겠다. 기억하겠지만 개발자는 노멀 맵을 객체의 텍스처에 적용해 XR 장면의 신뢰성을 높일 수 있다.

사용자 지정 컴포넌트 속성 추가

평면의 텍스처에 노멀 맵을 추가하는 프로세스를 시작하고자 사용자 컴포넌트의 스키마 내에 2개의 새 속성을 정의해 보겠다.

```
schema: {
    src: {},
    material_tex: {},
    mesh: {},
    texture: {},
    normal: {type: "boolean"},
    normal_src: {}
},
```

A-Frame에서 커스텀 컴포넌트 스키마의 속성에 적용된 속성은 개발자에게 속성의 데이터 유형 및 기본값을 정의하는 옵션을 제공한다. 컴포넌트의 'normal map'을 참조하

는 속성에 'boolean' 값을 사용하는 이유를 더 잘 이해하고자 컴포넌트의 업데이트 기능 로직을 다시 살펴보겠다.

전통적인 JS 스크립트 대신 A-Frame에서 커스텀 컴포넌트를 사용하는 주요 이점 중 하나는 컴포넌트의 재사용성이다. 어떤 특정한 기능이 있는 단일 컴포넌트를 생성해 둘 이상의 엔티티에 적용할 수 있다. 따라서 코드를 다시 작성하지 않고 더 많은 작업을 수행하게 된다. 그러나 A-Frame에서 개발자가 모든 엔티티에 동일한 컴포넌트를 적용하는 것은 지양해야 한다. 커스텀 컴포넌트의 성능을 다양화할 수 있는 한 가지 방법은 업데이트 기능에 조건부 로직을 도입하는 것이다.

조건부 로직을 통한 컴포넌트 다양성

텍스처로더 커스텀 컴포넌트의 업데이트 함수 코드 맨 아래에 다음 if 문을 추가한다.

```
if (this.data.normal == true) {
    console.log('normal true');
    this.data.normal_map = new THREE.
    TextureLoader().load(
        this.data.normal_src
);
this.data.mesh.material.normalMap = this.
data.normal_map;
this.data.mesh.receiveShadow = true;
```

텍스처로더의 업데이트 함수에서 if 문에 적용한 로직은 실습 8-3에서 작성한 코드와 성능면에서 거의 동일하다. 이 코드 블록의 유일한 차이점은 if 문의 조건부 로직이다. if 문이 가리키는 스키마 속성은 컴포넌트를 통과할 불리언 값이다. 장면의 엔티티에서 선언한다. 속성 값이 true이면 업데이트 함수의 코드가 본문을 실행해 지면의 노멀 맵으로 사용하려는 이미지 파일을 로드한다.

데이터를 src로 전달

장면의 평면 객체에 배치된 텍스처로더 컴포넌트의 본문에서 normal 및 normal_src 스키마 속성 값을 정의해 컴포넌트의 업데이트 함수에 인수로 제공할 수 있다.

평면의 텍스처로더 컴포넌트에서 normal 및 normal_map 속성 값을 정의한다.

```
texture-loader="src: textures/grass.jpg; normal: true; normal_
src: textures/grass-nm.jpg;"
```

CSS의 속성과 마찬가지로 텍스처로더 컴포넌트의 속성을 세미콜론으로 구분한다.

물론 장면의 잔디 텍스처에 노멀 맵을 적용하는 것만으로 지면 요소의 신뢰성이 즉시 변형되지는 않는다. 이미 이방성 및 밉맵 속성을 정의했으므로 텍스처로더 컴포넌트가 로드되는 이미지에 적용되기를 원하므로 A-Frame 평면에서 텍스처의 크기를 처리하는 추가 코드를 작성해야 한다.

동일한 컴포넌트의 다른 속성 값

다시 말하지만 이 과정의 실습에서 배운 교훈을 Three.js로 적용해 평면 객체의 텍스처 모양을 편집할 수 있다. 'wrap' 및 'repeat' 속성은 Three.js에 내장돼 있으며 Three.js 텍스처 객체에 노출된다. 플레인 객체의 텍스처로더 컴포넌트에서 해당 값을 불리언 값 'true'로 설정한다. 결과적으로 사용자 컴포넌트의 registerComponent() 함수의 업데이트 함수 내에서 this.data 객체의 속성으로 사용할 수 있게 된다.

registerComponent() 함수의 스키마 객체에 2개의 새 속성을 추가한다.

```
wrap: {type: "boolean", default: false},
repeat: {type: "boolean", default: false}
```

컴포넌트 스키마에 새 속성을 정의했으므로 장면의 평면 객체에 추가한 텍스처로더 컴포넌트의 본문에 해당 값을 설정해 보겠다.

```
texture-loader="src: textures/grass.jpg; normal: true; normal_
src: textures/grass-nm.jpg; wrap: true; repeat: true"
```

registerComponent() 함수의 업데이트 함수 맨 아래에 다음 조건부 로직을 추가한다.

```
if (this.data.wrap === true && this.data.repeat === true) {
this.data.texture.wrapS = this.data.texture.wrapT = THREE.
RepeatWrapping;
this.data.texture.repeat.set(25, 25);
}
```

if문의 로직은 평면 객체의 텍스처로더 컴포넌트에서 정의한 wrap 및 repeat 속성의 값을 읽는다. 함수의 본문은 Three.js 고유의 속성을 사용해 텍스처로더가 가져온 텍스처의 텍스처 속성을 설정한다. 텍스처의 반복 속성 값은 돌로 설정되지 않는다. 장면의 스타일에 맞게 텍스처의 반복 인수 값을 변경할 수 있다.

브라우저에 장면을 저장하고 로드하면 가져온 이미지의 기본값에서 커스텀 텍스처로더 컴포넌트가 실행하는 변환을 보여 준다. 그러나 평면의 노멀 맵 텍스처가 장면에서 수행하는 역할은 인식하지 못할 수 있다. 사실 그것이 명백하지 않기 때문에 알아차리지 못할 것이다.

조명 모델이 유지됨

텍스처의 노멀 맵은 장면의 조명에 반응하므로 해당 노멀 맵을 활성화하려면 장면에 적절한 조명 객체를 제공해야 한다.

A-Frame 장면의 평면 객체에서 노멀 맵 텍스처를 활성화하려면 다음 코드를 추가해 장면에 방향 조명과 주변 조명을 모두 만든다.

```
<a-entity id="dir-light" light="type: directional;
color: #dfebff; intensity: 1" position="50 200 100">
</a-entity>
<a-entity light="type: ambient; color:
#666666"></a-entity>
```

HTML 문서를 저장하고 브라우저에서 장면을 다시 로드하면 빛에 대한 잔디 텍스처의 반응 부분에서 보다 사실적으로 보여 줄 수 있다. 라이트 객체의 매개 변수를 조정하면 객체의 노멀 맵과 장면의 조명 방정식 간의 상호 작용이 수행하는 역할을 더 잘 보여 준다.

컴포넌트로서의 포그

마지막으로 실습 4-3에서는 사용하기에 익숙한 객체를 사용해 A-Frame 장면에 마지막 세부 사항을 추가할 수 있다. A-Frame은 Three.js 포그 객체를 장면 엔티티의 컴포넌트로 노출해 편리하게 액세스할 수 있도록 한다.

장면에 포그를 추가하려면 A-Frame 장면 요소에 내장된 포그 컴포넌트의 속성 값을 정의하기만하면 된다.

```
fog="type: exponential; density: 0.1; color: #cce0ff"
```

HTML 문서를 저장하고 브라우저에서 장면을 다시 로드하면 A-Frame 프레임워크로 장면에 포그를 얼마나 쉽게 추가할 수 있는지 알 수 있다.

요약

실습 8-4에 배운 내용은 다음과 같다.

- 사용자 컴포넌트의 두 번째 인스턴스를 생성하고 A-Frame 엔티티에 추가
- 추가 엔티티에 대한 속성을 포함하도록 사용자 지정 컴포넌트의 스키마 확장
- Three.js 텍스처로 A-Frame 재질 컴포넌트에 노멀 맵을 추가
- 엔티티의 속성으로 컴포넌트에 데이터 전달
- 컴포넌트의 생명 주기 함수 내에서 조건부 로직을 사용해 컴포넌트 인스턴스의 속성 값을 동적으로 설정
- A-Frame 장면에 방향 및 주변 광원 추가
- A-Frame 장면 엔티티의 컴포넌트로 장면에 포그 추가

정리

지금쯤이면 A-Frame이 개발자에게 WebXR 장면 생성을 위해 제공하는 엄청난 지원을 이해하기를 바란다. 그러나 아직 다루지 않은 A-Frame의 기능 중 하나는 사용자와 XR 장면 간의 상호 작용을 제공하는 방식이다. 9장에서는 A-Frame의 커스텀 기회와 내장 기능을 활용해 실제 물리를 재현하고 사용자의 XR 컨트롤러와 인터페이스하는 컴포넌트를 만드는 시스템을 구현한다.

8장에서는 다음과 같은 내용을 다뤘다.

- HTML 스크립트 속성으로 A-Frame 프레임워크 가져오기
- A-Frame 장면 엔티티가 Three.js 장면과 WebXR 세션을 시작하는 데 필요한 많은 로직을 처리하고 추상화하는 방법 학습
- 기본 엔티티를 사용해 A-Frame 장면 생성

- 자산 관리 시스템이라는 A-Frame 시스템의 예를 사용해 장면의 재료 컴포넌트에 필요한 이미지 자산을 미리 로드함
- 브라우저의 DOM API를 사용해 HTML 장면 그래프에서 A-Frame 엔티티를 찾고자 커스텀 자바스크립트를 작성
- 자바스크립트를 사용해 이미지 파일을 Three.js 텍스처로 동적으로 로드하고 A-Frame 엔티티의 재료 컴포넌트에 적용
- 자바스크립트를 사용해 A-Frame이 구축된 기본 Three.js 객체에 액세스
- Three.js 텍스처 속성의 값을 동적으로 설정해 장면 내 아티팩트 및 앨리어싱 문제를 해결
- A-Frame의 `registerComponent()` 함수로 커스텀 컴포넌트 생성
- 스키마로 사용자 지정 컴포넌트의 상태 설정
- 커스텀 컴포넌트의 생명 주기 후크(예: 초기화 및 업데이트) 내에서 로직 및 동작 구현
- 이미지와 노멀 맵을 둘 이상의 사용자 컴포넌트 인스턴스에 동적으로 적용
- 컴포넌트의 스키마 데이터 상태를 가져오고 설정하고자 사용자 컴포넌트의 기능 내에서 액세스할 때 `this` 키워드의 의미 학습
- A-Frame 장면에 방향 및 주변 조명 추가
- `<a-scene>` 엔티티의 컴포넌트로 A-Frame 장면에 포그 추가

9장

A-Frame의 물리 엔진과 UI

8장은 A-Frame 프레임워크의 기본 소개를 했다. 그중에서도 엔티티 컴포넌트 시스템 E^{CS}의 핵심이 되는 엔티티와 컴포넌트에 중점을 두었다. A-Frame에서 엔티티는 컴포넌트를 래핑해 3D 장면에서 복잡한 객체를 만든다. A-Frame은 개발자에게 엔티티 기본 요소(예: 상자, 평면, 원뿔, 하늘)를 제공할 뿐만 아니라 커스텀 컴포넌트로 구성된 자체 엔티티를 만들 수도 있다. 그러나 A-Frame의 확장성은 엔티티와 컴포넌트에 국한되지 않는다. A-Frame의 장점은 시스템을 장면에 적용하는 과정을 통해 알 수 있다.

9 장의 주요 내용은 다음과 같다.

- A-Frame 장면에 물리 시스템 추가
- A-Frame 물리 시스템의 속성을 사용해 장면의 엔티티에 실제 물리 엔진 적용
- 더 많은 커스텀 시스템 및 컴포넌트를 위한 A-Frame 개발자 에코시스템을 탐색해 장면을 더욱 풍부하게 만들기
- A-Frame의 혼합^{mixin} 기능을 사용해 VR 컨트롤러 상호 작용을 위한 커스텀 엔티티 만들기

- A-Frame에서 제공하는 3D 모델을 사용해 사용자가 장면과 상호 작용할 수 있는 가상 컨트롤러 만들기

게임 엔진은 어디에 있나요?

지금까지 배운 것을 다시 한번 정리하면 브라우저에 내장된 WebGL API를 기반으로 진화하고 발전했다. 먼저 WebGL은 웹상의 3D 객체를 위한 그래픽 라이브러리다. 그리고 Three.js는 브라우저에서 WebGL 장면의 렌더링을 용이하게 하는 자바스크립트 라이브러리 및 API다. 다음으로 A-Frame은 Three.js 위에 구축된 프레임워크다. 기본이 되는 맨 아래 WebGL의 정점 및 프래그먼트 셰이더에서 현재까지 최상위인 A-Frame의 엔티티 및 컴포넌트로 따라 올라가다 보면 점점 더 단순해지는 WebXR 작업 과정을 볼 수 있다. 이 과정에서 다루지 않은 WebXR 장면 및 애플리케이션을 만드는 데 도움이 되는 한 가지는 게임 엔진이다.

Unreal, Unity, Babylon.js와 같은 게임 엔진의 인터페이스 및 워크플로workflow를 배우는 데 전념하는 책들이 있다. 이러한 게임 엔진들에는 Three.js와 A-Frame에는 기본적으로 없는 물리 엔진이 있다. 예를 들어 Unity와 같은 게임 엔진으로 XR 체험을 설계한 적이 있다면 장면들은 프로그램에 내장된 중력의 특성으로 거의 즉각적으로 반응한다는 것을 알 수 있다. 물론 중력은 현실 세계의 물리학의 한 요소다. 이처럼 게임 엔진에는 기본적으로 내장된 운동학(중력, 마찰, 탄성)과 같은 물리학 요소가 있기에 XR 애플리케이션을 개발하는 데 주요 강점이 될 것이다.

그러나 실망하지 않길 바란다. 이전 실습에서 배운 대로 A-Frame은 확장 가능한 애플리케이션이다. 개발자는 커스텀 엔티티와 컴포넌트를 만들 수 있다. 시스템도 A-Frame에서 편집할 수 있다. 운동학처럼 복잡한 동작을 구현하는 시스템은 개별 개발자가 스스로 만들기에 매우 어려울 수 있기 때문에 A-Frame은 다른 개발자가 만든 시스템을 활용할 수 있는 기능을 제공하고 있다. 이것이 더 유용하기 때문이다. 그저 A-Frame 장면

에서 물리 엔진을 가져오는 방법만 배우면 된다.

실습 9-1: A-Frame에서 물리 시스템 가져오기

8장 실습에서 A-Frame 장면에 기능을 추가하고자 커스텀 컴포넌트를 만드는 방법을 배웠다. 실습 9-1에서는 A-Frame 개발자 에코시스템ecosystem을 사용해 이미 다른 사람이 만들고 테스트한 물리 시스템을 가져오겠다.

실습 9-1의 내용은 다음과 같다.

- A-Frame 개발자 에코시스템의 범위에 대해 알아보기
- 다른 개발자가 만든 A-Frame 패키지를 자신이 만든 장면에 설치하는 방법 알아보기
- 타사 A-Frame 패키지의 속성에 액세스해 A-Frame 장면에서 실제 물리학의 현상 만들기

A-Frame과 시스템 설치하기

이 실습을 시작하려면 A-Frame 스크립트 가져오기를 사용해 새 HTML 문서를 만든다.

이번에는 A-frame의 버전을 1.1.0으로 낮춰서 진행해야 한다. 아직 다른 애드온 스크립트가 최신 버전을 지원하지 않기 때문이다.

```
<script src = "https://aframe.io/releases/1.1.0/aframe.min.js"></ script>
```

그런 다음 돈 맥커디Don McCurdy가 만든 A-Frame 물리 시스템 애드온 사이트에 방문하자.

https://github.com/donmccurdy/aframe-physics-system[1]

타사 스크립트를 A-Frame 프로젝트로 가져오는 것에 놀라기 전에 A-Frame 개발자 에코시스템을 조금 알아보자.

A-Frame 개발자 에코시스템

모질라에서 만들고 유지 관리하는 A-Frame은 이를 사용하는 모든 사용자를 위한 무료 오픈소스 프레임워크다. A-Frame은 소스 코드를 인터넷과 공유하기 때문에 개발자들은 프레임워크를 위한 자체 컴포넌트와 시스템을 만들 수 있다.

A-Frame 물리 시스템

기본 A-Frame Starter 프로젝트의 가장 인기 있는 추가 기능 중 하나는 A-Frame의 공동 제작자 중 하나인 돈 맥커디가 만들고 관리하는 물리학 라이브러리다.

1. 돈 맥커디의 A-Frame 물리 시스템에 대한 깃허브 페이지의 README.md 문서에 따라 스크립트를 프로젝트로 가져올 CDN을 찾는다.

   ```
   <script src="//cdn.rawgit.com/donmccurdy/aframe-physics-system/v4.0.1/dist/aframe-physics-system.min.js"></script>
   ```

이제 HTML 문서의 〈head〉 섹션에 다음 두 스크립트가 포함돼야 한다.

```
<script src="https://aframe.io/releases/1.1.0/aframe.min.js"></script>
<script src="//cdn.rawgit.com/donmccurdy/aframe-physics-system/v4.0.1/dist/aframe-physics-system.min.js"></script>
```

---

1 사이트를 접속하면 https://github.com/n5ro/aframe-physics-system로 이동하게 된다. – 옮긴이

장면 엔티티에 시스템 로드

일반적으로 A-Frame 프로젝트에 시스템을 추가하고자 시스템 이름을 A-Frame 장면 태그에 속성으로 넣는다.

```
<a-scene physics = "debug : false">
```

물리 디버그 값을 'true'로 설정하면 개발 중에 도움이 될 수 있는 각 물리 객체의 몸체에 와이어프레임wireframe을 만든다. 물리 시스템용 깃허브 저장소의 Readme.md 파일에는 장면에 대한 기본 중력 및 마찰과 같은 다른 속성에 대한 내용도 있다. 그러나 debug 속성 값을 'false'로 설정하고 시스템 설정을 기본값으로 유지하려고 한다.

엔티티에 물리 속성 추가

실제 물리가 적용된 A-Frame 장면이 어떻게 보이는지 살펴보고자 카메라, 평면, 구, 상자를 장면에 추가해 보겠다.

```
<a-camera position="0 0.3 0"></a-camera>
<a-plane material="color: gray" width="25" height="25"
rotation="-90 0 0" position="0 0.2 0" static-body></a-plane>
<a-sphere static-body position="-5 12 -6" material="color:
yellow" radius="2"></a-sphere>
<a-box dynamic-body grabbale position="0.5 50 -0.5"
material="color: blue" width="0.5" height="0.5" depth="0.5"></a-box>
```

장면에 추가한 코드 중에서 가장 주목할 만한 것은 'static-body'와 'dynamic-body'라는 속성이다. ⟨a-scene⟩ 엔티티에 추가한 물리 시스템에서 가져온 이러한 속성은 장면에서 객체의 동작을 정의한다. 돈 맥커디가 만든 물리 시스템의 'static-body' 속성은 움직이지 않는 객체를 정의한다.

반대로 'dynamic-body' 속성은 중력 및 탄력과 같은 장면에 정의된 물리적 법칙에 따라 작동한다.

HTTP vs. HTTPS

이 과정 내내 사용한 로컬 개발 서버를 사용해 방금 구축한 장면을 실행하려고 했다면 장애물과 마주쳤을 수도 있다. 컴퓨터를 통해 VR 장면을 주변 VR 장치로 쉽게 이식하고자 A-Frame과 통합되는 주요 웹 브라우저는 없다. A-Frame으로 만든 VR 장면을 테스트하려면 오큘러스 퀘스트 운영체제에서 제공하는 오큘러스 브라우저Oculus Browser를 사용할 수 있다. 오큘러스 퀘스트 이외의 VR 헤드셋의 경우 하드웨어 제조업체에서 제공한 설명서를 참조해 브라우저에서 A-Frame 애플리케이션과 상호 작용하는 가장 좋은 방법을 찾길 바란다.

그러나 저자와 같이 오큘러스 퀘스트를 사용해 오큘러스 브라우저를 통해 A Frame 장면을 개발하는 경우 A-Frame 콘텐츠에 액세스할 수 있는 두 가지 방법이 있다. 서버와 오큘러스 브라우저 간의 통신에는 안전하고 암호화된 연결이 필요하기 때문에 ADB가 명령 프롬프트에서 실행되고 USB 케이블이 장치를 컴퓨터에 연결하더라도 퀘스트를 통해 개발 서버에 직접 액세스할 수 없다. 로컬 호스트 서버에서 암호화된 HTTPS 연결을 생성하려면 깃허브 페이지 또는 Ngrok라는 애플리케이션을 사용할 수 있다.

깃허브에서 프로젝트에 대한 개인 페이지를 만들려면 다음 링크를 방문하자.

https://pages.github.com/

무료 깃허브 계정에 등록하고 개인 저장소를 만들고 개발 폴더에 저장소를 복제하고 A-Frame 장면이 포함된 HTML 문서를 추가하면 깃허브 페이지의 HTTPS 연결을 통해 VR 장치의 브라우저를 직접 가리킬 수 있다. 10장에서 이 프로세스를 자세히 살펴보겠다.

두 번째 방법은 깃허브의 메커니즘에 아직 익숙하지 않은 경우 사용할 수 있다. VS Code 터미널을 통해 NPM에서 Ngrok라는 패키지를 다운로드받자.

https://ngrok.com/docs

무료 서비스인 Ngrok는 개인용 컴퓨터의 로컬 호스트 개발 서버에 안전하고 암호화된 HTTPS 터널을 제공한다. 암호화된 터널을 통해 오큘러스 퀘스트의 오큘러스 브라우저 포털을 통해 A-Frame 장면에 액세스하면 시스템의 기본 HTTP 연결로 인한 보안 문제가 해결된다. 그러나 무료 서비스인 Ngrok의 단점은 로컬 개발 서버를 가리키는 암호화된 URL이 시작할 때마다 무작위로 생성된다는 것이다. 생성된 암호화된 링크는 기억하기 어렵기 때문에 주변 장치의 브라우저에 주소를 입력하는 것이 어려울 수 있다.

Ngrok에 소정의 구독료를 지불하면 일상적으로 로컬 호스트를 가리키는 암호화된 개인 URL을 만들 수 있다. 서버와 VR 헤드셋 간의 로컬 호스트 연결을 암호화하는 방법을 결정했으면 이 실습에서 만든 장면을 시작할 준비가 된 것이다.

요약

실습 9-1에서는 다음을 수행했다.

- A-Frame 개발자 에코시스템에서 물리 시스템 설치
- A-Frame 장면 엔티티에 물리 시스템 연결
- A-Frame 실체에 대한 속성으로서 물리 시스템 부착 특성
- 'static-body' 및 'dynamic-body' 속성을 사용해 엔티티를 운동학적 또는 비운동적 상태로 표시

실습 9-2

가상 장면에서의 물리 엔진이 사용자에게 실제와 같은 느낌을 받도록 해야 한다. 마치 다른 세계에 있는 것처럼 느끼게 하고자 내장된 A-Frame 터치 컨트롤러 객체와 A-Frame 개발자 에코시스템을 통해 사용할 수 있는 다른 시스템을 모두 활용해 보겠다.

실습 9-2의 내용은 다음과 같다.

- 터치 상호 작용을 전문으로 하는 A-Frame 개발자 에코시스템에서 시스템 가져오기
- 타사 시스템과 A-Frame 터치 컨트롤러 컴포넌트를 모두 연결해 WebXR Gamepad API를 통해 XR 터치 컨트롤러를 생성
- A-Frame 'mixins'를 만드는 방법 알아보기
- 충돌기, 이벤트, 필터의 적용을 통해 A-Frame 장면 내에서 터치 컨트롤러와 객체 간의 대화형 동작을 추가

Super Hands

Super Hands 컴포넌트는 윌 머피[Will Murphy]에 의해서 만들고 유지되는 A-Frame 라이브러리다. 머피의 Super Hands 컴포넌트는 A-Frame 장면에서 터치 컨트롤러 또는 마우스 입력과 자연스럽고 직관적인 상호 작용을 손쉽게 추가할 수 있다.

깃허브를 통한 액세스

머피의 Super Hands 시스템을 가져오려면 깃허브 저장소를 방문하자.

https://github.com/wmurphyrd/aframe-super-hands-component

가져오기

HTML 문서의 〈head〉 섹션에 있는 〈script〉 태그 내에 컴포넌트의 URL을 배치한다.

```
<script src = "https://unpkg.com/super-hands@3.0.0/dist/superhands.min.js">
</ script>
```

머피의 컴포넌트는 A-Frame 장면에서 사용자의 컨트롤러와 객체 간에 상호 작용을 추가할 수 있고, 또한 A-Frame은 Vive 및 오큘러스 터치 컨트롤러[Oculus-touchcontrols] 모두에 터치 컨트롤러 엔티티를 제공한다.

터치 컨트롤러 컴포넌트

오큘러스 퀘스트로 개발할 때 일반 A-Frame 엔티티에 오큘러스 터치 컨트롤러 컴포넌트를 추가한다.

```
<a-entity oculus-touch-controls = "hand : left"> </ a-entity>

<a-entity oculus-touch-controls = "hand : right"> </ a-entity>
```

암호화된 HTTPS 링크를 사용해 오큘러스 퀘스트의 오큘러스 브라우저와 같은 VR 브라우저에 장면을 로드하면 손의 실시간 움직임을 추적하는 퀘스트 컨트롤러의 모양과 함께 모델과 텍스처가 표시된다. 안타깝게도 터치 컨트롤러 아바타[avatar]는 아직 장면의 객체와 상호 작용할 수 없다.

대화형 만들기

A-Frame 장면의 객체와 XR 장치의 터치 컨트롤러 간의 상호 작용하게끔 만들려면 Super Hands 제작자 윌 머피가 개발한 라이브러리를 하나 더 포함해야 한다.

```
<script src = "https://unpkg.com/aframe-physics-extras@0.1.2/
dist / aframe-physics-extras.min.js "> </ script>
```

돈 맥커디의 A-Frame 물리 시스템과 머피의 Super Hands 컴포넌트를 기반으로 하는 머피의 A-Frame Physics Extras 시스템은 터치 컨트롤러와 장면의 객체를 연결하는 다리 역할을 한다.

A-Frame Physics Extra 시스템

깃허브 저장소에서 라이브러리의 문서에 따르면 Physics Extras 시스템이 A-Frame의 추적된 컨트롤러에 있는 충돌기의 존재에 의존한다는 것을 알 수 있다. A-Frame 장면의 컨트롤러에 Super Hands와 Physics Extras 모두에 필요한 모든 속성과 컴포넌트가 포함돼 있는지 확인하고자 'mixin'이라는 A-Frame 객체를 통해서 알아보자.

A-Frame의 mixin

실습 9-1에서 나온 동일한 HTML 문서의 여는 〈a-scene〉 태그 바로 아래에 A-Frame 자산 관리 시스템에 대한 여는 태그와 닫는 태그를 만든다. 〈a-asset〉 태그 사이에 다음 컴포넌트 및 속성 값을 사용해 A-Frame 'mixin' 엔티티를 만든다.

```
<a-scene physics="debug: false">
    <a-assets>
        <a-mixin id="controller"
            physics-collider
            static-body="shape: sphere; sphereRadius: 0.02"
            super-hands="colliderEvent: collisions;
                        colliderEventProperty: els;
                        colliderEndEvent: collisions;
                        colliderEndEventProperty: clearedEls"
        collision-filter = "group: hands;
```

```
            collidesWith: blue;
            collisionForces: false">
</a-mixin>
```

물리 충돌기 및 충돌 필터 컴포넌트는 머피의 Physics Extras 라이브러리에서 제공한다. 돈 맥커디의 A-Frame Physics 라이브러리에서 가져온 정적 몸체 컴포넌트다. Super Hands 컴포넌트의 속성은 머피의 Super Hands 스크립트에서 가져온다. 컴포넌트의 깃허브 저장소에 있는 문서를 읽고 Super Hands 구문 및 내장 속성의 세부 사항을 배울 수 있다.

충돌 이벤트 및 컴포넌트

mixin의 충돌 이벤트 및 충돌 필터 컴포넌트는 A-Frame 터치 컨트롤러 엔티티에 추가하려는 기능을 캡슐화한다.

mixin을 장면 내부의 컨트롤러 엔티티에 컴포넌트로 추가할 수 있다.

```
<a-entity oculus-touch-controls="hand: left"
model: true
mixin="controller">
</a-entity>

<a-entity oculus-touch-controls="hand: right"
model: true
mixin="controller">
</a-entity>
```

컨트롤러는 장면에서 상호 작용할 객체 없이는 거의 또는 아무것도 하지 않는다.

잡을 수 있는 속성 및 충돌 필터

상호 작용할 수 있는 상자 객체를 만들고자 장면의 〈a-assets〉 섹션에 다른 mixin 엔티티를 추가해 보겠다. 장면의 평면과 상자 객체 모두에 Physics Extra 충돌 필터 컴포넌트를 추가해 장면의 객체에 상호 작용을 제공할 수 있다.

```
<a-mixin id="cube" dynamic-body grabbable
    geometry="primitive: box; width: 0.5; height:
    0.5; depth: 0.5">
</a-mixin>
```

그런 다음 신scene의 새로운 일반 엔티티에 mixin을 추가할 수 있다.

```
<a-entity mixin="cube" position="0 1 -1"
 material="color: blue" sleepy
    collision-filter="group: blue; collidesWith:
    default, hands">
</a-entity>
```

마지막으로 새 엔티티가 장면의 지면과 상호 작용할 수 있도록 하려면 충돌 필터 및 물리 충돌기를 평면 객체에 추가해 보겠다.

```
<a-plane material="color: gray" width="25" height="25"
rotation="-90 0 0" position="0 0.2 0" static-body collisionfilter=
"collidesWith: blue" physics-collider></a-plane>
```

장면을 저장하고 암호화된 터널을 통해 로컬 호스트 서버를 통해서 로드하면 오큘러스 퀘스트 내의 오큘러스 브라우저에서 열 수 있다.

장면 실행

이제 퀘스트 컨트롤러 아바타 중 하나를 잡고 파란색 정육면체를 집을 수 있다. 추가로 잡을 수 있는 객체를 장면에 추가하려면 실습의 이 부분에서 수행한 단계에 따라 적절한 충돌 필터에 대한 그룹과 논리를 정의해야 한다.

요약

- A-Frame 터치 컨트롤러 컴포넌트를 통해 장면에 터치 컨트롤러 추가
- Super Hands 컴포넌트 라이브러리를 가져오고 구현해 A-Frame 터치 컨트롤러에 기능 추가
- 개발자 에코시스템 내에서 충돌 현상을 적용해 장면에 컨트롤러와 객체 간의 상호 작용 추가
- 기본 WebXR Gamepad API를 사용해 주변 장치 XR 컨트롤러와 브라우저에서 실행되는 A-Frame 장면 간의 인터페이스

정리

지금쯤이면 잘 알겠지만 A-Frame은 웹 개발자들이 가상 현실 장면을 만들 수 있도록 도와주는 독특한 애플리케이션이다. 우리가 자주 접하는 HTML 문법과 ECS 메커니즘으로 만들어진 최고의 도구다. WebXR 세션 요청 주기, Three.js 장면 설정, 애니메이션 루프 등 A-Frame 추상화는 개발자가 반복되는 코드를 다시 생성하는 데 투입해야 하는 시간과 작업을 크게 줄여 준다. VR 생산성 도구로서 A-Frame은 단연 최고다.

A-Frame은 기본적으로 견고하지만, 다른 애플리케이션에 있는 모든 기능을 제공하지는 않는다.

Unity, Unreal, Babylon.js와 같은 XR 콘텐츠를 만드는 프로그램은 A-Frame에 비해 다른 차원의 세품이다. 게임 엔진으로서 그것들은 편리하고, XR 생성의 거의 모든 파이프라인을 포함하고 있다. 또한 물리 엔진도 갖고 있다. 대부분의 3D 게임과 XR 경험은 중력, 마찰, 바운스 같은 운동학적 특성을 요구하기 때문에 게임 엔진에 내장된 물리 시스템은 개발자에게 진정한 가치를 줄 수 있다. 단점은 애플리케이션 크기, 복잡성, 개발 시간에 따라 많은 비용을 발생시킨다는 점이다. A-Frame은 게임 엔진이 아닌 Three.js에 기반한 프레임워크이기 때문에 모든 기능이 제공되지는 않지만 그럼에도 많은 것을 제공한다.

A-Frame이 제공하는 가장 큰 가치는 오픈소스라는 것이다. 우리가 자유롭게 사용할 수 있을 뿐만 아니라 활동적이고 열정적인 개발자 에코시스템을 통해 매일 성장하고 있다. A-Frame에서 커스텀 컴포넌트 및 시스템을 만드는 것은 매우 간단하며 누구나 온라인으로 다른 사용자와 작업을 공유할 수 있다. 9장에서는 단순히 몇 개의 스크립트를 HTML 문서로 가져옴으로써 게임 엔진의 물리학을 구현했다. Unity와 같은 게임 엔진이 요구하는 툴체인[Toochian]을 사용해 본 적이 있다면 아마 이미 A-Frame의 단순함이 촉발할 수 있는 재미있는 창의력에 대해 공감할 것이다. 오픈소스 프로젝트로서 A-Frame의 목적은 웹의 더 넓은 개념, 즉 모두를 위한 창조적이고 접근하기 쉬운 커뮤니케이션에 적합하다. 마지막 장인 10장에서는 A-Frame을 더 자세히 살펴보며 휴대폰에 3D 모델이 어떻게 탑재되며, 어떻게 증강 현실을 구현하는지 알아보겠다.

10장

A-Frame 및 깃허브 페이지를 사용해 AR에서 3D 애니메이션 모델 배포

지금까지 WebXR API를 사용해 AR 및 VR 콘텐츠에 대한 과정을 학습했다. 그렇지만 거의 A-frame에서 제공하는 기본 자산(asset)만 사용했다. 처음 학습할 때나 기본적인 정육면체, 평면, 구체와 같은 것이 필요하지 실제로는 사용자가 즐길 수 있는 실질적인 XR 콘텐츠를 만들려면 많은 상상력이 필요하다. XR 애플리케이션의 다양성을 높일 수 있는 한 가지 방법은 3D 모델을 사용하는 것이다.

개발자가 XR 장면에서 사용할 수 있는 다양한 유형의 3D 모델이 있지만 10장에서는 glTF 형식(GLTF, glTF format)으로 인코딩된 모델에만 초점을 맞출 것이다. OpenGL과 마찬가지로 크로노스 그룹(Kronos Group)에서 GLTF 형식에 대한 표준을 관리한다.[1] 이 포맷의 목적은 WebXR API를 구현하는 것과 같이 애플리케이션에서 쉽게 3D 모델을 사용하고자 표준화한 것이다.

---

1 크로노스 그룹은 다양한 플랫폼과 장치에서 사용되는 병렬 컴퓨팅, 그래픽스, 비전, 신경망 분야의 저작 및 가속하는 데 이용되는 개방형 표준을 제정하는 산업 컨소시엄이다. – 옮긴이

10장에서는 A-Frame을 사용해 증강 현실 장면을 구축하려고 한다. A-Frame의 Animation-Mixer 컴포넌트를 사용해 움직이는 GLTF 3D 모델을 장면에 포함한다. 그리고 깃허브 페이지 계정을 통해 HTTPS 사이트에 장면을 배포한다. 완료되면 AR 가능한 장치를 통해 어디서나 열 수 있는 모바일 증강 현실 애플리케이션을 볼 수 있게 된다.

10장의 주요 내용은 다음과 같다.

- 깃허브 페이지를 사용해 안전한 HTTPS 개발 사이트를 만드는 방법 알아보기
- VS Code에서 깃허브 저장소를 생성, 복제, 및 업데이트하는 기본 명령 배우기
- A-Frame 자산 관리 시스템을 통해 GLTF 자산 업로드
- A-Frame의 Animation-Mixer 컴포넌트를 통해 GLTF 애니메이션 속성에 액세스
- 모바일 장치의 어디에서나 액세스할 수 있는 AR 앱에 3D 모델 배치

HTTPS 및 XR 테스트

9장에서 배웠듯이 A-Frame은 자바스크립트 라이브러리 Three.js를 추상화한 프레임워크다. Three.js 기능을 커스텀 HTML 엔티티로 캡슐화함으로써 A-Frame은 선언적 HTML 구문을 통해 XR 장면을 만드는 프로세스를 단순화시켰다. 그러나 A-Frame 추상화를 통해 제공되는 편의성과 관계없이 로컬 개발 서버에서 XR 콘텐츠를 개발하는 데에는 꼭 나오는 문제가 있다. 이전 장의 실습에서 이미 직면한 문제 중 하나로 XR 애플리케이션을 테스트할 수 있는 비공개 보안 HTTPS 연결을 만드는 문제다.

깃허브

이전 장의 실습에서는 Ngrok 애플리케이션을 사용해 로컬 호스트 서버에 대한 보안 HTTPS 터널을 생성했다. 이번에는 또 다른 방법인 깃허브를 사용하려고 한다. 깃허브를

잘 모를 수도 있지만, 천천히 함께 깃허브 페이지에서 제공하는 HTTPS 연결을 통해 XR 애플리케이션을 테스트하는 단계를 진행하도록 하자.

협업 및 버전 관리

마이크로소프트가 세계 최대 오픈소스 코드 공유 플랫폼 깃허브를 인수했다. 깃허브는 운영체제와 무관하게 사용 가능한 서비스다. 깃허브는 프로젝트에서 공동 작업을 용이하게 하는 버전 제어 소프트웨어$^{Version\ Control\ Software}$다.[2] 깃허브 전체 범위는 너무나도 광대하기 때문에 여기서는 초보 개발자도 사용할 수 있는 기본 기능만 다루도록 하겠다. 깃허브 페이지를 통해 무료로 호스팅 서비스를 받아보자.

깃허브 페이지

무료로 사용할 수 있는 깃허브 페이지를 사용하면 개발자가 안전하게 암호화된 HTTPS 연결로 웹 사이트를 빠르게 만들 수 있다. 또한 깃허브 저장소에 직접 연결함으로써 서버 애플리케이션 없이 깃허브 페이지를 통해 개발 워크플로를 제공받을 수 있다. 만든 것을 공개하기만 하면 누구나 웹에서 깃허브 페이지에 액세스할 수 있다. 그런 의미에서 개인 깃허브 페이지는 단순한 로컬 개발 서버가 아니다. 개발자가 XR 개발 및 테스트를 위해서 VS Code와 같은 IDE에서 HTTPS 사이트를 만드는 데 이보다 쉬운 방법이 깃허브 페이지를 사용하는 것이다.

---

2   버전 제어 소프트웨어는 소프트웨어 개발팀이 개발 시간이 지남에 따라 발생되는 소스 코드의 변경 사항을 관리하는 데 도움을 주는 소프트웨어 도구다. – 옮긴이

실습 10-1: GLTF 모델을 A-Frame에 업로드하고 깃허브 페이지에 퍼블리싱하기

실습 10-1에서는 로컬 개발 환경에 연결된 저장소로 깃허브 페이지를 설정한다. 예를 들어 HTML 문서에서 변경한 사항은 깃허브 페이지 URL의 브라우저에서 HTTPS를 통해 액세스할 수 있다. 그러나 저장소를 만들고 유지 관리하고자 깃허브에 필요한 몇 가지 단계를 체크해야 한다. 깃허브 페이지를 통해 A-Frame 장면에 GLTF 파일을 실행하자. 실습 10-1의 소스 코드와 자산은 www.apress.com/9781484263174에 있는 책의 제품 페이지를 통해 깃허브에서 사용할 수 있다.

실습 10-1의 내용은 다음과 같다.

- HTTPS 테스트를 위한 개인화된 깃허브 홈페이지 만들기
- 깃허브 저장소 복제
- A-Frame 프로젝트에 GLTF 자산 로드
- A-Frame 컴포넌트를 사용해 GLTF 모델을 장면에 배치
- 엔티티의 변환 컴포넌트를 사용해 공간에서 GLTF 모델 조작

깃허브 셋업

실습을 시작하려면 먼저 개인 깃허브 페이지를 만들어야 한다. 자세한 사용법은 공식 깃허브 페이지인 https://pages.github.com/에서 찾을 수 있다.

저장소 만들기

깃허브로 이동해 **username.github.io**라는 새 저장소를 만든다. 여기서 'username'은 깃허브의 사용자 이름(또는 조직 이름)이다.

- 저장소의 첫 번째 부분이 사용자 이름과 정확히 일치하지 않으면 작동하지 않으므로 올바르게 설정해야 한다.

저장소 복제

깃허브에서 로컬 PC로 저장소를 복제하려면 터미널이나 명령 프롬프트에 clone 명령을 입력하면 된다. 터미널 또는 명령 프롬프트에서 프로젝트를 저장할 폴더로 이동하고 새 저장소를 복제한다.

```
~$ git clone https://github.com/username/username.github.io
```

프로젝트 폴더를 입력하고 index.html 파일을 추가한다.

```
~$ cd username.github.io
~$ echo "Hello World" > index.html
```

푸시

변경 사항을 추가, 커밋commit, 푸시push한다.

```
~$ git add --all
~$ git commit -m "Initial commit"
~$ git push -u origin master
```

세팅은 끝났다! 브라우저를 시작하고 https://username.github.io로 이동한다.

GLTF 자산

다음으로 A-Frame 프로젝트에 3D 자산을 추가하는 단계를 수행한다.

파일 설정

IDE에 있는 깃허브 페이지 폴더의 루트 파일에서 새 index.html 문서를 만들고 A-Frame 라이브러리를 설치한다.

추가, 커밋, 푸시

깃허브 상태를 업데이트하려면 먼저 이전 절에서 설명한 단계를 반복해 변경 사항을 추가, 커밋, 푸시해야 한다.

```
~$ git add --all
~$ git commit -m "[Your Message Here]"
~$ git push -u origin master
```

코스 자산 다운로드

코스 파일에서 이 실습을 위한 3D 애니메이션 GLTF 모델을 다운로드하고 'assets'라는 디렉터리에 있는 IDE의 루트 프로젝트 폴더에 저장한다.

GLTF 모델 불러오기

A-Frame 자산 관리 시스템을 사용해 〈a-asset-item〉 A-Frame 엔티티와 함께 GLTF 모델을 로드한다.

```
<a-scene>
  <!-- 자산 관리 시스템-->
  <a-assets>
    <a-asset-item id="dragon" src="./assets/dragon/scene.gltf">
    </a-asset-item>

    <a-asset-item id="city" src="./assets/city/scene.gltf">
    </a-asset-item>
```

```
</a-assets>
...
```

GLTF-Model 엔티티 컴포넌트

A-Frame 장면에 빈 <a-entity> 태그를 만들고 'GLTF 자산' 절에서 할당한 모델의 ID를 사용해 City 모델을 엔티티의 `gltf-model` 컴포넌트에 대한 소스로 적용한다.

```
<!--City GLTF 모델 -->
<a-entity gltf-model="#city"
rotation="0 -90 0"
scale
position>
</a-entity>
```

모델 변환 컴포넌트

스케일 및 위치 컴포넌트의 값을 설정한다.

```
scale = "0.0005 0.0005 0.0005"
 position = ="0 0 0">
```

변경 사항 커밋

변경된 사항을 간단히 적고 깃허브에 커밋한다.

```
~$ git add --all
~$ git commit -m "Models added"
~$ git push -u origin master
```

푸시 및 퍼블리싱

저장된 파일을 깃허브에 푸시하고 퍼블리싱한다. 그런 다음 구글 크롬 버전 84.0.4와 같은 AR 장치의 WebXR 지원 브라우저를 통해 깃허브 홈페이지를 방문한다.

URL 방문

모바일 장치에서 자신의 저장소 URL로 이동한다.

접근 권한

AR을 선택하고 장치 설정에 액세스할 수 있는 애플리케이션 권한을 설정한다.

장면 실행

A-Frame 장면에 추가한 3D 모델은 장치에서 정의한 원점에 나타나야 한다. 장치가 AR을 지원하는 경우 화면 모서리에 AR 모드로 들어가는 옵션이 표시될 수 있다. 버튼을 클릭하면 장치 카메라의 패스스루passthrough 보기가 활성화되고 페이지 위에 3D 모델이 렌더링된다. 애니메이션 GLTF 모델을 찾을 때까지 주변을 스캔하길 바란다.

요약

GLTF 형식은 JSON JavaScript Object Notation 과 같은 구문을 통해 3D 모델을 구성하는 데이터를 인코딩하고 디코딩한다. 모델의 scene.gltf 파일 안에는 키/값 쌍으로 이뤄진 정점 및 조각 셰이더 정보가 있다. GLTF 파일은 정점 인코딩을 다각형 및 모양으로 추상화하고 자동화함으로써 개발자가 대규모 XR을 생성할 수 있도록 지원한다. 실습 10-2에서는 애니메이션된 GLTF 모델을 장면에 추가한다.

실습 10-1에서는 다음을 수행했다.

- 깃허브 페이지에 저장소 생성
- 저장소를 로컬 컴퓨터에 복제
- index.html 파일로 저장소 초기화
- A-Frame 자산 관리 시스템을 사용해 업로드된 GLTF 모델
- gltf-model 컴포넌트를 사용해 A-Frame 장면에 GLTF 모델 배치
- 일반 엔티티의 위치 및 배율 컴포넌트를 통해 GLTF 모델 변환 값 설정

실습 10-2: A-Frame에서 GLTF 모델 애니메이션

아티스트는 원하는 프로그램으로 3D 모델을 만들 수 있다. 인기 있는 3D 모델링 애플리케이션으로는 Maya, Blender, Zbrush가 있다. 텍스처, 재료, 애니메이션 리깅rigging을 전문으로 하는 다른 프로그램도 있다.[3] 3D 아티스트가 자신의 작품을 만드는 데 사용하는 플랫폼이 무엇이든 GLTF 전송 형식을 통해 전 세계와 공유할 수 있다.

실습 10-1에서는 City의 3D GLTF 모델을 가져왔다. 모델의 scene.gltf 파일에는 모델의 내용, 모양, 크기 및 방향, 지오메트리, 애니메이션, 이미지 등의 정보가 JSON 형태로 만들어져 있다. 바이너리 데이터는 일반적으로 JSON 파일에 포함돼 있지 않다. JSON 부분에는 이러한 파일에 대한 링크만 포함하고 있다. 그러므로 GLTF 파일에 대한 읽기 및 처리는 JSON 구조를 파싱하는 것으로 시작된다. 따라서 GLTF는 실행에 필요한 부하를 최소화하도록 설계돼 있고, 애니메이션을 장면에 전달하는 데 탁월하다.

---

3 리깅이란 모델링된 객체의 애니메이션을 편리하게 정교하게 진행할 수 있도록 만들어 주는 과정이다. 리깅의 목적은, 예를 들어 사람의 목이 180도 정도 회전하기 때문에 캐릭터의 얼굴이 그 이상을 회전하는 실수를 방지하기 위한 작업이라고 볼 수 있다. - 옮긴이

실습 10-2의 내용은 다음과 같다.

- A-Frame Extras 라이브러리를 사용해 애니메이션 믹서^{mixer} 컴포넌트 구현
- 애니메이션 믹서 컴포넌트를 사용해 GLTF 자산에 내장된 애니메이션을 반복
- 고유한 모델에 연결된 상대적 위치 변환에 대한 속성을 정의해 통합된 장면의 환영을 생성

A-Frame 엑스트라

업로드한 GLTF 모델에는 애니메이션 데이터가 포함돼 있기 때문에 A-Frame AnimationMixer라는 커스텀 컴포넌트를 사용해 장면에서 모델을 애니메이션할 수 있다. 컴포넌트에 액세스하려면 A-Frame 공동 제작자인 돈 맥 커디가 만든 A-Frame Extras 라이브러리만 다운로드하면 된다.[4]

```
<script src="https://cdn.jsdelivr.net/gh/donmccurdy/aframe-extras@v6.1.0/dist/aframe-extras.min.js"></script>
```

애니메이션 믹서 컴포넌트

애니메이션 모델을 장면에 추가하고 A-Frame Extras 라이브러리의 애니메이션 믹서 컴포넌트를 엔티티에 적용한다.

```
<!--드래곤 GLTF 모델-->
<a-entity gltf-model="#dragon"
scale="1 1 1"
```

---

4 A-Frame Extras 라이브러리의 Animation-Mixer 컴포넌트
https://github.com/donmccurdy/aframe-extras/tree/master/src/loaders#animation – 옮긴이

```
animation-mixer
></a-entity>
```

상대적 위치 변환

장면의 두 모델이 같은 세계에 있는 것처럼 해야 하므로 동일한 좌표 공간을 참조해 각 변환 컴포넌트의 값을 설정하겠다. City 모델의 위치 컴포넌트 값을 다음과 같이 설정한다.

```
position = ". 07 1 -.5"
```

드래곤Dragon 모델의 위치 컴포넌트의 위치는 다음과 같다.

```
position = "0.5 1.02 -0.7"
```

City 모델에서 했던 것처럼 드래곤 모델을 회전할 수도 있다.

```
rotation = "0 270 0"
```

드래곤 모델의 회전 컴포넌트에서 270은 시계 반대 방향으로 Y축을 중심으로 270도 회전을 나타낸다.

커밋

변경된 사항을 간단히 적고 깃허브에 커밋한다.

푸시 및 퍼블리싱

저장된 파일을 깃허브에 푸시하고 AR 장치의 WebXR 지원 브라우저를 통해 깃허브 홈페이지를 방문한다.

장면 실행

AR을 선택하고 장치 설정에 액세스할 수 있는 애플리케이션 권한을 제공한다. 애니메이션 GLTF 모델을 찾을 때까지 주변 환경에서 장치를 스캔한다. 장치를 환경 주위로 이동하면 장면에 업로드한 3D 모델이 공간에서 애니메이션으로 표시된다. 깃허브 페이지에서 장면을 호스팅했으므로 원격으로 장면에 액세스할 수 있다.

요약

XR 장면에서 3D 모델을 사용하면 실감형 콘텐츠의 품질을 확실하게 높일 수 있다. GLTF 형식의 효율성으로 인해 개발자는 애니메이션뿐만 아니라 섬세한 디테일을 자랑하는 3D 모델을 가져오고 업로드하고 보낼 수 있다. A-Frame Extras 라이브러리를 추가하고 Animation-Mixer 컴포넌트를 장면에 사용해 애니메이션 장면을 빠르고 편리하게 만들었다. 또한 월드 좌표를 참고해 모델이 다 보일 수 있도록 조정했다. 로컬 PC에 복제된 저장소를 통해 깃허브 페이지에 배포하고 모바일 웹에서도 장면이 보일 수 있도록 했다.

실습 10-2에서는 다음을 수행했다.

- 애니메이션이 포함된 GLTF 모델 업로드
- A-Frame Extras 라이브러리 가져오기
- A-Frame Extras Animation-Mixer 컴포넌트를 통해 `gltf-model` 컴포넌트 연결

- GLTF 모델의 위치, 회전, 배율 컴포넌트의 값을 설정해 AR로 애니메이션되는 장면 생성
- 웹을 통해 액세스할 수 있는 깃허브 페이지에 퍼블리싱하기

정리

10장에서 A-Frame은 XR 개발자한테 간단하면서도 강력한 도구임을 보여 줬다. 가상 현실이든 증강 현실이든 상관없이 A-Frame은 Three.js와 WebXR API를 사용해 XR 장면을 만드는 높은 수준의 편의성을 제공한다. 일부 개발자는 순수한 자바스크립트로 만드는 것을 선호할 수 있지만 다른 개발자는 A-Frame이 제공하는 독보적인 구문을 통해 빠르게 생성하고 만들 수 있다. 웹 또는 모바일 장치에서 3D 콘텐츠를 인코딩, 전송, 디코딩, 표시해야 하는 장치만의 복잡성이 있거나 다른 그 어떠한 경우라도 A-Frame은 간단하게 XR 애플리케이션을 만드는 데 적합하다. 물론 A-Frame의 엔티티 컴포넌트 시스템이나 HTML 스타일의 프로그래밍 패러다임은 독자의 개발 스타일에 맞지 않을 수 있다. 그러나 커스텀을 통한 프레임워크의 확장성 및 빌드된 Three.js 라이브러리에 대한 쉬운 액세스로 인해 A-Frame은 초보 및 숙련된 개발자 모두에게 항상 인기 있는 옵션이 됐다.

8장과 9장에서는 가상 현실을 위한 프레임워크로서의 A-Frame의 기능 위주로 다뤘다. 10장에서는 증강 현실 애플리케이션을 만들고자 A-Frame이 제공하는 도구에 중점을 뒀다. 안드로이드 앱을 만들 때처럼 모바일 장치와 개발 PC 간의 USB로 연결해서 테스트할 필요 없이 깃허브 페이지를 통해 애플리케이션을 호스팅함으로써 클라이언트와 호스트 간에 안전하고 암호화된 HTTPS 연결을 유지할 뿐만 아니라 원격으로 AR 경험을 즐길 수 있었다. 마지막으로 XR 장면에서 원시 프로토타이핑을 넘어서 세부 사항과 흥미를 제공하고자 3D 모델을 가져왔다. AR과 VR 모두에서 GLTF 형식, 3D 모델, 애니메이션을 살펴볼 것이 많이 남아 있다. 불행하게도 XR의 환경은 너무 넓고 이 과정의 폭을 다

루기에는 너무 빠르게 발전하고 있다. 이 책의 모든 과정을 마치면서 웹용 XR을 계속 배우고 만들 수 있는 열정과 영감을 갖게 되길 바란다.

10장에서는 다음과 같은 내용을 다뤘다.

- 깃허브 페이지를 통해 개인화된 HTTPS 연결 생성
- 깃허브 저장소를 통해 로컬 개발 환경을 깃허브 페이지에 연결
- A-Frame 자산 관리 시스템을 사용해 GLTF 자산을 A-Frame 장면에 로드
- 깃허브의 추가, 커밋, 푸시 명령을 사용해 HTTPS 웹 페이지에 A-Frame 장면을 로드
- A-Frame Extras 라이브러리를 가져오고 Animation-Mixer 컴포넌트를 사용해 GLTF 모델에 내장된 애니메이션 반복
- GLTF 모델의 변형 컴포넌트 속성을 조작해 통합된 장면 생성
- A-Frame에서 생성된 AR 장면을 테스트하고 공유를 위한 HTTPS 공개 웹 페이지 생성

결론

지금까지 했던 것을 돌이켜보면 다른 세계에서 다른 시간처럼 보일 수 있는 아주 생소한 작업을 했다. 처음엔 WebGL에서 기본 2D 정사각형을 만드는 실습을 통해 작동하는 증강 현실 애플리케이션을 만들었다. 그리고 나서 브라우저에서 WebXR API가 활용하는 Three.js와 다양한 API를 알아봤다. 이러한 API에는 WebXR AR 모듈, WebXR Hit Test 모듈, WebXR Spatial Tracking 모듈, 브라우저 Gamepad API가 포함돼 있다. DOM API 및 Navigator API와 같이 더 일반적이고 널리 사용되지만 강력한 API와 함께 간단한 것부터 복잡한 것까지 다양한 XR 경험을 구축할 수 있었다.

이 책의 목적은 WebXR API가 제공하는 창의적인 도구를 소개할 뿐만 아니라 기본적인 웹 개발 방식의 개념을 제공하는 것이다. 이러한 개발 방식에는 비동기 프로그래밍, 자바스크립트 모듈, Node Package Manager, 클로저, 스코프가 포함됐다. 이 책은 또한 GPU ALU$^{Arithmetic\ Logic\ Unit}$, WebGL, HTML 캔버스 컴포지터, OpenGL ES 렌더링 파이프라인과 같은 코어 수준 기술의 내용도 안내했다.

나의 바람은 웹 개발자에게 3D 그래픽 프로그래밍을 소개하고 3D 그래픽 개발자에게 웹 개발을 소개하는 것이다. 두 분야가 모바일 웹을 위한 MR 개발의 역동적인 공간으로 계속 병합됨에 따라 이 책의 실습을 완료한 후 밝고 역동적이며 멋진 실감형 미래로 도약할 수 있는 힘을 느끼기를 진심으로 바란다. 결국 새롭고 멋진 세계를 만드는 힘은 당신의 손에 있다.

찾아보기

ㄱ

가비지 컬렉션	122
경계 박스	127
관심사 분리	75

ㄴ

| 노멀 맵 | 154 |

ㄷ

| 다이렉트조명 | 148 |

ㄹ

라디안	103, 120
라이브 서버	39
래스터	126
래스터화	30
래핑	168
레티클	243
렌더러	120
로컬	194
로컬플로어	194

ㅁ

| 문서 객체 모델 | 47 |
| 밉매핑 | 169 |

ㅂ

| 바운드플로어 | 194 |

| 비주얼 스튜디오 코드 | 37 |

ㅅ

사원수	96
세타	103
셰이더	55
스코프	122
시간의 함수	174

ㅇ

안티앨리어싱	148
언바운드	194
엔비디아	109
엔티티 컴포넌트 시스템	257
오일러 각도	96
원근법	126
이방성	170

ㅈ

절두체	126
정투영	126
조각	71
지오메트리	143

ㅋ

컬링	131
콜백	121
쿼터니언	107
클리핑	126

ㅌ

| 템플릿 리터럴 | 72 |

ㅍ

파라메트릭	174
파이프라인	71
프레임버퍼	71, 148
픽셀	71
핀홀	126

A

A-Frame	25
A-Frame 물리 시스템	288
anisotropy	170
anti-aliasing	148

B

| bounded-floor | 194 |
| bounding box | 127 |

C

callback	121
clipping	126
culling	131

D

| DOM | 47 |

E

ECS, Entity Component System	257

F

fragmen	71
framebuffer	71, 148
frustrum	126

G

Garbage collectio	122
geometry	143
getObject3D()	267
glMatrix.js	110
GLTF 3D	300
GPU	42

L

Lambert	153
Lambert 재질	144
Live Server	39
local	194
local-floor	194

N

normal map	154
NVIDIA	109

O

OpenGL	69
OpenGL ES	31, 45
orthographic	126

P

parametric	174
perspective	126
Phong 셰이딩	153
Phong 재질	144
pinhole	126

Q

quaternions	96

R

radian	103, 120
raster	126
rasterize	30
renderer	120

S

scope	122
SoC, Separation of Concern	75
Software Developer Kit	181

T

template literal	72
theta	103
Three.js	25

U

unbounded	194
Unity	286

V

VS Code, Visual Studio Code	37

W

W3C	29
WebGL	69, 81
WebGLRendering	141
WebGL 파이프라인	71
WebXR	25
wrapping	168

WebXR로 만드는 AR/VR
WebGL, Three.js, A-Frame을 사용한 실감형 웹 개발

발 행 | 2021년 9월 30일

지은이 | 라케쉬 바루아
옮긴이 | 최 재 철 · 서 창 수

펴낸이 | 권 성 준
편집장 | 황 영 주
편 집 | 조 유 나
         김 진 아
디자인 | 윤 서 빈

에이콘출판주식회사
서울특별시 양천구 국회대로 287 (목동)
전화 02-2653-7600, 팩스 02-2653-0433
www.acornpub.co.kr / editor@acornpub.co.kr

한국어판 ⓒ 에이콘출판주식회사, 2021, Printed in Korea.
ISBN 979-11-6175-566-3
http://www.acornpub.co.kr/book/ar-vr-webxrapi

책값은 뒤표지에 있습니다.